O animal econômico

Antonio Delfim Netto

O animal econômico

ORGANIZAÇÃO, APRESENTAÇÃO E NOTAS Fernando Canzian

Copyright © 2018 Três Estrelas – selo editorial da Publifolha Editora Ltda.

Todos os direitos reservados. Nenhuma parte desta obra pode ser reproduzida, arquivada ou transmitida de nenhuma forma ou por nenhum meio sem a permissão expressa e por escrito da Publifolha Editora Ltda., detentora do selo editorial Três Estrelas.

EDITOR Alcino Leite Neto
EDITORA-ASSISTENTE Rita Palmeira
PRODUÇÃO GRÁFICA Iris Polachini
CAPA Eliane Stephan
FOTO DA CAPA Delfim Netto em Brasília, em 1º/9/1983 | Moreira Mariz/Folhapress
PROJETO GRÁFICO DO MIOLO Mayumi Okuyama
EDITORAÇÃO ELETRÔNICA Jussara Fino
PREPARAÇÃO E ÍNDICE REMISSIVO Fernanda Guimarães
REVISÃO Carlos A. Inada

Dados Internacionais de Catalogação na Publicação (CIP)
(Câmara Brasileira do Livro, SP, Brasil)

Delfim Netto, Antonio
  O animal econômico/Antonio Delfim Netto ; organização, apresentação e notas Fernando Canzian. – São Paulo: Três Estrelas, 2018.

  ISBN 978-85-68493-47-2

  1. Brasil – Condições econômicas 2. Brasil – Condições sociais 3. Brasil – Política econômica 4. Brasil – Política social 5. Desenvolvimento econômico – Brasil 6. Economia – Brasil I. Canzian, Fernando. II. Título.

18-13466   CDD-330.981

Índices para catálogo sistemático:
1. Brasil : Economia   330.981
2. Economia brasileira   330.981

Este livro segue as regras do Acordo Ortográfico da Língua Portuguesa (1990), em vigor desde 10 de janeiro de 2009.

TRÊS
ESTRELAS

Al. Barão de Limeira, 401, 6º andar
CEP 01202-900, São Paulo, SP
Tel.: (11) 3224-2186/2187/2197
editora3estrelas@editora3estrelas.com.br
www.editora3estrelas.com.br

Sumário

- 12 **Apresentação**
  O professor *Fernando Canzian*

- 23 Vamos supor que...
- 26 Nunca mais?
- 29 Não teremos neve no Natal
- 31 160 km/h é maior do que 100 km?
- 33 O Cruzado 3
- 35 A intervenção do Estado
- 37 Estadolatria
- 39 O plano e o estelionato
- 41 As farsas do governo
- 43 A lógica do *poire*
- 45 Troia e o presidente
- 47 Trabalhar
- 50 O amor ao próximo
- 53 Privilégios
- 55 Os caçadores de renda
- 57 Voto tem consequência
- 59 Déficit e inflação
- 61 O partido
- 63 O comunismo não morreu
- 65 Choque capitalista
- 67 De estadolatria a estadofobia

69	Percepção da realidade e ação
71	Trens da liberdade
73	Os anos 1980
75	Santificação da pobreza
77	Social-democrata
79	Devolução dos recursos
81	O enterro
83	1191
85	Oligopólios
87	A chave do desenvolvimento
89	Simmel e o Brasil
91	Tortura e distribuição
93	Programas de estabilização
95	Intelectuais de Santiago
97	Socialismo
99	Desemprego e mercado
101	Deus e deuses
104	*Omnis homo mendax*
106	A razão da fome
108	Marxcacos e mercados
110	Lei de Gérson
112	*Homo oeconomicus*
114	Gossen e a utopia
116	Tablitas
118	Moeda e plano
120	Lula jurista
122	Amnésia messiânica
124	PT-lulismo
126	FHC: fortuna e ousadia

128	Feijoada e câmbio
130	Orwell e o câmbio
132	Política monetária perversa
134	Regimes cambiais
136	Desemprego
138	Banco Central independente
140	Soros, Keynes e o mercado
142	Destruição destruidora
144	O grande vilão
146	Desenvolvimento suspeito
148	Fundamentais
150	É a natureza absurda?
152	A Lei de Thirlwall
154	Ano-Novo e emprego
156	Boneco de ventríloquo
158	Quebramos com elegância
160	Ética e economia
162	Crescimento e poupança
164	Otimismo trágico
166	Dinossauros e neocolonialistas
168	Proteção legal aos credores
170	*Caveat emptor*
172	Alerta do sociólogo ao presidente
174	Democracia e capitalismo
176	O modelo e a realidade
178	Liberdade para os capitais
180	Brax, Nicolau e o TCU
182	Taxa de juros
184	Metas de inflação e autonomia do BC

186	A moral protestante
188	Consenso de Washington
190	Oito anos que mudaram o Brasil
192	Critério de desempenho
194	A era FHC
196	Completou-se o ciclo
198	Onda de otimismo
200	Crítica ociosa
202	Alta vulnerabilidade
204	Estado de espírito
206	*Spreads*
208	Risco Brasil e desenvolvimento
210	Trágico empobrecimento relativo
212	A grande troca
214	Folclore ecológico
216	Potencial de crescimento
218	"Poujadismo" em marcha?
220	Traição
222	Política e economia
224	Arte política e ciência econômica
226	Contra os militantes
228	PT, a frustração
230	Empreendedores e rentistas
232	Inflação e eleição
234	Trindade maldita
236	Abertura comercial e inflação
238	Duplo estelionato eleitoral
240	Economia política
242	O quase bem público essencial

- 244 166 anos depois...
- 246 Somos todos marxistas
- 248 Justiça social
- 250 *Requiescat in pace*
- 252 Lula e os cientistas
- 254 Desenvolvimento e problemas
- 256 Economia e civilização
- 258 Valor do trabalho
- 260 Moral e Mercúrio
- 262 Três autonomias
- 264 Câmbio e Confúcio
- 266 Estado-indutor
- 268 Fidúcia
- 270 Pânico inútil
- 272 As crises
- 274 Cuidado
- 276 Defesa nacional
- 278 Investimento + flexibilidade
- 280 Por que Keynes?
- 282 Keynes e Marx
- 284 Lulismo?
- 286 Atenção à demografia
- 288 O dólar ou a Babel
- 290 Força constitucional
- 292 Aperfeiçoar os mercados
- 294 A "outra China"
- 296 Sessenta anos de crescimento
- 298 O mercado é instrumento
- 300 Diferença

302	A pergunta
304	Vento contra
306	Origem da crise
308	Moderação
310	O mundo como ele é
312	Desenvolvimento
314	Economia
316	Imitação
318	Origem dos EUA
320	Confiança
322	Sutileza
324	Imaginação
326	Inflação
328	Pessimistas
330	Marx
332	Emergência
334	Primeiro passo
336	Rentistas
338	Caiu a ficha
340	Política
342	Capitalismo
344	Reacionários
346	Dilema
348	Futebol
350	Limite inferior
352	O perigo
354	Recuperar o normal
356	Emergências
358	Direita e esquerda

360 Aritmética
362 É estrutural
364 Autoengano
366 Política
368 Acomodação
370 Imitar
372 Profecia
374 Previdência
376 A autocrítica
378 Unidade sindical
380 Frivolidade
382 Tempos normais
384 O livrinho
386 Responsável
388 Dois problemas
390 Previdência ou caos

393 Índice remissivo

Apresentação

O professor
Fernando Canzian

"O homem é um animal. Não é muito melhor do que o orangotango. É verdade que tem 2% de DNA diferente, mas é igualzinho a um orangotango. Basta ver o homem numa festa." Antonio Delfim Netto prossegue: "É isso o que está na origem dessa *malaise* freudiana. Somos de fato animais, e violentos. Já não estamos satisfeitos com nós mesmos. Achamos que a natureza fracassou. É um negócio meio trágico".

Como "animal", o maior intercurso do homem com a natureza se dá por meio do trabalho, para que ele possa sobreviver. "É o que realiza a nossa humanidade", diz o economista. Nessa configuração, o mercado seria um dos únicos instrumentos que o homem inventou capaz de conciliar sua condição "animal" com igualdade, liberdade e relativa eficiência produtiva. "É uma das coisas que a esquerda não entendeu até hoje: que ainda não se achou outro mecanismo para substituir o mercado na coordenação das necessidades básicas da humanidade."

Delfim Netto relembra os primórdios de seu pensamento econômico, aos dezessete anos, quando achava que o socialismo produziria o equilíbrio entre liberdade, igualdade e eficiência produtiva. "Acreditei nisso até o momento em que meu professor de economia explicou o problema da coordenação. Era socialista sem nunca ter pensado nisto: como ligar milhões de consumidores independentes com milhares de produtores independentes de modo a satisfazer os desejos dessa gente?"

Por mais de um terço de suas nove décadas de vida, Delfim Netto vem atuando como colunista da *Folha de S.Paulo*. Sempre com profundidade, ironia e doses de humor, trata em seus textos jornalísticos de temas que envolvem as relações dos seres humanos com a economia e a política, frequentemente a partir de suas reflexões sobre o papel fundamental dos mercados na "coordenação" das atividades humanas.

Este livro traz uma seleção dos principais artigos publicados no jornal pelo economista, desde que foi convidado pelo então *publisher* da Folha, Octavio Frias de Oliveira, a assinar uma coluna semanal, o que faria a partir de 20 de agosto de 1986. Delfim Netto lembra que recebeu o convite "praticamente no dia seguinte" à sua saída do Ministério do Planejamento do governo de João Baptista Figueiredo (1979-85).

Os textos são fruto de uma rotina rígida de anos – que começa ao longo da semana pela coleta de informações e organização de ideias e segue até o momento da escrita, quase sempre aos sábados pela manhã. Cada um deles foi feito "no calor da hora", mas em conjunto traçam um importante panorama da história do Brasil e suas principais questões econômicas e políticas desde o período da redemocratização.

Delfim Netto foi ministro da Fazenda, da Agricultura e do Planejamento em três governos militares (Arthur da Costa e Silva, Emílio Garrastazu Médici e João Baptista Figueiredo), embaixador do Brasil na França no governo Ernesto Geisel e deputado federal durante cinco mandatos consecutivos, além de professor de economia – seus alunos e colaboradores ficaram conhecidos nos anos 1970 como "Delfim *boys*".

Filho de José, funcionário da extinta CMTC (Companhia Municipal de Transportes Coletivos), e de Maria, que costurava para fora, Antonio Delfim Netto nasceu no Dia do Trabalho, em 1º de maio de 1928, em São Paulo. Começou a trabalhar cedo. Menino, ajudava a mãe nas entregas das roupas. Aos catorze anos, empregou-se como contínuo na multinacional Gessy Lever. Em 1948, entrou na Faculdade de Ciências Econômicas e Administrativas da Universidade de São Paulo, onde passaria a professor titular dez anos mais tarde. Hoje, é professor emérito da FEA-USP (Faculdade de Economia, Administração e Contabilidade), instituição à qual doou, em 2012, sua biblioteca particular, um acervo de mais de 250 mil livros que guardava em seu sítio em Cotia, no interior de São Paulo.

Em paralelo ao seu trabalho na USP no início da carreira, Delfim foi assessor econômico na Associação Comercial de São Paulo. No final da década de 1950, foi convidado a participar da equipe de planejamento do governo paulista de Carlos Alberto de Carvalho Pinto (1959-63). Em 1965, durante o governo do general Humberto Castello Branco (1964-67), passou a trabalhar na esfera federal, em um órgão que, na época, assessorava a política econômica, então sob a responsabilidade dos ministros Roberto Campos, do Planejamento, e Otávio Gouveia de Bulhões, da Fazenda.

Logo depois de sua posse como ministro da Fazenda no governo Costa e Silva (1967-69), o Brasil experimentou a fase conhecida como "milagre econômico", quando houve forte intervenção do Estado na economia e elevadas taxas de crescimento. A imagem de Delfim Netto ficaria fortemente relacionada a esse período.

Em 1967, o economista elaborou o chamado Plano Estratégico de Desenvolvimento, que atacou os elevados custos financeiros que sobrecarregavam as empresas, aumentou o crédito disponível e introduziu controles de preços que mitigaram o então processo inflacionário. Em 13 de dezembro de 1968, o governo militar decretou o Ato Institucional nº 5, assinado por Costa e Silva e por todos os seus ministros, inclusive Delfim Netto. O AI-5 concentrou poderes praticamente ilimitados nas mãos do presidente e eliminou no país os últimos resquícios de liberdade.

Entre 1968 e 1973, o Brasil viveu uma fase de forte expansão. O dinamismo da economia no período, quando o país chegou a obter taxas de crescimento de dois dígitos em alguns anos, levou a uma melhoria significativa e maior sofisticação tanto do setor produtivo como do comercial, enquanto grandes estatais eram criadas e importantes obras de infraestrutura realizadas.

Nem todos foram igualmente beneficiados pelo processo e houve concentração de renda no período, resultado de uma política restritiva para os salários – que não repassou todos os ganhos de produtividade aos trabalhadores – e de um rápido endividamento externo no período 1974-80, produzido pelo financiamento das importações de petróleo. Delfim Netto nega ter dito na época a famosa frase a ele atribuída, de que seria preciso "primeiro fazer o bolo crescer, para depois distribuí-lo".

Com a posse de Ernesto Geisel em março de 1974, Delfim Netto deixou o comando da economia e foi nomeado embaixador do Brasil em Paris, onde permaneceu por três anos – uma estratégia concebida pelo presidente militar para impedir os planos do economista de ingressar na política como candidato ao governo de São Paulo.

Após a posse do general Figueiredo na Presidência, em 1979, Delfim Netto voltou ao governo, inicialmente à frente do Ministério da Agricultura, considerada uma das prioridades federais no período. No mesmo ano, passou ao comando do Ministério do Planejamento, reforçado com poderes sobre o orçamento e o Banco Central.

Os anos que se seguiram foram marcados por várias crises, acentuadas pela inflação elevada, que atingiu três dígitos ao ano, a falta de crescimento, a explosão do preço do petróleo, o endividamento externo e o aperto do crédito ao Brasil, combinados à desconfiança de setores empresariais e políticos quanto à condução econômica do país. Por desfrutar da confiança do presidente, Delfim Netto manteve-se no cargo até o término do governo Figueiredo, no começo de 1985.

Em 1987, começou uma longa carreira de vinte anos no Congresso Nacional, inicialmente como deputado federal constituinte, sempre alinhado ao mesmo grupo político do ex-governador paulista e deputado federal Paulo Maluf. Em 2006, não conseguiu se reeleger e desistiu da política.

Ao avaliar esse longo período da história brasileira e de sua própria vida, o economista conclui que o Brasil "melhorou muito", apesar de todos os problemas que ainda tem pela frente. Os artigos deste livro procuram mostrar essa evolução, destacando os temas mais candentes de cada época. Neles, o economista oferece não apenas verdadeiras aulas sobre diferentes conceitos e linhagens econômicas, mas também sua interpretação sempre pertinente sobre fatos cruciais do Brasil e do mundo, muitas vezes com uma visão "de dentro", ou seja, de alguém que atua no coração do poder.

No artigo "Estadolatria", de 1987, por exemplo, Delfim Netto, então deputado federal, analisa como demandas, problemas e distorções da sociedade brasileira se refletem na formação do Legislativo. Ele qualifica como "extraordinária" a posição que ocupava no Congresso, que lhe permitia entender a formação do país no momento em que começava a ser preparado o terreno para a elaboração da Constituição de 1988.

Outros textos são premonitórios. Em 1996 (no artigo "Soros, Keynes e o mercado"), ao citar uma entrevista do megainvestidor George Soros, discorre sobre a desproporção entre o valor de ações e títulos negociados nos mercados financeiros e a realidade da produção física das empresas envolvidas. "É certo que esse mercado foi criado para facilitar a produção, mas é mais certo ainda que ele hoje é um Frankenstein pronto para queimar os seus criadores numa grande fogueira de papel", escreveu. Doze anos depois, em 2008, o mundo assistiria à maior crise do capitalismo desde a Grande Depressão de 1929, após a quebra do banco Lehman Brothers, recheado de títulos e papéis sem valor, e a chegada da chamada Grande Recessão.

Em "Capitalismo", de 2014, antecipa a importância do livro *O capital no século XXI*, do economista francês Thomas Piketty, para as análises sobre concentração de renda no mundo. No texto, Delfim Netto coloca o leitor diante de um dilema com força de prognóstico sobre os anos seguintes: "Se o mercado se apropria da urna, o processo civilizatório entra em estagnação ou em regressão. Se a urna se apropria do mercado, temos o populismo, que termina no autoritarismo".

Delfim Netto é autor de vários livros. *O problema do café no Brasil* (1959), sua tese de doutorado na USP sobre a evolução do mercado cafeicultor, é o mais lembrado e citado. Também publicou *Alguns problemas do planejamento para o desenvolvimento econômico* (1962) e o menos teórico *Só o político pode salvar o economista* (1986), entre outros. Além das colunas para a *Folha*, escreve semanalmente no jornal *Valor Econômico* e na revista *Carta Capital*.

o

Em seu trabalho como consultor, "professor Delfim", como é chamado por muitos, segue atento aos desafios econômicos e ao cotidiano das empresas. Seu escritório na Consultoria Ideias, no Pacaembu, bairro nobre de São Paulo, ocupa um espaçoso imóvel com decoração sóbria, com mais caricaturas do que fotos da época em que era o todo-poderoso da economia brasileira. O lugar tem certo aspecto de "casa do avô", o que de fato Delfim Netto se tornou, em 2010, quando nasceu Rafael, filho de Fabiana, sua única filha. Ali, recebe dezenas de pessoas, que o procuram para ter sua consultoria, para entrevistá-lo ou simplesmente para conversar com ele e entender o pulso atual da economia.

Delfim Netto leva uma vida discreta, com hábitos regulares. Há vários anos, mantém o costume de almoçar com frequência nos mesmos lugares: em

Higienópolis, na cantina Roma; nos Jardins, no restaurante Gero. Chamado por cartunistas no passado de "O Gordo", diz não fazer dieta alguma. "Exercícios, nem pensar. Mas me cuido." Outro hábito que mantém há cerca de quatro décadas é o de escrever seus artigos em uma antiga máquina da marca Olympia. Para garantir, tem duas. Atualiza-se sempre com a leitura semanal de dois ou três artigos em suas áreas de interesse e um número igual de livros lidos por mês, a maior parte deles de economia e antropologia. Para se distrair, gosta de assistir a filmes em casa. "Prefiro os de espionagem e grossa ação."

Em seus artigos mais recentes, o economista se mostra cada vez mais atento e preocupado com o tamanho, as obrigações e a ineficiência do Estado brasileiro em face das restrições orçamentárias cada vez maiores, muitas delas provocadas por determinações constitucionais. Ou por gastos crescentes devido ao que chama de "apropriação", por parte do funcionalismo público, de privilégios e rendimentos totalmente incompatíveis com o que ocorre no restante da sociedade.

Delfim Netto diz ver nesses "abusos" uma das principais ameaças ao funcionamento da democracia e o "maior exagero" a ser combatido pelos próximos governos e pelos brasileiros por meio do voto. "Um país não se desenvolve quando uma classe tem a capacidade de se apropriar do excedente", diz. "No Brasil, quem faz isso hoje é o estamento estatal, em que um aposentado do setor público ganha para consumir vinte vezes mais que outro do setor privado. Os abusos que esse estamento em Brasília causou nas últimas décadas são indescritíveis."

No seu entender, o Brasil terá dificuldades para superar essa situação, em que cerca de três quartos das despesas do Tesouro Nacional estão comprometidos com os salários do funcionalismo, uma Previdência insustentável e gastos rígidos voltados à assistência social, a ponto de sobrar muito pouco do dinheiro público para áreas como saúde, educação e investimentos estatais.

Para enfrentar esse impasse, o país deveria concentrar-se na reforma da Previdência, no fim dos privilégios dos funcionários públicos, e aplicar para valer a regra do teto para os salários do funcionalismo, até o limite dos vencimentos dos ministros do Supremo Tribunal Federal, como prevê a Constituição. "Já faz uns trinta anos que muitos não acreditam mais nas restrições da contabilidade nacional. Não adianta querer conversar. Basta ler alguns articulistas para os quais não existe restrição econômica, apenas falta de vontade política." Nesse processo, a sociedade teria ficado "adormecida e anestesiada". "No fundo, o Estado se apropriou da sociedade enquanto ela dormia."

Delfim Netto considera que esse "estamento estatal" vem impedindo a continuidade dos objetivos previstos na Constituição de oferecer serviços universais, como saúde e educação, de forma a equalizar as chances de toda a sociedade em um ambiente competitivo e capitalista. "Enfrentar isso é limpar o caminho para a Constituição e para continuarmos produzindo uma sociedade em que haja uma relativa liberdade, igualdade de oportunidades e eficiência coordenadas pelo mercado."

Para ele, os problemas do governo federal são "só a ponta de um *iceberg*". Estados e municípios também estão "falidos" por causa dessa apropriação das riquezas produzidas pela sociedade por parte do funcionalismo público, que se recusa a pertencer ao resto da sociedade e se considera imune às flutuações econômicas. Não haveria nada mais inconstitucional do que as vantagens obtidas por segmentos desse funcionalismo por meio dos chamados direitos adquiridos. Delfim Netto, entretanto, considera muito difícil enfrentar o problema, pois tais categorias são muito eficientes na defesa de seus direitos. "Elas conseguem mobilizar o trabalhador e convencê-lo de que, na verdade, o que se quer tirar é o direito do próprio trabalhador, não o do funcionalismo."

Por isso o problema fiscal no Brasil de hoje é muito mais grave do que as pessoas querem imaginar. Também impressiona a Delfim Netto a insensibilidade do Congresso – não só de opositores ou dos que se beneficiam dessa configuração, mas de políticos e analistas que normalmente deveriam defender ideias de mais equilíbrio e igualdade. "É escandaloso não entendermos o nível de desequilíbrio que atingimos." O economista, que tem insistido desde os anos 1980 na importância da reforma da Previdência, lamenta a falta de clareza e transparência dos governantes na formulação de soluções para os graves problemas que o Brasil tem pela frente.

Em suas pesquisas e em seus textos publicados na *Folha*, Delfim Netto também acompanha atentamente os desdobramentos da política e da economia internacionais. Ele afirma que um dos principais acontecimentos recentes, a eleição do republicano Donald Trump nos Estados Unidos, em 2016, é produto de causas objetivas, do que ele chama de "abusos da globalização". Essa escalada populista teria suas origens no governo de Ronald Reagan (1981-89), quando, "ao inventar a teoria de um mercado perfeito", o presidente republicano desregulamentou fortemente a economia e os mercados, propagando enorme liberdade de capitais.

"Foi isso o que permitiu ao sistema financeiro repetir a patifaria de 1929 em 2008", conclui Delfim Netto, em referência às duas maiores crises do capitalismo, a Grande Depressão, no início do século XX, e a chamada Grande Recessão, no começo do XXI. Essa liberdade quase total de capitais teria produzido desequilíbrios, dentro dos países e entre eles. A mudança melhorou nações como a China, mas afetou fortemente regiões como a da "ferrugem" nos Estados Unidos, como são conhecidos os estados industriais americanos em crise que garantiram a vitória de Donald Trump.

"Trump é produto disso, de causas objetivas. A loucura dele é irrelevante nesse contexto, e parece óbvio que, em algum momento, o mundo terá de voltar para algum tipo de controle sobre esse movimento geral de capitais." Para o economista, o presidente americano ataca o problema com remédio equivocado, ao apontar a imigração como a causa dos desequilíbrios. "A imigração sempre foi fator de desenvolvimento econômico no mundo, pois quem imigra é quem tem mais vontade de crescer." Ele avalia com "preocupação" os resultados duradouros que o governo Trump poderá produzir. "O mal que ele podia fazer ele já fez: vai estabelecer uma corrida atômica na Europa, pois ninguém mais vai confiar na proteção norte-americana. Japão, Coreia do Sul, Alemanha. Ninguém mais vai ficar esperando."

Em relação à economia que hoje mais cresce no mundo, a da China, Delfim Netto é da opinião que, apesar dos monumentais avanços de produtividade e do aumento da renda, o país ruma, politicamente, ao retrocesso. Diante do culto de sua própria personalidade, o secretário-geral do Partido Comunista, Xi Jinping, estaria cada vez mais parecido com Mao Tse-tung, o líder comunista que morreu em 1976. "Vladimir Putin, na Rússia, é a mesma coisa."

Entretanto, Delfim Netto se diz otimista com outros aspectos e novidades da vida econômica e política. Ele ressalta que, no Brasil, torna-se cada vez mais transparente a discussão dos grandes problemas que ainda travam o desenvolvimento do país. Também chama a atenção para o que poderia ser identificado no mundo todo como uma espécie de fase 2.0 da democracia e de sua dialética entre "a urna e o mercado", em que os dois elementos acabam punindo exageros de parte a parte. "A grande mudança política do passado foi o sufrágio universal, mas isso já tem duzentos anos. A internet e a sua massificação foram outro grande passo. Esse empoderamento das massas produzido pela internet ainda não mostrou seu resultado final. É um movimento que nenhum poder terá condições de controlar."

Fernando Canzian, jornalista, é repórter especial da Folha de S.Paulo, onde foi secretário de Redação, editor de política, do "Painel" e correspondente em Nova York e Washington. Ganhou quatro prêmios Esso.

Vamos supor que...

Milton Friedman, o Prêmio Nobel de Economia mais invejado pelos "heterodoxos" do mundo, conta uma história muito interessante sobre a forma de raciocinar dos economistas. Três cientistas (um químico, um físico e um economista), e mais uma lata de feijão, salvaram-se de um naufrágio em uma ilha deserta. Tendo de resolver o problema de como abrir a lata, perguntaram-se o que fazer. O químico, que sabia como produzir fogo por métodos físicos, propôs aquecer a lata, de forma a expandir sua pressão interna, até explodi-la; o físico achou a ideia muito boa e propôs-se a calcular a trajetória dos feijões quando a lata explodisse, de forma a recolhê-los em uma casca de banana. O economista olhou com um certo espanto para os dois pobres diabos e disse: vamos supor que a lata esteja aberta e...

É exatamente o que está acontecendo: vamos supor que incorporemos ao sistema produtivo 25 milhões de brasileiros. Isso feito, como podem as pessoas continuar a discutir as virtudes da atual política econômica do governo? Estarão tão cegas a ponto de negar o significado social dessa incorporação? Serão tão míopes a ponto de se recusarem a ver que este é o maior crescimento do mercado interno já registrado em qualquer país e em qualquer tempo? Será que é tão difícil entender que, com a singela suposição de que incorporamos ao mercado 25 milhões de brasileiros, resolvemos o mais grave problema social do país? Então por que insistir na crítica? Por que perguntar onde estavam esses brasileiros? Por que não reconhecer que eles viviam de vento, que eram fantasmas de nossa "dívida social", zumbis que não víamos porque vagueavam na alta madrugada nas cidades ou nos sertões? Em pouco mais de cinco meses, o governo supôs que fez o que esperávamos há quase quinhentos anos e ainda achamos que ele fez pouco!

É evidente que até 1983 a limitação ao crescimento estava no setor externo. Depois que, com muito sacrifício, realizou-se o ajuste externo, com o formidável crescimento das exportações, a economia brasileira voltou a crescer aceleradamente e, desde então, o emprego e o salário real têm estado em expansão sem comprometimento do balanço de pagamentos. O mercado de trabalho deve ter absorvido ao longo desses três últimos anos alguma coisa parecida com 3 a 4 milhões de pessoas. O efeito desse movimento é profundo: o aumento da demanda de mão de obra nos centros urbanos foi acompanhado por um aumento de salário real e por um aumento da dispersão salarial, porque a demanda de mão de obra qualificada cresce mais rapidamente do que a oferta. Na agricultura o efeito é ainda mais sensível, pois cessou a corrente de mão de obra na sua direção e aumentou a corrente na direção dos centros urbanos, de forma que o ajuste do salário real é mais vigoroso e mais rápido. É exatamente por isso que no setor urbano temos um aumento do emprego e do salário real e no setor agrícola, principalmente, um aumento do salário real.

Se considerarmos o período de 1983 a 1986, o Produto Interno Bruto deve ter crescido entre 20% e 22%, o que dá uma ideia da formidável recuperação realizada depois do ajuste externo e puxada, inicialmente, pelo setor exportador, que foi o único a ampliar sua capacidade produtiva. Nos demais setores de economia, os investimentos limitaram-se a cobrir as depreciações, a complementar linhas de produção ou a pequenos projetos de baixo risco e curta maturação.

Diante desses fatos e da circunstância de que se instituiu uma taxa de juros negativa para a poupança pela óbvia manipulação dos índices de preços, não há nada de surpreendente na explosão da demanda. Esse movimento foi ampliado pela clara expectativa de que o controle de preços apresentaria problemas crescentes, à medida que fossem consumidos os estoques existentes. Só não ocorreram problemas de abastecimento nos setores onde os ajustes de preços pela qualidade, quantidade, maquilagem, redução de descontos, encurtamento dos prazos de pagamento, ágios etc. foram realizados graças à "esperta" disposição do controle de preços de ignorá-los.

A tentativa de atender à demanda mediante importações maciças encontra fortes limitações no gerenciamento dessas operações e deixa claro que estamos consumindo o estoque de divisas que acumulamos no passado.

Incapazes de continuar a fingir que não veem a realidade, as autoridades econômicas encontram-se diante do dilema do "gatilho" salarial inserido à última hora no Plano Cruzado. Para superá-lo, preparam agora mais uma gigantesca "operação expurgo" nos índices de preços. Pretendem, entretanto, que vão fazê-la, para manter a "suposição" de que os pretensos 25 milhões incorporados ao mercado serão preservados. Na realidade o expurgo (que aliás será o quarto realizado desde agosto de 1985) vai cair como um amargo castigo sobre a classe média, que vai ser chamada a pagar a conta não para alimentar os fantasmas que o governo inventou, mas para cobrir o seu déficit. Pagar a despesa que ele, governo, não teve disposição de cortar, mas sim de ampliar, com pesados subsídios que algum dia terão que ser explicitados.

29.10.1986

Nunca mais?

Recessão nunca mais. Esse desejo magnífico, que representa o anseio de todos os brasileiros, tem sido utilizado para dar cobertura a políticas extremamente contraditórias. Se fosse utilizado apenas como um slogan político, não deveria criar maiores dificuldades, mas o fato é que tem sido utilizado como única alternativa às sugestões de uma política econômica mais coerente e capaz de realizá-lo de fato. Com efeito, usando o slogan "recessão nunca mais", estamos destruindo o equilíbrio construído com muito trabalho e sacrifício e, de repente, poderemos ser surpreendidos com a "recessão já!".

A economia tem o costume de pregar peças nos governantes generosos e esclarecidos. A grande tolice que hoje vivemos é derivada de duas ideias muito interessantes: 1) que o governo da "Velha" República era intrinsecamente mau e tinha parte com o diabo, de forma que se divertiam muito quando o povo sofria a recessão. Daqui se conclui que a recessão foi provocada deliberadamente para sua diversão; 2) por outro lado, como a aliança com Mefisto não lhes dava sequer conhecimento, aquele governo era composto de imbecis que foram incapazes de continuar gozando as delícias da recessão e já no segundo semestre de 1984 tinha realizado o ajuste e posto o Brasil a crescer novamente.

É preciso que se diga com clareza que a recessão não é nem poderia ser o objetivo de qualquer política econômica. A recessão foi consequência da política de ajustamento do balanço de pagamento arruinados com a alta dos preços do petróleo e depois agravado com a alta das taxas de juros internacionais. Enquanto o mundo inteiro submergia em uma crise recessiva (nenhum país do mundo escapou, nem os países ditos "socialistas"), o Brasil continuou a crescer como "uma ilha de prosperidade" graças ao fato de que foi capaz de convencer os credores de que tinha condições de ajustar-se. Enquanto isso acontecia, fomos mudando a estrutura produtiva interna, aumentando a produção do petróleo (passamos de 110 mil para 500 mil barris diários) e criamos o Proálcool[1] (hoje tratado com uma ligeireza que toca a irresponsabilidade), produzindo uma substancial substituição de importações (não ferrosos, pequenas partes e componentes etc.), e aceleramos as exportações com uma política que mantinha favorável a relação câmbio/salário, o que dificultava o controle da inflação.

Uma particularidade importante desse processo é que a crise foi mundial (nenhum país escapou à recessão), mas, no mundo subdesenvolvido ocidental, apenas o Brasil voltou a crescer a partir do segundo semestre de 1984 e com a economia ajustada. É certo que emergimos da crise com uma taxa de inflação indecentemente alta, mas não é menos certo que ela tinha se mantido relativamente estável durante quase dois anos. Por outro lado, não é menos certo, também, que o custo do ajuste no Brasil foi relativamente pequeno quando comparado aos dos outros países que até hoje não se ajustaram (a despeito do rápido crescimento da nossa população). Isso nos deveria levar a considerar a possibilidade lógica de que não foi a "Velha" República que causou a recessão mundial (pois a Velha República existiu apenas no Brasil) e de que ela talvez tenha sido a causa eficiente da superação da recessão em nosso país (o que, obviamente, resta provar). Mas isso é outra história e fica para outro dia.

Vivemos hoje um momento dramático, pois os ajustes que possibilitaram a retomada do desenvolvimento sem problemas externos estão se desfazendo sob nossos olhos.

Tentamos uma reforma que se dizia "neutra" do ponto de vista distributivo (foi isso, afinal, o que nos garantiram os economistas heterodoxos e seus ministros a 28 de fevereiro), mas estava longe de satisfazer essa condição. Introduzimos uma série de estímulos ao consumo e a destruição da poupança (com taxas e juros negativos), fomos destruindo a articulação produtiva da economia (com a indisposição de administrar o congelamento), fomos utilizando as poupanças acumuladas na forma de reservas cambiais para uma

---

1 Programa Nacional do Álcool, para a substituição em grande escala dos combustíveis derivados do petróleo pelo álcool, que durou de 1973 ao início dos anos 1990.

orgia de importações que chega a beirar o ridículo, desestimulamos as exportações com a taxa de câmbio fixa e os custos crescentes. Tudo isso está nos conduzindo rapidamente a uma crise cambial. Se ela chegar, adeus slogans. Com ela, chegará a dura realidade: vamos sofrer tudo outra vez.

12.11.1986

Não teremos neve no Natal

Espinosa nos ensina em sua *Ética* que "dentro do domínio da razão devemos preferir um bem futuro maior a um bem presente menor, e um mal presente menor a um mal futuro maior". Essa preferência pelo presente, que é uma das explicações da existência da taxa de juros, deveria presidir a escolha das políticas postas em prática para a superação das dificuldades que estamos vivendo.

Passadas as eleições, deixamos de ser clientes mimados pelo governo, que precisavam ser "monitorados". Agora somos, de novo, consumidores e produtores, apenas. Não há, portanto, motivo para que continuemos a ser manipulados como se estivéssemos na Disneylândia, já sabemos que não teremos neve no Natal como nos prometeram (porque, como disse um amigo meu, é óbvio que, "em todo país com inflação igual à da Suíça e desenvolvimento igual ao do Japão, tem que nevar no Natal").

Vamos encarar os fatos, somos um país real, ao sul do Equador, com clima tropical e onde nada acontece sem causa, isto é, sem trabalho, poupança e paciência! O Cruzado 1 está morto, viva o Cruzado 2! Mas não morreu totalmente em vão: se não demonstrou que a inflação era inercial, pelo menos demonstrou que aquela aparente "inércia" era produto do entendimento que os operadores tinham das medidas do governo e que, quando o governo consegue induzi-los a acreditar que vai mudar de política, eles corrigem quase instantaneamente o seu comportamento.

O Cruzado 1 foi, na realidade, vítima de seu próprio sucesso. Ele possibilitou uma tal manipulação das mentes que qualquer observação das mentes, qualquer crítica mais leve, ainda que bem-intencionada, recebia logo o ferreteamento de sabotagem. Temos de dar as mãos à palmatória: se o governo tivesse aplicado na administração do Plano Cruzado pelo menos 1% da competência que teve na comunicação com os brasileiros, ele poderia ter sido um sucesso. Preferiu o caminho mais fácil da unanimidade e, como suspeitava o grande Nelson Rodrigues, a unanimidade mostrou a sua indefectível burrice!

Aceitemos os fatos como eles são e vamos encarar com coragem o fato de que o sonho de produzir o desenvolvimento sem trabalho, sem poupança e sem paciência acabou. Aliás, o sr. presidente da República, na sua entrevista à revista *Veja*, disse exatamente isso: "Acabou o período de emoção. Vamos entrar no período da razão".

Não chega a ser confortador verificar que, ainda agora, em um longo e enfadonho artigo publicado em uma revista editada pelo seu escritório de assessoria, um dos pais do Plano Cruzado redescobriu "o que deveria ter sido feito", estudando os programas de estabilização da Alemanha e da Áustria.

O que não disseram antes ao sr. presidente é que nem na Alemanha, nem na Áustria congelaram-se os preços; que a taxa de câmbio não foi congelada: foi defendida por operações de mercado sustentadas por pequenas reservas (até obtidas por empréstimo) e por uma consistente política monetária e fiscal; que se eliminaram os déficits orçamentários dispensando-se milhares de funcionários públicos (na Alemanha quase um quarto do funcionalismo); que se corrigiram os preços e os custos dos serviços públicos (na Alemanha foram dispensados mais de 100 mil empregados das estradas de ferro e mais de 60 mil dos correios). Nota curiosa, mas sintomática: até o banco central teve de dispensar alguns milhares de seus funcionários... Estes foram alguns dos custos dos programas parecidos com o Cruzado, há sessenta anos, na Áustria e Alemanha.

Não importa que não tenham dito nada disso ao presidente ou que não lhe digam agora que caminhamos para uma dramática crise no balanço de pagamentos. Não importa que as autoridades monetárias venham insistir em que o superávit diminuiu porque as exportações caíram e as importações aumentaram e justifiquem isso pelo aumento de consumo interno. Como, meu Deus, seria possível diminuir o superávit sem a combinação da redução de exportações e o aumento das importações? A lógica, positivamente, não é o forte dos nossos pseudoescolásticos!

10.12.1986

160 km/h é maior do que 100 km?

Um dos aspectos mais democráticos da realidade brasileira atual é a aparente incapacidade que revelamos em entender as limitações físicas que são impostas pelo regime de escassez em que vivemos (não apenas o Brasil, mas todos os países do mundo). Frequentemente assistimos perplexos a discursos que revelam o nível de utopia (quando não de ilusionismo), que dão a impressão de que não teremos condições de devolver à política econômica do país aquele mínimo de racionalidade sem a qual nada de sério poderá ser feito.

Não é incomum depararmos com a ideia de que a economia de mercado é um regime caótico, onde as coisas acontecem independentemente da vontade dos homens e sem que eles tenham consciência desse processo, o que talvez contenha uma certa dose de verdade. Mas o que se propõe em seu lugar? Com a mesma simplicidade do diagnóstico, as propostas ingênuas imaginam que podemos substituir o mercado por um regime de programação, onde todas as necessidades possam ser previstas e atendidas. E o que é pior, leva-se essa ingenuidade ao limite de supor que aquele regime possa ser realizado dentro de um sistema de plena liberdade individual.

Da mesma maneira, algumas ideias absurdas adquirem o ar de moeda corrente e mesmo pessoas responsáveis se põem a repeti-las sem o mínimo espírito crítico. Uma dessas ideias hoje comum é a de que o pagamento de um empréstimo se torna moralmente condenável quando a soma dos juros supera o valor do principal emprestado. Para entender a falácia contida em tal proposição, basta considerar, por exemplo, um empréstimo de 100 à taxa de juros anual de 10%. Se o empréstimo for de nove anos, os juros são moralmente aceitáveis (pagamos 10 por ano durante nove anos) e liquidamos o empréstimo de 100 no nono ano). Se, porém, o empréstimo for de onze anos, os juros são moralmente inaceitáveis (pagamos 10 por ano durante onze anos e liquidamos o empréstimo de 100 no décimo primeiro ano), o que mostra o absurdo da ideia, uma vez que a "moralidade" do pagamento depende do período em que ele é realizado.

Mas o grave erro de tal concepção não reside nesse fato, e sim na circunstância de que estamos comparando coisas incomparáveis: os juros são um fluxo anual (10 por ano), e o capital é um estoque (100). Os juros têm a dimensão temporal (quilômetros por hora; quilowatts por hora; metros cúbicos por segundo etc.) e o capital não (quilômetros, quilowatts, metros cúbicos etc.). Se alguém dissesse que a "distância" de 160 quilômetros por hora é maior do que uma estrada de 100 quilômetros, logo perceberíamos o equívoco. Pois bem, quando comparamos a soma dos juros com o capital estamos cometendo o mesmo tipo de equívoco.

Para saber se o empréstimo foi bom ou foi mau, o que importa não é comparar a soma dos juros com o capital, mas sim o que a aplicação do empréstimo produz por ano. Se depois de todas as despesas liquidadas ela deixa um resíduo líquido superior à taxa de juros, o empréstimo correspondeu à condição de economicidade que dele se esperava. Por exemplo, se tomamos 100 emprestados à taxa de juros de 8% por quinze anos para construir uma hidrelétrica que gera um excedente líquido de 9 ao ano, nada há a objetar ao fato de que, a partir do décimo segundo, estaremos remetendo uma soma de juros maior do que o capital. O que importa é que o *juro anual* de 8 é coberto pelo *excedente líquido anual* de 9, o que deixa um excedente anual de uma unidade.

A maior parte das tolices que se propagam hoje sobre a dívida externa (e interna) decorre da incompreensão deste fato simples: o capital investido financiado pela dívida está produzindo normalmente dentro da economia do país, deixando aqui o excedente produtivo. A dívida contraída para pagar o petróleo, por exemplo, garantiu a continuidade do processo produtivo e deve ter uma taxa de retorno ainda maior do que qualquer investimento comum.

Seria bom se fosse possível transmitir essas ideias elementares à sociedade, para que ela possa julgar mais adequadamente as barbaridades que se têm dito.

4.2.1987

O Cruzado 3

Um dos efeitos mais dramáticos da experiência com o Cruzado foi a modificação rápida e profunda dos preços relativos, que, combinada com uma elevação da renda real, produziu uma completa modificação da estrutura da demanda. Foi essa modificação da estrutura da demanda que acabou gerando todo um sistema de preços "fantasmas", representados pelos ágios generalizados que se foram instalando a partir de julho de 1986. Nem mesmo a desordenada importação realizada e que consumiu em dez meses quase 9 bilhões de dólares das reservas cambiais acumuladas a partir do ajuste de 1983 pôde alterar a situação de desequilíbrio introduzida pelo congelamento dos preços.

Esse fenômeno precisa ser lembrado no momento em que o governo se prepara para formular uma nova política econômica, a fim de que não se repitam os erros cometidos. Apesar de mais de 2 mil anos de experiência registrada sobre os inconvenientes dos controles generalizados de preços, o apelo demagógico da medida parece ser irresistível. Outro dia, conversando com um político ligado ao governo, ele lembrava que, afinal, a Argentina e Israel fizeram mais de uma tentativa nessa direção e que o Brasil tinha crédito para o Cruzado 3, o que mostra que não estamos ainda inteiramente livres de mais uma experiência desastrosa em matéria de política econômica.

Por outro lado, o conformismo que o governo parece apresentar diante da avalanche inflacionária chega a ser assustador. A inflação já está correndo a uma taxa anualizada de 450% ao ano e as autoridades monetárias encaram o fato olimpicamente, como se tivessem pronto um arsenal de medidas capazes de debelar o processo com a mesma leviandade de fevereiro de 1986.

Isso é grave. Muito grave. Mostra que o governo pode não ter aprendido nada com o desastre do Cruzado 1, nem com a sandice do Cruzado 2. É muito provável que nos laboratórios secretos de Brasília esteja sendo formulado o Cruzado 3, com os mesmos desvios dos anteriores.

Não se esqueçam, entretanto, que a situação hoje é bem outra; o Cruzado 1 esgotou as reservas cambiais e o Cruzado 2 está liquidando a agricultura, a pequena empresa urbana e a economia dos assalariados. O consumo das reservas cambiais e a explicação do setor agrícola foram peças importantes para a duração do Cruzado 1. Sem isso, dificilmente ele teria durado o suficiente para financiar o maior estelionato eleitoral do Ocidente.

A partir de fevereiro de 1986 houve um aumento importante da renda real do setor urbano e uma redução importante dos preços relativos. Com isso liberou-se renda para uma ampliação dramática da demanda de bens de consumo duráveis. Para entender isso, basta considerar que um aumento da renda real *per capita* de 10% tende a elevar o consumo de alimentos em torno de 6%, mas eleva o consumo de duráveis em cerca de 12%. Por outro lado, a demanda de bens duráveis é mais sensível à queda de preços dos produtos de alimentação do que de seus próprios preços. De fato, alguns estudos do Banco Mundial mostram que uma queda de 10% nos preços reais dos alimentos eleva a sua demanda em menos de 5%, mas ampliam a demanda dos bens duráveis em quase 10%. Esse fato se explica porque, quando os preços agrícolas caem, o dispêndio global com alimentos também cai, o que libera renda para consumir os bens duráveis.

É visível, portanto, que uma parcela importante da demanda de duráveis se realizou graças à transferência de renda da agricultura e que essa demanda cairá rapidamente, à medida que os preços relativos do setor agrícola forem voltando a níveis razoáveis. Esse fato poderá ser ainda agravado pela elevação dos preços dos bens duráveis.

Deixe, pois, o governo de lado a tentação de fazer outra mágica besta. A nação espera um programa sério para que possa apoiá-lo.

29.4.1987

A intervenção do Estado

Outro dia, na Subcomissão de Princípios Gerais da Constituinte, houve uma interessante discussão sobre o problema da economia de mercado. Um dos ilustres constituintes, defendendo um papel mais ativo para o Estado, afirmou que a defesa de mercado era basicamente um problema ideológico e o que deveria ser justificado era a existência de empresas privadas. Em outras palavras, e ao contrário do que se supõe, a organização natural da economia deveria ser "em torno do Estado", e a empresa privada seria "uma intrusa" que polui as decisões econômicas. É por isso que, de acordo com aquele ilustre deputado, a Constituição deve dizer o que se permitirá à empresa privada e não limitar o campo de ação do Estado. A argumentação é sofisticada e por isso merece ser contestada.

Cremos que uma resposta adequada pode ser dada através da história e da lógica. Do ponto de vista histórico é claro que nos últimos 10 mil anos os grandes impérios tiveram suas economias razoavelmente controladas pelo Estado. É claro, também, que o momento de expansão econômica desses impérios sempre se deu quando o nível de controle sobre a atividade privada diminuiu. Nos últimos trinta anos, uma enorme série de pesquisas históricas confirma que há uma coincidência entre o afrouxamento do controle estatal sobre a sociedade e a eficácia econômica desta. De uma forma ou de outra, a explicação linear da história pela economia foi sendo enriquecida pela explicação da organização econômica pelo fato político, que por sua vez pode ou não ter sido produto de fato econômico anterior.

Uma coisa parece certa em todo esse processo: à medida que o poder do Estado afrouxava, os homens encontravam formas de organização econômica mais eficientes do ponto de vista produtivo e, o que é mais importante, liberaram energia e imaginação para acelerar o desenvolvimento tecnológico. Os regimes politicamente fechados sofrem de uma sorte de impotência tecnológica e têm de especializar-se na cópia grosseira dos produtos desenvolvidos nas sociedades politicamente abertas. O eunuquismo é tão profundo que isso acontece mesmo no campo bélico.

Foram os economistas (com David Hume, o filósofo) que iniciaram a discussão das possíveis dificuldades da economia de mercado em alocar recursos quando existem "externalidades". Hume, no seu *Tratado da natureza humana*, dá um exemplo das dificuldades existentes na drenagem adequada de uma pastagem. Se a pastagem tem um só proprietário, ele decidirá sozinho sobre seus custos e benefícios; se os proprietários forem dois, eles poderão pôr-se de acordo sobre a divisão dos custos e dos benefícios. Mas se forem muitos os proprietários, cada um deles relutará em participar, na convicção de que sua entrada, ou não, fará pouca diferença para o projeto, e ele poderá beneficiar-se de qualquer forma da obra, sem nenhum custo. Diante dessa dificuldade, Hume imaginou que a ação do Estado era necessária.

Com os economistas, ao contrário, os mecanismos do mercado foram escrutinados de todas as formas e as suas falhas foram postas a nu com clareza. Eles sabem que o mercado não é um mecanismo perfeito e que pode não produzir a melhor alocação dos recursos escassos em certas circunstâncias. Mas sabem, também, que ele é o melhor que o homem inventou até hoje para combinar uma certa eficiência produtiva com as liberdades individuais.

Mais do que isso, os economistas, depois de terem descoberto as falhas do mercado, descobriram, também, que as falhas do governo são ainda maiores. Hoje todos sabem que a maioria das vantagens teóricas da intervenção estatal decorre do fato de se atribuir ao Estado duas características: ser onisciente e onipotente. Quando o mecanismo de mercado falha por falta de informação ou de um regime adequado de propriedade, imagina-se que o Estado poderia substituí-lo, o que certamente não ocorre.

27.5.1987

Estadolatria

Uma das mais extraordinárias vantagens de se pertencer ao Congresso Nacional reside no fato de que lá se sente quase fisicamente o Brasil – o Brasil real, na sua diversidade quase infinita; na sua expressão agrária e urbana; na sua pobreza e na sua riqueza; nos desejos e aspirações de suas múltiplas populações tão diferentes.

Ninguém chega impunemente ao Congresso Nacional; todos que lá estão sensibilizaram ou traduziram aspirações e vontades de uma parcela do eleitorado nacional. É por isso que dentro do Congresso não existe hierarquia. Cada um dos seus membros vale exatamente o mesmo que todos os outros, porque cada um é portador de uma mensagem sem a qual o mosaico brasileiro não seria o que é.

Quando, portanto, o Congresso espelha uma vontade, podemos ter certeza de que ela reflete algum segmento da realidade nacional. Aquela vontade é produto de algum anseio que poderá ou não ser realizado, mas que, mesmo quando não concretizado pelas limitações impostas pela escassez em que vivemos, expressa um pedaço do "sonho nacional".

Este é o ponto que nos parece importante: os anseios e aspirações da sociedade são frequentemente muito superiores àqueles que poderiam ser atendidos dentro das limitações físicas em que vivemos. Diante desse fato físico, as pessoas se dividem com facilidade e encontram fórmulas simples para superá-lo.

Alguns aceitam logo a teoria simplista de que "existem pobres apenas porque existem ricos", da qual tiram conclusão que lhes parece evidente: se acabarmos com os "ricos", desaparecerão os "pobres". O que os induz a apoiarem toda espécie de medida que reduza a acumulação da riqueza privada ou elimine a propriedade privada dos meios de produção e assim por diante...

Outros desenvolvem uma teoria ainda mais fantástica: se os recursos são escassos, temos de encontrar uma forma para aumentá-los. E que forma é mais simples e mais imediata do que recorrer ao Estado? Por mais incrível que isso possa parecer, há realmente um grande número de pessoas que acreditam que o Estado cria recursos. Não lhes passa pela cabeça a ideia de que o Estado é um mero agente distributivo; que ele não tem nenhum recurso a não ser aqueles que capturou da própria sociedade, quer através de impostos visíveis, quer através do imposto invisível, mas não menos real, que é a inflação.

Outro dia, em uma discussão sobre a intervenção do Estado na economia, defendia-se a ideia de que o Estado deve intervir sempre que o setor privado não dispuser de capital suficiente para levar avante determinado projeto. Mas meu Deus do céu, como é possível que o Estado tenha capital, se antes ele não o retirar do setor privado? Quando parece que falta capital, frequentemente o que de fato existe é alguma inibição criada pelo próprio Estado, que impede que a taxa de retorno do investimento seja superior à taxa de juros.

Essa ideia de um Estado que tem recursos próprios, que é onisciente e onipotente, tem fortes defensores no Congresso Nacional, justamente porque é uma ideia grandemente difundida na sociedade brasileira. Muitas pessoas, diante das dificuldades em que vivem, tendem a criar fora de si um instrumento de salvação que lhes dê conforto e esperança. Antigamente socorriam-se da religião, hoje socorrem-se no Estado. Essa estadolatria é, em larga medida, um substituto da religião e como ela, quando atendida, exige a submissão absoluta!

Hoje sabemos que o sistema econômico organizado em torno do mercado é o único capaz de garantir um mínimo de eficácia produtiva com um razoável grau de liberdade. O mercado certamente não é perfeito, mas seus erros e suas dificuldades podem ser corrigidos. Mas ainda subsiste, entre nós, muita ilusão sobre a onisciência do Estado. Na realidade, sabemos que o Estado é apenas onipotente e que seus defeitos são maiores que os do mercado que ele pretendia corrigir e, o que é pior, são incorrigíveis!

3.6.1987

O plano e o estelionato

O Brasil sofre neste momento as consequências do maior estelionato eleitoral já realizado em qualquer país do mundo ocidental. O deprimente espetáculo que esmagou as esperanças de todos que assistiram, incrédulos, à chamada "Convenção do PMDB" é apenas um dos aspectos visíveis dos resultados produzidos nas urnas pela farsa bem desempenhada pelo governo federal para apoiar seus candidatos.

Enquanto o presidente da República amarga o gosto daquela vitória ingrata, o presidente do maior partido do universo diz singelamente que o governo tem de se curvar diante do peso das urnas... Ignora e procura esconder o que todos sabem: que essas "urnas" foram a consequência da irresponsabilidade do próprio governo federal e que seus resultados não são mais legítimos e mais representativos do que foram as eleições a "bico de pena"...

A representação política é tão ilegítima e foi conseguida com tal falta de caráter, que é de se duvidar que o seu fruto maior – a Constituição – seja aceito passivamente pela nação.

O retrato escrito daquele estelionato, até agora negado ou escondido cuidadosamente pelo PMDB, está de corpo inteiro no chamado Plano de Controle Macroeconômico.[1] É preciso que o Brasil saiba e tome consciência de como esses senhores se apropriaram do poder, a ponto de serem capazes de impor à nação o espetáculo circense da "Convenção" e, sem timidez ou pudor, chamarem-no de "manifestação democrática". É verdade que alguns espíritos mais sensíveis falaram em "democracia selvagem", mas de qualquer forma democracia...

O que nos diz o tal Plano? Apenas isto: "Em 1986, o equilíbrio orçamentário do governo, que já era frágil, foi adicionalmente pressionado pela defa-

---

[1] Uma das principais metas do plano era aumentar a poupança pública para uma retomada do crescimento sem pressões inflacionárias.

sagem dos preços públicos congelados em 28 de fevereiro, assim como pela expansão dos subsídios e o corte dos impostos indiretos, utilizados na tentativa de sustentar o congelamento de preços".

E, continua o Plano: "A estas pressões se somaram, posteriormente, as despesas pela contratação de funcionários públicos pelos estados e municípios, no ano passado. Estas contratações agravaram ainda mais o desequilíbrio das finanças estaduais [...]", para depois concluir: "Com estes e outros fatores operando, as necessidades de financiamento do setor público brasileiro, em 1986, atingiram 3,7% do PIB, muito acima, portanto, do 0,5% anunciado com a reforma tributária de 1985".

Para os leitores menos avisados, a "reforma tributária" de novembro de 1985 foi aquela aprovada pelo Congresso Nacional, em 24 horas, na calada da noite, porque alguns políticos do PMDB não podiam perder a mordomia de uma viagem à China...

Leiam e analisem, nossos leitores, se uma eleição feita à custa: 1) de um congelamento irresponsável, sustentado por um aumento de subsídios, pela redução de impostos indiretos e pela defasagem das tarifas dos serviços públicos; 2) da contratação de cabos eleitorais transformados em funcionários públicos da União, dos estados, dos municípios e das empresas estatais (foram mais de 400 mil); e 3) da multiplicação por sete do déficit global do setor público (de 0,5% para 3,7% do PIB) é ou não um gigantesco estelionato eleitoral, que agora não pode mais ser negado, pois é reconhecido pelo Plano Macroeconômico do governo?

O mais dramático é que o Brasil pagou para nada; pagou para assistir àquele medíocre espetáculo que se chamou de "Convenção". A desilusão maior da nação brasileira reside no fato de que ela sabe que lá estavam reunidos não apenas um partido político com cara de diretório acadêmico, mas a essência do Poder Executivo, com 16 ministros e 22 governadores, que se supõe que governam o país.

É moda, no Brasil, criticar o poder que vem do saber. Mas o mais apavorante, o mais terrível e o mais assustador, é ver o poder que emana do não saber, como se viu naquele domingo negro em Brasília...

5.8.1987

As farsas do governo

Um dos grandes dramas da situação nacional reside no fato de que o governo, para anestesiar a nação e tentar desviar para o plano externo o núcleo de nossas dificuldades, agiu irresponsavelmente em duas direções igualmente condenáveis: estimulou a crença de que era possível uma política distributiva rápida, capaz de "resgatar nossa dívida social", e criou um problema externo (para esconder os problemas internos), fazendo a nação acreditar que o Fundo Monetário Internacional (FMI) exige "o pagamento dos juros da dívida com o sangue do povo" e que a moratória foi um ato "soberano" e "corajoso".

Ora, é evidente que somos um país pobre, apesar de sermos a oitava economia do mundo em Produto Interno Bruto global. É evidente, também, que a distribuição de renda pessoal deixa muito a desejar. Por outro lado, é claro que essa história de que "somos a 8ª economia do mundo, mas a 46ª em termos de indicadores sociais" é uma balela inventada para fins eleitoreiros. Temos uma renda *per capita* em torno de 2 mil dólares e nossos indicadores sociais são mais ou menos os relativos aos demais países com renda *per capita* semelhante.

Frequentemente ouço dizer que eu falei que "primeiro é preciso fazer o bolo crescer para depois distribuir", o que eu não falei, por ser uma solene bobagem dentro de uma economia de mercado. Aliás, o desenvolvimento brasileiro mostra que, quando o bolo cresceu, todos melhoraram, mas uns melhoraram mais do que os outros, o que piora o índice que mede a distribuição de renda, quando comparado com o ideal de uma distribuição igualitária. A maior parte das pessoas pensa que o coeficiente de concentração de renda é diretamente ligado ao nível de bem-estar, o que é um grande equívoco. Para entender isso, suponhamos uma sociedade com apenas dois indivíduos: o indivíduo A, que recebe cem por mês, e o indivíduo B, que recebe mil. Suponhamos que, graças a um efeito qualquer (aumento de produtividade ou outros), o indivíduo A passe a receber 130 em termos reais e o indivíduo B concomitantemente venha a receber 1.500 em termos reais.

O que aconteceu? No segundo momento o indivíduo A tem à sua disposição 30% a mais de bens e serviços do que tinha anteriormente, e o indivíduo B tem à sua disposição 50% a mais de bens e serviços do que tinha. O bem-estar dessa sociedade é maior ou menor? Claramente, por qualquer critério objetivo, a situação melhorou para ambos os indivíduos. Apesar disso, a distância entre as rendas se ampliou! Para poder deduzir que existe uma correlação direta entre a desigualdade da distribuição de renda e o nível de bem-estar é preciso aceitar algumas hipóteses muito discutíveis.

É claro que precisamos alterar a péssima distribuição de renda que temos. Mas é mais claro ainda que não se pode tentar alterá-la à custa de políticas que acabam reduzindo o ritmo de crescimento e, aí sim, empobrecendo a todos.

Outra tolice do governo é a divulgação da ideia de que o FMI exige a recessão. Em 1984 estávamos em um programa do FMI e crescemos 5,7% (no segundo semestre já estávamos crescendo a 7%). A Argentina, dentro de um programa do FMI, cresceu em 1986 quase 6%, o que para eles é um indicador rigorosamente excepcional.

O Brasil já está em um processo recessivo e sem o FMI, o que mostra que não há relação de causa e efeito entre os dois. Na verdade, o FMI é convidado a cooperar com o país quando esse país já está em desequilíbrio avançado e exige políticas corretivas que podem ter como subproduto desagradável a recessão. A cooperação do FMI, aportando recursos externos, torna menos custosa, do ponto de vista social, a política de ajuste, exatamente o oposto do que o governo tem tentado transmitir à nação.

É preciso que todos saibam que o governo resiste não propriamente à política sugerida pelo FMI (porque de uma forma ou de outra ele a está adotando), mas à auditoria do FMI, com a qual teria sido impossível esconder da nação mais de 1 bilhão de dólares de importações não registradas e um déficit que beira 7% do PIB!

9.9.1987

A lógica do *poire*

A despeito da revolta de alguns intelectuais contra o exercício do poder monopolizado pelo saber, continua a ser verdadeiro o ensino de Sócrates de que não se pode operar sem o saber, especialmente na política, na qual o resultado da manipulação do poder atinge a coletividade e tem por objetivo o bem-estar da maioria. Isso é válido pelo menos para aqueles que não veem no Estado o conselho de administração das classes dominantes.

Quem sabe pode errar, porque esta é a condição humana. Quem não sabe, o máximo que pode fazer é um passeio ao acaso, com resultados que dependem da sorte. Mas existe uma condição mais perigosa, que é a da ignorância da realidade, combinada com o não saber "heterodoxo": ignorar que os recursos são escassos; ignorar que o controle de preços é inferior ao mercado em eficiência; ignorar que somos parte do mundo; ignorar que não se pode distribuir o que ainda não se produziu, a não ser que alguém nos empreste, ignorar que há benefícios sociais não onerosos como a liberdade de expressão, mas que outros são extremamente onerosos e ainda assim têm de ser concedidos, como é o caso da saúde e da educação, e que, portanto, têm de ser financiados corretamente e não tratados com a esperteza demagógica; ignorar que a taxa de retorno dos investimentos tem de ser superior à taxa de juros etc.

O não saber heterodoxo produz uma estratégia inferior à do passeio ao acaso, porque conduz o país, com certeza inexorável, à sua decomposição. Foi ele que produziu a fantástica aventura do Cruzado 1, que demoliu boa parte do patrimônio nacional e deixou um rastro de desorganização econômica e social que o país ainda não percorreu inteiramente. Foi ele que, através do grande estelionato eleitoral de novembro de 1986, produziu uma maioria eventual do PMDB, que vai dar à nação brasileira a mais retrógrada e inservível Constituição que se poderia imaginar.

Foi esse não saber heterodoxo que produziu a moratória infame que estamos vivendo e que se tentou vender ao país como um ato de coragem e de soberania. Que coragem é essa, em que se faz o que não se pode deixar de fazer? Se a caixa terminou, como pagar? Foi preciso coragem (e irresponsabilidade) para terminar com a caixa, isso sim! Que soberania é essa que faz um ministro dar a volta ao mundo com o pires na mão para retornar mais pobre ainda, porque gastou o que sobrara na viagem? Que soberania é essa que leva o seu sucessor a receber na cara, sem rebuços, publicamente, sem reagir, a resposta quase pornográfica de que o seu plano era *non-starter*.

É este não saber heterodoxo que é a essência da política econômica imposta ao sr. presidente da República pelo "clube do *poire*",[1] que está na base das dificuldades que o país está vivendo. Quem tiver dúvida deve observar com cuidado uma fotografia publicada recentemente por todos os jornais, em que o ministro da Fazenda, sentado ao lado de oito ilustres membros, na sede do clube, tenta explicar o que deve ser feito. E ele certamente está repetindo as coisas sensatas que havia dito na Câmara dos Deputados e que recebeu o veto do clube apenas com o argumento profundo expedido pelo seu presidente de que "não vamos ao FMI porque o Fundo é um espantalho"!

Para compreender como funciona o clube, basta lembrar que há uma semana, depois da exposição ao Senado do sr. ministro da Fazenda, em sessão secreta, o ilustre senador Roberto Campos fez uma crítica devastadora das ideias que seriam levadas a discussão no exterior. Ninguém respondeu aos argumentos. A única resposta foi um sorriso nervoso. Terminada a sessão, um jornalista mais ousado aventurou uma pergunta a um outro ilustre senador do PMDB: por que não demoliram os argumentos do senador Campos? E ele respondeu serenamente: "Os argumentos não têm importância, porque o senador Campos não faz parte da comissão da dívida externa".

É a lógica do "clube do *poire*".

30.9.1987

---

[1] Como era conhecido o grupo de políticos e autoridades que se reunia em torno do deputado Ulysses Guimarães (1916-1992) no restaurante Piantella, em Brasília. O *poire*, um destilado de pera, era consumido nesses encontros.

Troia e o presidente

O descobridor das ruínas de Troia, arqueólogo Schliemann, no auge de seu entusiasmo durante as escavações encontrou um crânio e cismou que era a caveira de Agamênon. Os seus assistentes e auxiliares, desesperados com aquela convicção intempestiva, formularam objeções cada vez mais insuperáveis àquela hipótese, pois uma afirmação tão desprovida de bases objetivas poderia comprometer a seriedade da descoberta. Conta-se que Schliemann, diante de tamanha falta de "cooperação" dos seus assistentes e esgotado com as peripécias de inventar respostas às objeções "irresponsáveis", apanhou o crânio e perguntou aos seus opositores: "Pois bem, se ele não é de Agamêmnon, de quem é, então?".

Lembramo-nos dessa história quando lemos uma entrevista que o presidente Sarney concedeu à imprensa, mostrando "como recebeu o país desorganizado financeiramente" e como, "em menos de três anos, organizou as suas finanças", introduzindo o "orçamento unificado", eliminando a "conta movimento do Banco do Brasil", "impondo um rígido controle das estatais" e assim por diante...

Infelizmente os assessores do sr. presidente continuam a mantê-lo desinformado com relação à verdadeira situação econômica do país, pois, conhecendo-o como conhecemos, temos a certeza de que ele jamais diria o que disse se não estivesse absolutamente convencido da veracidade de suas afirmações. É preciso, portanto, insistir em transmitir pela imprensa aquelas informações que os seus auxiliares não lhe transmitem. A verdade é a seguinte:

1) a "Nova República" recebeu, em 15 de março de 1985, um sistema de preços funcionando e sem nenhum preço atrasado;

2) os subsídios não tinham terminado, mas tinham sido substancialmente reduzidos;

3) a inflação era alta, cerca de 220% ao ano, mas estável havia muito meses (em 1987 ela será de 400%);

4) a recessão já tinha sido superada e a economia crescera 5,7% em 1984 (em 1987 ela crescerá menos do que isso);

5) a crise de pagamentos tinha sido amenizada e o saldo da balança comercial atingira quase 13 bilhões de dólares em 1984. O nível de reservas livres era da ordem de 9 bilhões de dólares no momento da passagem do governo (em 1987 o saldo comercial será de 10 bilhões de dólares e as reservas, depois de pagos os compromissos de dezembro de 1987, serão de menos de 4 bilhões de dólares);

6) o mercado de trabalho registrava crescimento do emprego e do salário real já no segundo semestre de 1984 (em 1987 temos o desemprego e a maior queda do salário de todos os tempos);

7) e, por fim, em dezembro de 1984 o déficit público era de 1,6% do PIB (em 1987 representa a bagatela de 6% a 7%).

A contraprova desses argumentos reside na observação do curso dos eventos em 1985. No primeiro ano da "Nova República", o crescimento real chegou a 8% (embalado pelo impulso de 1984), a taxa de inflação permaneceu estável em torno de 220% e o saldo da balança comercial atingiu 13 bilhões de dólares.

Na verdade, a situação começou a piorar quando, depois da morte do presidente Tancredo, o palácio decidiu "fritar" o ministro Dornelles, porque via nele uma sombra desagradável. Estamos convencidos de que o presidente não participou diretamente desse processo, mas permitiu que ele se desenrolasse na cozinha dos assessores mais chegados, que naquele momento estavam à busca de consolidar o seu próprio poder. Essa é a explicação da solução quase familiar da defenestração do antigo ministro, substituído não na base do "saber" mas na base do "não saber", muito mais dócil, maleável e dependente. Uma das regras elementares do poder é a de que os acólitos sempre recomendam o "não saber", ao qual, sem a responsabilidade visível, eles impõem as medidas mais irresponsáveis.

A política econômica da "Nova República" morreu em agosto de 1985 e seu réquiem foi o famoso "pacote fiscal" de novembro do mesmo ano. Quando se escrever a história desse período, vamos ver que em novembro de 1985 o Executivo não sabia o que estava mandando para o Congresso e, até hoje, o Congresso não sabe o que aprovou...

Era tempo de o sr. presidente perguntar aos seus assessores: "Pois bem, se a culpa não é da Velha República, de quem é então?".

16.12.1987

Trabalhar

Neste início de ano é importante que as pessoas esqueçam por alguns minutos as grandes dificuldades que estão vivendo e façam uma reflexão sobre a real situação do Brasil. Seria ridículo tentar uma visão otimista da situação, mas não é menos ridículo sentar na guia da calçada e ficar chorando e culpando o passado ou, o que é pior, culpando o mundo...

É preciso que reconheçamos o seguinte:

1) o Brasil é parte do mundo, queiramos ou não. Em meados dos anos 1980 o país fez um ajuste econômico profundo, que modernizou suas estruturas econômicas. Qualquer dia desses, alguém fará uma tese de doutoramento com maior racionalidade do que engajamento e saberemos, então, como a Revolução de 1964 – que pode ter tido alguns aspectos negativos – teve também um papel positivo importante na melhoria da eficiência dos mercados e da administração pública;

2) foi essa modernização que permitiu ao Brasil ligar-se ao mercado internacional e, aproveitando um período de expansão mundial, realizar um rápido desenvolvimento econômico, com quase vinte anos de crescimento muito rápido, que atingiu em 1973 cerca de 14%;

3) que esse desenvolvimento foi realizado com relativo equilíbrio interno (taxas de inflação decrescentes) e relativo equilíbrio externo; em 1973 a dívida líquida do país era de mais ou menos 6 bilhões de dólares, o que equivalia a um ano de exportação;

4) a segunda metade dos anos 1970 surpreendeu o mundo com a primeira crise do petróleo, mas mesmo assim o país continuou a crescer. É verdade que esse crescimento foi proporcionado pelo endividamento externo. Mas é verdade, também, que todos os países em vias de desenvolvimento não produtores de petróleo se endividaram. É ainda mais verdade que alguns produtores de petróleo se endividaram mais, relativamente ao seu PIB;

5) o início da década de 1980 surpreendeu o mundo com uma nova e mais profunda crise do petróleo, generalizando uma pressão inflacionária mundial, que acabou gerando nos EUA uma política monetária que elevou as taxas de juros anuais mais de 20%, ampliando consideravelmente o custo da dívida.

Esses são fatos e não adianta brigar contra eles. É por isso que o endividamento foi geral e não apenas brasileiro; é por isso que a recessão foi geral e não apenas brasileira.

Para entender que a crise foi mundial, basta considerar que a taxa de desemprego cresceu, na França, de 3,7% no período de 1970 a 1979 para 7,9% no período de 1980 a 1984; na Alemanha ela passou de 2,8% para 6,1%; no Japão de 1,6% para 2,4%; no Reino Unido de 4,3% para 11,8%, e nos EUA de 5,4% para 8,2% no mesmo período. É claro que a situação nesses países foi menos grave, não apenas porque eles têm um nível de renda mais elevado, mas também porque ela é mais bem distribuída, por outro lado, eles têm mecanismos mais eficientes de seguro contra o desemprego. Mas o fato importante é compreender que a crise foi geral, atingindo até os países que chamam a si mesmos de socialistas.

O Brasil, como não poderia deixar de ser, teve de enfrentar a mesma crise. Hoje se critica o endividamento, mas a verdade é que sem ele a crise teria sido mais profunda e, o que é pior, teria produzido uma desorganização do sistema produtivo. Basta pensar o que seria do Brasil se tivesse, realmente, de cortar as suas importações de petróleo; seria o caos em 1975! Sem a importação financiada de petróleo, o PIB teria caído dramaticamente, produzindo uma miséria geral.

O que importa saber, entretanto, é como o Brasil atravessou esses três terremotos (duas crises do petróleo e uma crise dos juros). Compare-se o que aconteceu no Brasil com seus vizinhos. Entre 1960-62 e 1971-73, o PIB *per capita* do Brasil cresceu a 4,1% ao ano; entre 1971-73 e 1979-81 ele cresceu a 4,8% ao ano, e entre 1979-81 e 1982-84, ele decresceu 1,8% ao ano. Se considerarmos a Argentina, o Chile e a Venezuela, vamos ver que todos eles cresceram menos nos dois primeiros períodos e decresceram mais no último. De fato, a queda do PIB *per capita* foi de 3,7% na Argentina, de 4,1% no Chile e de 4,2% na Venezuela. Mesmo o México, importante produtor de petróleo, teve o seu PIB *per capita* diminuído de 1,2% entre 1979-81 e 1983-84.

Estamos, portanto, navegando como nossos parceiros e não há razão para pensar que o mundo nos persegue...

Se tivermos um mínimo de inteligência, de coragem e de diligência, sairemos da crise. É preciso lembrar, entretanto, que precisamos de trabalho e não de feitiçaria!

6.1.1988

O amor ao próximo

Dennis Robertson, um soberbo economista inglês, costumava dizer aos seus alunos que a principal tarefa dos economistas era minimizar o uso do mais escasso de todos os recursos: o amor ao próximo. O prof. Robertson insistia com seus alunos para que desconfiassem de todas as propostas que requeriram, para o seu bom funcionamento, certas formas de altruísmo ingênuo, que realiza sempre o oposto de suas boas intenções.

Essa insistência pode parecer cínica para quem ignora o tamanho moral de Robertson, mas mostra uma realidade que tem dominado a política de muitos países. Ainda agora, ela revela o seu aspecto devastador na formulação do que se chama "a política social" do projeto de Constituição, à qual os nossos "progressistas", como bons altruístas amadores, têm tentado incorporar toda sorte de medidas que não vão beneficiar o trabalhador, mas vão dificultar o funcionamento da economia de mercado.

Para entender isso com clareza é preciso recordar o seguinte:

1) ao longo de suas histórias, o homem encontrou duas formas básicas de organizar a sua sobrevivência: o comando e o mercado;

2) a forma do "comando" é organização hierárquica a partir do centro (o comandante militar ou religioso, o partido, a Igreja). Ela tem sido usada em mais de 95% do tempo de que se tem registro escrito. Ainda hoje ela é usada na maioria dos países que chamam a si mesmos de "socialistas";

3) a forma do "mercado" foi descoberta pelo homem há menos de trezentos anos. Em 1776, Adam Smith revelou que as pessoas, agindo de acordo com seus interesses, não produziam o caos, mas sim uma sociedade razoavelmente organizada, capaz de absorver com rapidez os progressos tecnológicos Adam Smith viveu o começo da Revolução Industrial sem pressenti-la. Marx, um século depois, mostrou todo o potencial revolucionário para o progresso

da humanidade dessa forma de organização pelo mercado a que se chamou "capitalismo" e destacou as suas injustiças;

4) a interação entre o "mercado" e a ampliação da política pelo sufrágio universal foi corrigindo dramaticamente aquelas injustiças do "capitalismo", que se revelou, afinal, capaz de conciliar um razoável grau de liberdade individual e com razoável segurança social, dentro do que se chama "economia social de mercado";

5) as economias de "comando", como são as que se denominam socialistas, revelaram-se incapazes de conciliar a segurança social com a eficácia produtiva e a liberdade política, produzindo, de fato, uma nova Idade Média. Hoje são os próprios dirigentes dessas economias que reconhecem esse fato, como se lê no livro *Perestroika*, de Gorbatchov.

A forma de organização pelo "mercado", isto é, pela livre iniciativa individual e pela concorrência, não foi invenção de ninguém. Foi descoberta acidental tornada possível por curtos instantes ocasionais de redução da vigilância do poder estatal. Ela revelou-se mais eficaz do que a organização pelo "comando", tanto do ponto de vista produtivo como do ponto de vista da liberdade individual, e pode incorporar a segurança social. Já em 1930, Lange e Lerner, dois economistas socialistas de envergadura, "descobriram" (e muito antes deles, Barone) que, para uma administração eficaz, o sistema de preços (e as empresas) socialistas tinham de imitar o mercado. Em 1961, Abel Aganbegyan (hoje o principal assessor econômico de Gorbatchov e autor intelectual de *Perestroika*) já se dedicava a desenvolver técnicas matemáticas que imitam o mercado. Isso parece novidade para os "progressistas" tupiniquins!

É preciso entender isto: o herói do "capitalismo" não é o empresário, mas o mercado, que significa liberdade de iniciativa e concorrência. Quando se deixa a um certo tipo de empresários a organização do capitalismo, eles o matam, exatamente porque tentam organizá-lo não em torno da concorrência, mas em torno de monopólios, de conluios, de reserva de mercado, de subsídios, de crédito com juros privilegiados, como aliás já alertava Adam Smith, em 1776! É preciso, portanto, proteger o capitalismo da economia de mercado, e também da ação de certos capitalistas!

Este é o ponto importante: à medida que as decisões que serão incorporadas à Constituição dificultarem o livre funcionamento da concorrência, à medida que elas estimularem a ação produtiva do governo que é reconhecidamente ineficaz, à medida que criarem custos atuarialmente não estimáveis pelas empresas, à medida que criarem reservas de mercado, à medida que sacrificarem o mercado pela "segurança social", elas estarão dificultando a organização da economia e tornando menos eficiente o sistema produtivo. Como subproduto disso, estarão diminuindo as possibilidades de ampliação das liberdades individuais e da segurança social, exatamente o oposto do que desejam nossos altruístas amadores mas, talvez, exatamente o que pretendem tantos "empresários" oportunistas!

27.1.1988

Privilégios

Durante as sessões sobre as consequências do congelamento da URP[1] que deve reduzir o salário real do setor público federal de 100 para 83 ao fim do primeiro mês e a cerca de 70 ao fim do segundo mês, alguns ministros argumentaram que isso faria migrar do serviço público seus melhores cérebros. É muito pouco provável que isso venha a acontecer, pelos seguintes motivos:

1) o congelamento apenas trouxe de volta o nível de salário real que existia antes das loucuras da política de pessoal da Nova República, com suas admissões incontroláveis e sua farsa da "reforma administrativa", que se resumiu, de fato, a aumentos salariais;

2) a perda é temporária, devendo restabelecer-se praticamente em março de 1989, quando o Tesouro ficará outra vez insolvente;

3) no serviço público, o salário é apenas um pedaço da remuneração. Outro pedaço são as vantagens extraordinárias (com relação ao setor privado) em termos de segurança, assistência médico-dentária, complemento de aposentadoria, auxílio-férias, um mês de salário e passagens, assistência escolar e outros...

Essas vantagens atingem a sua plenitude nas empresas estatais, hoje dominadas por políticos "progressistas" que perderam as eleições e são meros prepostos de lideranças mais ativas. Infelizmente essas empresas foram transformadas em comitês eleitorais. Somou-se às vantagens extravagantes já existentes a "necessidade imperiosa" dos partidos majoritários de empregarem seus correligionários. Temos uma dupla tragédia; a empresa antes administrada por profissionais é agora alvo de "furor populista" dos políticos derrotados nas urnas, e seu objetivo não é mais a eficiência, mas é aumentar o empreguismo.

---

1 Unidade de Referência de Preços, mecanismo de correção salarial criado pelo Plano Bresser, em 1987, para repor perdas inflacionárias.

Os funcionários mais engajados com as empresas, normalmente admitidos e promovidos pelo critério do mérito, sabem que isso não pode durar e têm a clara percepção que mais dia, menos dia vai ser restabelecida uma certa ordem administrativa, sem o que as estatais apodrecerão. Na realidade, para o pessoal que trabalha e que tem a tradição da administração, a melhor coisa que poderia acontecer seria a privatização dessas empresas, que é a única maneira segura de impedir que esses organismos importantes e que cumpriram um papel no nosso desenvolvimento continuem vítimas do mal incurável do "furor populista".

Mais importante do que isso, entretanto, é a consciência que a sociedade está adquirindo de que as empresas estatais esgotaram o seu papel dinâmico. À custa de acumularem benefícios exagerados quando comparadas com o setor privado, elas são hoje um corpo estranho e privilegiado dentro de uma economia que luta para sobreviver. Elas nada têm a ver com a realidade nacional: funcionam para si mesmas e para acumular vantagens para seus empregados. Enquanto controlaram o seu nível de emprego, puderam viver explorando o resto da sociedade sem maior resistência. Quando foram obrigadas a ampliar esse nível de emprego para atender ao populismo reinante, o seu peso tornou-se excessivo e a sociedade começa a reagir e se recusa a suportá-lo.

É claro que, quando o nível de rejeição atingir o limiar da ação, elas terão de ser privatizadas, exatamente como aconteceu em outros países da economia de mercado, ou terão de ir à falência, como começa a acontecer nas economias de comando. É simples: os funcionários das estatais não serão prejudicados. Eles apenas terão a sua remuneração direta e indireta ajustada à realidade que vivem todos os demais trabalhadores do país. Como disse Istvan Krankivits, alto comissário do Partido Comunista Húngaro, no momento em que "liberou" 2 mil empregados da maior empresa de construção, estatal, na tentativa de aliviar o déficit, "o mercado deve decidir onde e quando se produz...". O que há a discutir é como se fará essa privatização, de forma a impedir que os privilégios (dos empregados) sejam substituídos por outros (dos empresários).

4.5.1988

Os caçadores de renda

Quando a Assembleia Nacional Constituinte terminar os seus trabalhos e a nova Constituição for promulgada, ela revelará uma das provas empíricas mais extraordinárias de uma teoria que os economistas vêm desenvolvendo há quase um quarto de século: a da regulação econômica e seus agentes, os "caçadores de renda" (*rent-seeking*). Eles são grupos econômicos suficientemente fortes para convencer o Legislativo e o Executivo a conceder-lhes favores especiais, quer na forma de regulamentação de sua atividade para impedir o processo competitivo, quer na forma de subsídios. Esses grupos conseguem esses benefícios porque se organizam politicamente para isso, isto é, porque conseguem capturar importantes recursos capazes de dar-lhes maior "poder político" diante da relativa impossibilidade dos consumidores de se organizarem.

Os "caçadores de renda" se beneficiam da sua maior capacidade de perceber que podem obter pequenos benefícios em cada operação, que somados implicam grandes recursos. Por outro lado, o processo depende crucialmente da pequena capacidade que têm os consumidores de perceberem como estão financiando a operação. Frequentemente essa falta de percepção dos consumidores ainda é anestesiada pela extraordinária metamorfose de que são capazes os "caçadores de renda". É assim, por exemplo, que se pode desenvolver toda uma campanha emocional em torno da ideia de que "o mercado interno é nosso", que leva milhões de patriotas honestos, mas ingênuos e mal informados, a coonestarem restrições de oferta que aumentam os preços e apenas beneficiam um pequeno grupo à custa de uma cruel redistribuição de renda. De fato, "o mercado interno é nosso". O que resta perguntar é: quem são o "nós"?

O "nós" somos todos os milhões de consumidores que temos interesse em produtos de melhor qualidade e menor preço? Ou o "nós" são meia dúzia de empresas brasileiras de capital nacional, convenientemente definidas para internalizar as vantagens da proteção à custa do poder de monopólio que conseguiram?

A análise do comportamento dos "caçadores de renda" ainda está na sua infância, mas duas conclusões já receberam suficiente apoio empírico para serem incorporadas à teoria da regulação econômica:

1) toda a evidência acumulada em vários países (principalmente nos EUA) mostra que as agências construídas para regular um setor são, mais cedo ou mais tarde, transformadas em instrumentos desse setor e desenvolvem todo o seu trabalho para protegê-lo, esquecendo-se de que foram criadas para regular a atividade em favor da comunidade;

2) uma boa parte dessa evidência mostra que os setores que conseguem os benefícios de uma proteção governamental geralmente preferem que ele seja dado na forma de controle da entrada de outros concorrentes para impedir que se estabeleça a competição. Os benefícios da forma de subsídios têm o inconveniente de que mais cedo ou mais tarde têm de ser repartidos com um número crescente competidores.

O desenvolvimento dessa teoria, que começou apenas em 1967, com um artigo hoje famoso de Gordon Tullock,[1] aumentou a nossa compreensão da intervenção do Estado na economia. Antes dela, a justificativa mais importante para a constituição de agências estatais reguladoras da atividade econômica residia no que se chama de "falhas de mercado" (que mostra que, quando não se verificam certas condições, o mercado é incapaz de produzir uma alocação eficiente de recursos).

Hoje sabemos que esse tipo de intervenção estatal nada tem a ver com a proteção dos interesses da sociedade. Muito pelo contrário, são instrumentos poderosos de transferência de renda (dos setores menos organizados para os mais organizados) que é definida no mercado político, no qual os "caçadores de renda" representam a procura dessa proteção e os legisladores (do Legislativo ou do Executivo) representam a oferta.

25.5.1988

---

[1] "The Welfare Cost of Tariffs, Monopolies, and Theft". *Western Economic Journal*, v. 5, n. 3, p. 224, jun. 1967.

Voto tem consequência

Por mais triste que seja, o trágico e lamentável acidente de Volta Redonda[1] precisa ser encarado de frente. Ele merece reflexão mais profunda de toda a sociedade brasileira. É claro que a morte de uma pessoa é um fato insuperável e irremediável, que exige uma atitude de respeito. É preciso, entretanto, meditar sobre ela, para que a única coisa que vale a pena seja feita: evitar-se a sua repetição.

Não adianta insistir na ideia de que podemos encontrar culpados nas pessoas físicas. As pessoas físicas – os trabalhadores e os membros do aparato policial-militar – são, todas elas, vítimas iguais das mesmas circunstâncias: a falta de aprendizado na administração de situações como essas.

Temos insistido nestas colunas que a Assembleia Nacional Constituinte, com todos os seus problemas e para desgosto de quase todos, refletiu o Brasil real que emergiu das urnas no grande estelionato eleitoral de 1986. Na verdade, não se pode dizer que ela, quando explicitou os desejos da sociedade, não estava representando essa sociedade. Estava.

Quando alguém vota em um candidato em particular, sem o conhecimento profundo do seu pensamento ou do programa do seu partido, ele não tem o menor direito de reclamar depois. O político eleito vai tentar pôr em prática as suas ideias (não aquelas do eventual eleitor) e tem de conformar-se às diretrizes explícitas do programa do seu partido (não às do eleitor).

O que acontece é que no Brasil criou-se a ideia de que o voto não tem consequência. Tem. A Constituição, nos seus grandes momentos (e eles são muitos) ou nos piores (que também são muitos), é legítima criatura do voto

---

1 Em 7 de novembro de 1988, metalúrgicos da Companhia Siderúrgica Nacional, então estatal, começaram uma greve que reivindicava a readmissão de trabalhadores demitidos, redução da jornada de trabalho e um reajuste salarial. O então presidente José Sarney (1985-90) autorizou o Exército a invadir a usina. Dezenas de trabalhadores ficaram feridos e três foram mortos.

que a nação depositou nas urnas. Todos têm algum desconforto exatamente porque ela não é a Constituição de nenhuma facção: ela é o produto da tentativa de uma grande e generosa conciliação que muitas vezes tentou somar o não somável: da tentativa equivocada de obter a média aritmética de um sim e um não, imaginando, ingenuamente, que existe "sim" mais "não" dividido por dois; da tentativa fútil de evitar as grandes questões, resvalando para a dubiedade e apelando para a lei posterior, na crença de que o tempo resolve os problemas.

Como os constituintes preferiram uma Constituição analítica (que contêm disposições até de código de trânsito), o vazio de poder que se criou depois de sua promulgação é imenso, e exige uma alta dose de bom senso na sua aplicação, até que seja possível um aprendizado adequado de como serão interpretadas as novas normas.

O caso de Volta Redonda é exemplar: 1) de um lado o direito de greve é plenamente assegurado (o que é correto) mas, 2) de outro, é obrigação dos poderes constituídos proteger o patrimônio público e privado (o que também é correto). Ora, o que isso pressupõe? Pelo menos o seguinte: 1) que a greve seja realizada com inteligência (e paciência), fora dos locais onde possa haver a ameaça ao patrimônio, e não degenere em um movimento "selvagem" e 2) que os poderes constituídos disponham de instrumentos eficientes (e pacientes) capazes de atingir o objetivo de proteção do patrimônio, sem maior violência do que a que normalmente ocorre quando o calor da paixão supera o frio da razão.

Em Volta Redonda lamentavelmente não tivemos nem uma coisa nem outra: a ocupação da usina foi um ato insensato, produto da imaturidade de lideranças sindicais irresponsáveis, pois poderia ser interpretada, como de fato foi, como uma ameaça à integridade ao patrimônio. Os instrumentos do poder público estavam longe de ser eficientes para a missão e perderam a paciência, deixando-se contaminar pelas provocações. Vamos ter que percorrer um longo caminho até que possamos absorver os benefícios do dispositivo constitucional.

A rigor, não existem pessoas físicas culpadas. Há, isto sim, uma tragédia humana, que destrói ao mesmo tempo vítimas e algozes e mostra como pode ser alto o custo do aprendizado se não houver um mínimo de inteligência e paciência.

16.11.1988

Déficit e inflação

Uma das dificuldades frequentes no entendimento dos problemas econômicos reside no desconhecimento de que eles quase sempre são fatos físicos. O "véu monetário" que os encobre muitas vezes prejudica o diagnóstico e a compreensão de como eles poderão ser resolvidos.

É assim, por exemplo, com o déficit público. Apenas na aparência ele é monetário. Na realidade, quando o governo realiza um déficit público, ele se apropria fisicamente de bens e serviços. O déficit não é, digamos, de tantos trilhões de cruzados, a não ser aparentemente. Na realidade ele é tudo aquilo (pagamento de salários, de serviços, de bens etc.) que os trilhões de cruzados compraram e foram utilizados pelo governo e que, por isso mesmo, não estão mais à disposição da coletividade (setor não governo) para serem consumidos ou investidos.

Fica claro, portanto, que, se o déficit for financiado por um aumento de imposto, o setor privado terá, obrigatoriamente de cortar o seu consumo e/ou seu investimento; se for financiado por um endividamento consentido, isto é, pela venda de títulos, ele também será financiado por um corte voluntário do consumo e/ou do investimento do setor privado. Nos dois casos podem-se discutir as consequências de longo prazo para o crescimento da economia, mas é inegável que o setor privado, de uma forma ou de outra (pelo pagamento obrigatório do imposto ou pela aplicação voluntária nos títulos) não pode consumir e/ou investir os recursos que entregou ao governo para cobrir o déficit.

O problema é mais complicado quando o governo financia o seu déficit através da criação de novos meios de pagamentos. Nesse caso o governo vai apropriar-se fisicamente de bens e serviços correspondentes ao déficit através de um imposto inflacionário. A inflação é apenas o mecanismo pelo qual a sociedade tenta defender-se da apropriação indébita. As classes com menor capacidade de defesa vão financiar fisicamente o déficit, cortando seu consumo e/ou seu investimento, porque os preços vão crescer mais depressa do que seus rendimentos.

Quanto mais organizado o setor ou a classe, tanto mais depressa ele monta mecanismos de defesa. É por isso que, para obter o mesmo volume físico de recursos, o governo tem que produzir cada vez mais inflação.

O problema fica ainda mais complicado quando os assalariados tentam proteger-se exigindo, por exemplo, reajustamentos salariais pelo "pico", ou um encurtamento dos prazos de reajuste. Apenas para dar algumas indicações grosseiras basta dizer que, mantido o mesmo *mark up*, uma inflação de pouco mais de 50% (quando os ajustes salariais são anuais) tem de elevar-se a mais de 150% se o ajuste for semestral e a pouco menos de 400% se ele for trimestral e nada menos do que 2.000% se ele for mensal, para manter o mesmo salário real.

É por isso que a política de combate à inflação tem que começar pela eliminação do déficit público, o que torna possível a eliminação do imposto inflacionário. E é por isso, também, que ela precisa de uma política de rendimento, hoje chamada de "pacto social". Lembremo-nos, entretanto, que no passado, na "Velha República", o Congresso Nacional sempre recusou qualquer medida dessa natureza, o que torna a solução do problema muito difícil.

21.12.1988

O partido

Não é tarefa muito fácil encontrar uma definição do que seja um regime político totalitário. Acreditamos, entretanto, que existe uma razoável concordância sobre o fato de que, cada vez que o homem tentou acelerar a construção de uma "utopia social", ele terminou por exigir o poder absoluto. Não importa se o instrumento de salvação é uma raça pura ou uma classe privilegiada.

A construção da utopia implica identificar o movimento com a própria história. E quem está com a história não pode estar errado. Logo, se o resultado da engenharia social não é o que se previa, o erro só pode estar naqueles que ainda não conseguiram decifrar o futuro e trabalham contra a sua realização. Cumpre, pois, "educá-los", a qualquer custo e para seu próprio bem. Daqui ao regime de terror é apenas um passo.

Os ingredientes do totalitarismo são facilmente deduzíveis dessa concepção primária, mas eficaz, de que se está de posse da verdade. É ela quem dá o suporte à visão globalizante da realidade e permite a intervenção nos mais recônditos domínios da individualidade. É ela que dá sustentação ao partido único, portador da verdade e vanguarda do movimento. É ela que justifica a política secreta, a violência, a invasão das consciências. É a certeza de que se dispõe da verdade que justifica a intervenção na economia, na cultura, nos veículos de informação, nas crenças religiosas. Os que viram a luz, os que decifraram o enigma, generosamente insistem em colocar à disposição dos "outros" os instrumentos de sua salvação.

O totalitarismo começa quando o partido dos que se sabem eleitos (não nas urnas, mas na história) toma consciência de que ele tem que ser único. Pois se ele é a verdade, todos os outros são o erro! Por que, então, ouvi-los? Por que permitir que eles prejudiquem a construção do paraíso?

Essa adoração do partido é um indicador seguro da propensão totalitária. Os eventos recentes mostram que infelizmente ela está muito viva dentro do

Partido dos Trabalhadores. E, como era de esperar, ela é certamente mais forte nos "intelectuais" do que no "proletariado". Ainda agora, um dos próceres do partido investiu (corretamente, diga-se de passagem) contra algumas mordomias que beneficiaram alguns representantes do povo e, em um ataque de moralidade pequeno-burguesa, cometeu a imprudência de reconhecer que elementos do seu próprio partido também se aproveitavam. Foi o bastante para receber a mais dura reprimenda.

Como terminou a comédia? Uma reunião formal do partido foi suficiente para "educá-lo". Acabou confessando que "o partido garante que eles têm maior legitimidade na representação do povo". Logo podem fazer o que fizeram. Um outro confessa que nomear parentes é um ato indigno quando praticado por nepotista burguês, mas quando "o partido do proletariado indica um parente, ele tem de ser nomeado, porque o partido não pratica o nepotismo. Ele escolhe os mais capazes".

O "partido pensa", o "partido sempre tem razão", o "partido é a vanguarda", o "partido é a salvação". O partido, o partido, o partido... Mas o que é o partido?

A história é antiga. Já o velho Marx em carta a Engels (se não nos enganamos) dizia: "Temos que insistir absolutamente na disciplina partidária, ou tudo se deteriorará". Lênin, Stálin, Hitler, Mussolini, Mao, todos insistiram na mesma coisa...

Parodiando o grande Hobbes, a resposta àquela pergunta é que "o partido é a verdade descoberta tarde demais"!

17.5.1989

O comunismo não morreu

Na nossa opinião, o massacre de Pequim[1] tem sido interpretado prematuramente como um sinal da morte do comunismo. Temos procurado mostrar que a *perestroika* do sr. Gorbatchov é uma componente nas intenções de mudança do mundo soviético, construído pelo "golpe" de 1917. Todo o "avanço" do comunismo foi feito depois, pela ocupação militar que se seguiu ao fim da Segunda Guerra Mundial e pela evidente inferioridade das lideranças ocidentais diante da esperteza de Stálin.

Mas até agora é apenas uma intenção. As mudanças reais têm sido muito menores. Essas intenções, e não as mudanças efetivas, têm sido a base de uma ofensiva propagandística que procura colocar a URSS na vanguarda de um movimento renovador e, em certa medida, negador do sectarismo que sempre dominou o pensamento soviético e que foi imposto à força a todos os seus satélites. A mudança política é sensível, mas não pode esconder o fato de que o partido continua a controlar fortemente todos os instrumentos do poder. As eleições são importantes, mas não podem esconder o fato de que o partido as definiu antes de realizá-las.

Por outro lado, a informação objetiva de que se dispõe é de que a boa intenção de introduzir, por exemplo, uma espécie de comodato de cinquenta anos na agricultura tem encontrado uma oposição feroz da burocracia que comanda as fazendas coletivas. Quando a pressão dos agricultores é bem-sucedida no que respeita à propriedade, lhes é negada a possibilidade de obter equipamentos para trabalhar suas "próprias" terras. Na indústria, a situação não é muito diferente. Os esforços "participativos" dos operários têm sido

---

[1] Em 4 de junho de 1989, o governo chinês pôs fim a dois meses de ocupação estudantil na praça da Paz Celestial, em Pequim, com uma violenta intervenção militar, que provocou a morte de centenas de pessoas.

menosprezados pela burocracia que controla as empresas. Essa burocracia, tanto a das fazendas coletivas como a das indústrias, é filha dileta do Partido Comunista.

Tem sido esquecido que mesmo os avanços políticos dos satélites europeus são feitos sob o estrito controle dos partidos locais, que contam, para garantir sua "hegemonia", com as tropas soviéticas acampadas dentro deles. Em larga medida, países como a Hungria, a Tchecoslováquia, a Alemanha Oriental e a Polônia continuam a ser países ocupados.

O que morreu foi certamente a ideia de que se estava construindo o socialismo. Hoje há um reconhecimento de que o chamado "socialismo real" é uma forma tirânica de controle político, diferente para restringir as liberdades, mas ineficiente para administrar a economia.

As mudanças efetivas que isso poderá trazer para os países ainda subjugados por seus partidos comunistas só o desenrolar histórico mostrará. O que elas estão produzindo é um sentimento de maior realismo e de maior respeito às restrições físicas que condicionam o desenvolvimento de qualquer sociedade. Desmascarando, na prática, a utopia do partido único, dessacralizando a tolice de que o proletariado era o vetor portador da história, mostrando que a generosa ideia de uma sociedade mais justa e com maior igualdade de oportunidades está longe de ser construída por qualquer engenharia social, elas estão reafirmando a convicção de que a construção daquela sociedade exige inteligência e paciência.

O massacre de Pequim mostra que o comunismo continua bem vivo e matando! Pelo menos por enquanto...

21.6.1989

Choque capitalista

A recente conversão de alguns políticos à nova moda do liberalismo não deveria ter causado espanto, a não ser pelo atraso. Hoje, mesmo a esquerda que foi mais radical fala abertamente em uma "democracia burguesa" como instrumento aceitável de administração da sociedade. Os mais ferozes defensores da "ditadura do proletariado", que a dialética transformava em "democracia real", falam hoje na necessidade do pluripartidarismo e condenam fortemente os acontecimentos da praça da Paz Celestial. Nem todos. Outro dia, o mais velho líder, com a mesma lucidez que Deus lhe deu e para seu benefício conserva, disse que "a esquerda brasileira é ignorante, pois condena sem saber o que aconteceu na China".

Mais ainda, tendo perdido a convicção de que eram portadores de uma visão privilegiada da história, que os autorizava a tudo, estão pouco a pouco transferindo sua paixão para a natureza e pretendem, outra vez, um monopólio: o monopólio da defesa da ecologia. Menos mal, porque esta é mesmo uma causa nobre! Mas não param aí. Os mais inteligentes e sensíveis reconhecem que o "socialismo real" acabou em um sistema esclerosado, incapaz de continuar a crescer. Setenta anos de experiência foram incapazes de produzir o "homem novo" e, pior que isso, foram incapazes de proporcionar o aparecimento de um mecanismo alternativo de administração econômica que eliminasse a alienação e a exploração. Isso deu início a um amplo programa de revisão, do qual a *perestroika* é apenas um aspecto.

Por outro lado, no mundo chamado capitalista, está ficando cada vez mais evidente que o *welfare state* avançou até o seu limite superior, dentro do quadro econômico e social existente. A sociedade tomou consciência de que o "welfarismo" estava consumindo todo o excedente e de certa forma produzindo também uma esclerose do sistema. E o que é pior, o excedente vai para os que não trabalham. A roda deu a volta completa: os explorados (os que não trabalham por falta de vontade ou oportunidade) transformaram-se nos exploradores (dos que trabalham porque têm vontade ou porque têm oportunidade)! E os explorados exigiram justiça!

Há, pois uma convergência: tanto no mundo do "socialismo real" como no mundo do "capitalismo real" começou a ficar claro que era preciso dar maior flexibilidade ao sistema econômico. E isso significa apelar para o mercado (que tem muitas virtudes, mas também outros defeitos), reduzir o Estado (que é uma magnífica realidade distributiva, mas pura ficção produtiva), estimular a competição (que obriga ao trabalho mais intenso e mais eficiente, mas cria problemas éticos) etc.

A volta a esse liberalismo é um interregno importante, porque permitirá acelerar a acumulação dentro de um sistema relativamente eficaz e com relativa liberdade. Quando isso tiver acontecido, de novo aqueles anseios utópicos de eliminar a alienação e a exploração encontrarão o seu lugar.

Os políticos brasileiros chegam atrasados. Os seus eleitores já tinham mudado. Eles apenas não sabiam e continuavam a pensar que a mina de votos estava à esquerda e que se podia distribuir antes de produzir. Agora somos todos pelo "choque capitalista". Ainda bem, antes tarde do que nunca!

5.7.1989

De estadolatria a estadofobia

Não existe nada mais revelador do despreparo da maioria dos candidatos à Presidência da República do que a mudança do seu posicionamento com relação ao problema do Estado. Um bom número deles passou, da noite para o dia, da estadolatria à estadofobia, sem a menor cerimônia, mas não sem algum embaraço. Em alguns casos a hipocrisia é tal que eles assumem um papel ridículo diante da nação, forçando a língua a dizer o que o cérebro recusa aceitar, apenas porque supõem que é isso o que a nação deseja ouvir. Até ontem era da "esquerda" porque era moda. Hoje são da "nova direita", porque é "maneiro"... Forçados a racionalizar suas novas posições, cometem toda sorte de absurdos e dizem as maiores barbaridades.

É certo que todos concordam hoje que é preciso reduzir o tamanho do Estado; é certo que pouco a pouco a sociedade vai se desiludindo com a capacidade de as empresas estatais cumprirem o seu papel com eficiência; é certo que o corporativismo do funcionalismo da administração direta, das empresas e dos bancos estatais exacerbou-se na apropriação do excedente; é certo que a mordomia desabrida ofendeu a moralidade pública; é certo que a nação tem hoje a percepção de Brasília como uma "ilha da fantasia", uma espécie de "corte", que vive dos miseráveis recursos subtraídos à pobreza generalizada da população.

É claro, por outro lado, que a maior eficácia do setor privado e do mercado deve ser utilizada para maximizar o ritmo de desenvolvimento econômico. É evidente também que a privatização de amplos setores deve ser realizada não apenas por uma questão de eficiência, mas por uma questão de justiça social, pois a distância entre os salários e "vantagens" dos empregados das estatais e da maioria da população é astronômica.

Mas entre isso e a sugestão de um "Estado mínimo", restrito às funções de garantir a ordem interna e administrar a justiça, existe um abismo.

Em primeiro lugar, porque o mercado, com todas as suas virtudes, não deixa de ter problemas. E esses problemas não são apenas alocativos, mas principalmente distributivos. Mesmo quando um sistema de preços "perfeito" pudesse fazer a melhor alocação possível dos fatores, ela poderia ser realizada com uma distribuição de renda politicamente inaceitável.

Em segundo lugar, porque no mundo real não existe nenhuma garantia de que o sistema eventualmente não percorra caminhos abaixo do pleno emprego, com claros desperdícios.

Em terceiro lugar, e mais importante, porque em uma economia subdesenvolvida a utilização e preservação do sistema de preços para cumprir a sua função alocativa é impensável se não for complementada por um sistema fiscal relativamente neutro, capaz de financiar a satisfação das necessidades básicas da população: alimentação, educação, saúde e habitação.

O vício de fazer tudo apressadamente fez com que os candidatos jogassem a criança junto com a água do banho. Felizmente todo mundo sabe que é só brincadeirinha.

23.8.1989

Percepção da realidade e ação

O grande economista inglês G. L. S. Shackle, que passou a vida analisando o comportamento do homem e de como ele é comandado por suas expectativas, disse que "o homem previsível é menos do que humano e prever o homem é mais do que humano". De qualquer forma, o que se verifica empiricamente é que o comportamento do homem depende de suas crenças, isto é, daquilo que ele supõe seja a verdade. O que comanda a ação é a sua percepção do mundo, pouco importando que ela seja verdadeira, parcialmente falsa ou completamente falsa.

É claro que algumas vezes a ação apoiada em uma particular percepção da realidade produz resultados que a modificam e, assim, levam a uma correção da ação. Normalmente, entretanto, essa percepção e crenças são tão fortes e arraigadas que mesmo o mais equivocado resultado não altera o curso de ação do homem. Apenas leva-o a acreditar que "o mundo é que está errado", fortalecendo ainda mais um comportamento inadequado.

A história é um cemitério desses comportamentos dogmáticos, cujos exemplos mais notórios são a "santa" Inquisição, que punia com tortura os "crimes" contra a fé católica no século XVI, e o stalinismo no século XX, que punia com a morte os "crimes" contra a fé marxista. Em ambos os casos a reação dogmática contra a resposta da realidade foi a tentativa de alterar a realidade e não a "fé". Como o resultado prático desse comportamento é nulo, pouco a pouco a "fé" vai sendo reinterpretada de forma a incorporar uma nova percepção da realidade, mas não sem antes ter mandado deste para o outro mundo algumas dezenas de milhares de "criminosos".

O grande drama que resulta desse fato é que, quando a "percepção da realidade" está muito longe da "realidade", a ação do homem está longe de produzir os resultados esperados. O homem exige, então, cada vez mais poder para ajustar a "realidade" à sua percepção. É por isso que o dogmatismo produz, quando no poder, o totalitarismo.

No momento em que estamos vivendo um processo eleitoral que terminará com a escolha majoritária de um presidente, temos que lembrar que isso terá consequência. Não adianta fingir indiferença ou superioridade pensando que "todos são iguais", ou que "qualquer um deles não vale nada", ou que "com qualquer um a gente se vira" ou então que, "se eleito fulano, ele vai quebrar a cara". Talvez até possamos estar tristes, pensando que a escolha vai se fazer em um quadro indigente, ou estar certos, acreditando que nenhum deles vale muita coisa.

Mas a verdade insuperável é que temos de escolher. E certamente, mesmo que todos fossem indigentes mentais, uns são mais do que outros. E se talvez nenhum deles valha grande coisa, uns valem menos do que outros. Não existe, pois, outra saída senão procurar entender como cada um percebe a realidade e estudar o seu retrospecto.

Nessa seleção a melhor coisa é pôr de lado desde logo os "voluntaristas", aqueles que propõem solução para todos os problemas sem levar em conta as limitações físicas impostas pela realidade (os que dizem que não vão pagar a dívida externa, os que propõem reforma agrária irrestrita, os que dizem que vão terminar o *overnight*,[1] os que dizem que vão aumentar o salário real sem reduzir o déficit do governo e assim por diante...). Em seguida é eliminar os adeptos da teoria da conspiração (os que dizem que nossos males vêm do exterior...).

Depois disso não adianta chorar. É escolher!

4.10.1989

---

[1] Operações realizadas no mercado financeiro no prazo de um dia, muito comuns nos períodos de elevada inflação no Brasil.

Trens da liberdade

Na chamada ciência econômica e nas outras ciências sociais raramente existe a oportunidade de realizar-se um experimento de laboratório, onde se podem estudar as consequências da variação de um fator, mantendo as demais condições sob controle. É claro que o "experimento alemão" está longe disso, mas é claro, também, que ele não deixa de ter relevância exatamente porque a Alemanha Ocidental e a Alemanha Oriental têm muitos fatos comuns e diferem de forma radical na sua organização econômica. A Alemanha Ocidental escolheu desde a sua fundação um modelo de economia social de mercado, em que o sistema de preços é preservado para as funções alocativas, a estabilidade monetária tem o valor de um dogma e a competição é imposta pela lei, que coíbe todas as formas de organização corporativa. A Alemanha Oriental recebeu do seu Partido Comunista um sistema de organização centralizado, no qual não existe muito papel para o sistema de preços (isto é, o mercado), a estabilidade monetária é um dogma e tudo se organiza corporativamente.

As duas têm hoje quarenta anos. A Alemanha Ocidental tem 62 milhões de habitantes e ocupa um espaço de 250 mil quilômetros quadrados. A Alemanha Oriental, que chama a si mesma de "democrática", tem 17 milhões de habitantes e ocupa um espaço de 108 mil quilômetros quadrados.

Depois de quarenta anos de partição de um povo conhecido por sua paixão pela ordem e por sua diligência, emergiram duas sociedades diferentes. A Alemanha Ocidental tem hoje uma renda *per capita* da ordem de 17 mil dólares e uma taxa de expansão extraordinária. A Alemanha Oriental tem uma renda *per capita* da ordem de 12 mil dólares e tem revelado sinais crescentes de esclerosamento do seu sistema produtivo.

Há lições a tirar desse experimento. A primeira lição é que, ao contrário do que pensaram alguns economistas como Von Mises, a economia centralizada pode funcionar. Mas como dizem os próprios russos, "ela só funciona com esses malditos alemães!". E mesmo com eles funciona mal.

Nenhum regime teve demonstrado o seu fracasso de forma tão dramática, não apenas do ponto de vista material, mas – e principalmente – do ponto de vista humano, do que o regime senil da Alemanha Oriental, que para continuar existindo construiu muralhas onde milhares morreram tentando fugir da "democracia" e da "liberdade" comunistas. Os brasileiros deveriam prestar atenção à sua esquerda generosa e altruísta, que pretende impor a sua "liberdade" e a sua "democracia" para salvá-los do "capitalismo alienante e explorador". A generosidade, a caridade e o altruísmo, misturados com o dogmatismo e submersos na mais completa ignorância do problema a ser enfrentado (a construção de mecanismos eficazes de decisão descentralizada), acabam sempre em algum muro...

O fracasso desse experimento, que para construir o "homem novo" matou mais de 30 milhões de "homens velhos", está definitivamente retratado no gesto daquele jovem descendo do trem e abrindo um vinho espumante que a televisão mostrou ao mundo. Os chamados "trens da liberdade" deveriam inspirar um pouco mais os deseducadores que duas vezes por dia irradiam a sua inteligência sobre a nação, no horário gratuito para eles, mas extremamente oneroso para todos nós.

8.11.1989

Os anos 1980

O homem é um animal extremamente convencional. Ainda agora, com o término de 1989 (medido assim por convenção), um grande número de pessoas acreditou que existe um significado oculto no fechamento dos anos 1980 (a velha convenção do sistema decimal) e alguns filósofos veem uma importância excepcional na "entrada do terceiro milênio" (outra convenção). Olhando o comportamento das pessoas, tem-se a impressão de que o tempo é um taxímetro misterioso, que lhes deve trazer alguma surpresa, boa ou má a cada vez que a unidade de medida avança.

Pelo menos essa foi a convicção que nos deixou a leitura de várias das apreciações jornalísticas sobre os anos 1980. Década que a maioria insistiu em chamar de "perdida", apenas porque foi incapaz de achá-la. O aspecto mais extraordinário dessas apreciações é que a maioria delas falou do Brasil como se ele fosse um ponto isolado da nave espacial que convencionamos chamar de Terra. Desse fato deduziram que o país poderia ter feito o que quisesse, se tivesse tido a oportunidade de ter um governo que o amasse mais e se esse governo tivesse realizado uma administração mais eficaz.

O que ninguém explicou é por que o governo deveria odiar o povo (como parece ser a hipótese corriqueiramente aceita) e por que ele foi incapaz de ver, em 1974 e 1979, os fatos óbvios que todos viram em 1989. O que a maioria esqueceu é que o papel da história não é explicar por que os maus fazem o mal, mas porque os bons o fazem.

É claro que seria ridículo dizer que o país não poderia ter se saído melhor nos anos 1980. Mas é mais ridículo ainda – e contrário aos fatos – imaginar que a performance brasileira tenha sido das piores. Pelo contrário. Quando comparamos o caso brasileiro com o de nossos parceiros latino-americanos (mesmos os exportadores de petróleo) verificamos que não fomos tão mal.

Curiosamente, todas as análises que vimos tenderam a recusar o fato de que o Brasil é parte do planeta e que, portanto, sua situação é condicionada ao que nele acontece. É como se pudéssemos ter dito, como na velha peça da Broadway, "pare o mundo que eu quero descer"!

Ignorar as duas crises de petróleo, que representaram uma cavalar tributação que empobreceu a economia brasileira; ignorar que sem a possibilidade do endividamento externo seríamos hoje um país miserável; ignorar que a recessão mundial reduziu a demanda de nossas exportações e, juntamente com a elevação dos juros mundiais, produziu uma dramática queda das nossas relações de troca que empobreceu ainda mais o país é continuar a não entender nada.

O Brasil enfrentou uma crise mundial e em 1984 já a havia superado. Crescemos 5,1%. E repetimos a dose em 1985 (8,3%), com a mesma taxa de inflação (220% ao ano). Já tínhamos construído o excedente comercial (12 bilhões de dólares). E repetimos em 1985 (11 bilhões de dólares). Restava, pois, realizar uma política inteligente de combate à inflação e não aquela combinação de magia negra e incompetência que foi o Plano Cruzado, na esteira do qual consagrou-se o grande estelionato eleitoral de 1986. Mas isso ninguém disse...

10.1.1990

Santificação da pobreza

Outro dia um ilustre prelado da Igreja Católica fez uma interessante análise da situação do homem no mundo e, em particular, do homem brasileiro. Mostrou a miséria que se abate sobre a maioria. A sua linguagem era vigorosa e os pontos apontados válidos. A cada momento, entretanto, ele fazia entrever que toda a desgraça e o sofrimento em que vivemos se devem ao "egoísmo capitalista". Falava como um observador chegado de Marte, que não tivesse nada a ver com a realidade. No seu discurso, a falta de caridade dos capitalistas era a causa básica da miséria.

Com uma lógica escolástica apurada, dava por demonstrado o teorema de que não existe nenhuma outra limitação (a não ser o egoísmo dos homens que "detêm o capital" graças ao controle político do Estado) para que se cumpra a máxima distributiva (que já não sabemos se é bíblica ou marxista): a cada um de acordo com as suas necessidades e de cada um de acordo com a sua capacidade.

Dava como verdade duas proposições: 1) que se cada um der de si a sua capacidade, o volume de bens e serviços é suficiente para atender às necessidades de todos, e 2) que existe perfeito altruísmo no comportamento humano: cada um está disposto a dar de si o máximo para que todos possam atender às suas necessidades.

A primeira proposição é claramente uma questão aritmética, que está longe de ser evidente: ninguém sabe o que é "capacidade", ninguém sabe bem como estabelecer os limites das "necessidades" e, o que é pior, não existe nenhuma garantia de que, conhecidas essas quantidades, elas sejam iguais! Com relação a essa proposição, entretanto, o ilustre prelado estava certo: nem ele nem a Igreja na sua missão salvadora podem fazer muita coisa.

Mas com relação à segunda proposição, entretanto, aquela que acaba atribuindo todos os males do mundo ao egoísmo do homem, ele não pode sentir-se observador desinteressado. O homem filho de Deus só é egoísta porque caído no pecado e é missão da Igreja salvá-lo, no que, aliás, ela tem fracassado. E não adianta refugiar-se no discurso cômodo e conveniente de que esse egoísmo é produzido pelas "estruturas capitalistas", pois elas já foram construídas pelo egoísmo.

A dissolução do mundo do socialismo real, que estamos assistindo, deveria levar nosso ilustre prelado a desconfiar da validade do seu diagnóstico. Na sua origem, os regimes que se intitulavam marxistas foram produto da mesma fé utópica. Quando combinada com o poder absoluto, ela produz ainda mais miséria do que o "egoísmo capitalista".

Há um ponto em que a responsabilidade da Igreja como fato coadjuvante da miséria é inegável, mas sobre a qual ele se calou. Trata-se do problema do controle da natalidade. Enquanto o mundo desenvolvido duplicou a sua população no último século, a América Latina, onde a Igreja Católica é importante, a multiplicou por oito.

A opção pelos pobres não pode, portanto, limitar-se à santificação da pobreza. E, muito menos, a solidariedade ao trabalhador deve chegar à sacralização do proletariado. E não pode limitar-se à crítica do "egoísmo do capitalista"!

21.2.1990

Social-democrata

Há um velho provérbio que corre entre os economistas que afirma: "Em economia as questões básicas não mudam: são as respostas que mudam de vez em quando". Foi com esse espírito que recebemos as observações de um frequente leitor, cujas críticas têm melhorado a precária qualidade destes *sueltos*. Ele chamou a nossa atenção para o fato de que talvez estejamos tratando com certa injustiça os "novos" social-democratas. Longe de nós tal intenção, mesmo porque, hoje como ontem, a noção de social-democracia é suficientemente elástica para abranger o universo do discurso político. Afinal, quem não quer uma "política voltada para o social" e quem é contra a "democracia"? Logo, quem pode ser contra quem quer a soma dos dois, a "social-democracia"?

Os problemas se apresentam quando tentamos definir o que é "política voltada para o social" e como implementá-la preservando a eficácia do sistema de preços e o estímulo ao crescimento, condições essenciais para a prática de uma "democracia", que pressupõe, pelo menos, a rotatividade do poder e o respeito absoluto às minorias.

Quando dissemos outro dia que "somos todos social-democratas agora", lembrávamos de um escrito do socialista fabiano G. B. Shaw,[1] que lemos há mais de 45 anos e foi escrito há mais de um século. No prefácio (de 1889) aos *Ensaios fabianos*, diz o velho Shaw: "Todos os autores são social-democratas, com a convicção comum de incorporar a organização industrial e a produção material, em um Estado identificado com toda a população pela democracia completa". Aliás todos os escritos são preparatórios para o grande final escrito pelo próprio Shaw e que o intitula: "A transição para a social-democracia".

---

1 George Bernard Shaw (1856-1950), dramaturgo, romancista e jornalista irlandês, cofundador da London School of Economics.

De acordo com nossa memória, essa leitura talvez tenha sido o mais poderoso estímulo que recebemos para prosseguir no estudo da economia política, essa "sinistra ciência" no dizer de Carlyle.[2] De fato, devemos a G. B. Shaw duas grandes alegrias. A de, durante algum tempo, termos acreditado que éramos "socialistas-fabianos", o que nos dava uma imensa alegria interior e estimulava a leitura dos documentos produzidos pelos autores próximos à Fabian Society. Mas, mais importante do que isso, devemos a G. B. Shaw o fato de termos enfrentado *O capital*, do imenso Karl Marx (que Shaw, elegantemente, considerava o "Aristóteles do século XIX"), com considerável espírito crítico.

Ao contrário do que a maioria dos economistas pensa, não foi Joan Robinson quem classificou de "metafísica" a teoria do valor-trabalho de Marx. Foi Shaw, em artigo brilhante publicado em 14 de agosto de 1887 no *The National Reformer*. Nesse texto, Shaw faz uma crítica realmente devastadora da teoria do valor-trabalho, "apresentada, em Marx, como um dogma sem nenhuma palavra de explicação".

Depois de uma "análise metafísica do valor das mercadorias", diz Shaw, "o dogma [...] nos chega com o ar mais natural do mundo. Provavelmente três entre quatro leitores de Marx o aceitarão sem terem sido levados a ele racionalmente".

A "social-democracia" fabiana tinha um problema de difícil solução: como pretendia capturar toda a renda (isto é, os rendimentos, devido à posição dos proprietários dos fatores de produção e não à sua condição de produtores eficientes), ela era contrária à propriedade privada e exigia uma estatização quase completa da economia. Por outro lado, enfatizava a necessidade da competição e abominava a ideia de que o Estado pudesse ser o único empregador, o que exigia um Estado modesto. Contradição que acabou transformando o socialismo fabiano em um problema ético, um sonho limitado à busca da igualdade.

13.4.1990

---

[2] Thomas Carlyle (1795-1881), escritor, historiador, ensaísta e professor escocês na era vitoriana.

Devolução dos recursos

Um dos pontos mais críticos do programa do presidente Collor[1] é o que se refere à devolução futura dos ativos sequestrados, o que envolve a preliminar da "justiça" da medida.

Encontramos hoje argumentos de respeitáveis juristas e economistas que veem justiça plena no sequestro, porque acreditam que os ativos financeiros pertencem (ou pertenciam?) aos "inflacionadores". Para eles, a causa da inflação não era o déficit público, mas sim os "inflacionadores".

Outros juristas e economistas não menos respeitáveis creem que o sequestro foi absolutamente injusto, porque violou os princípios da propriedade privada. Com isso minou a base sobre a qual se assenta a possibilidade de criação de uma sociedade politicamente livre e relativamente eficiente do ponto de vista produtivo, que é a economia de mercado.

A lógica dos primeiros é equivalente à lógica dos maridos que pensam que não engravidam apenas porque tomam, às escondidas, as pílulas anticoncepcionais das esposas. A lógica dos segundos esquece que o "poder soberano" pode (e com alguma frequência) praticar o sequestro dos seus credores e, durante algum tempo, sacrificar o crédito público.

Para que o cidadão comum possa se localizar entre esses dois extremos, é preciso, também, afastar alguns falsos argumentos que derivam da analogia do Plano Collor com as reformas monetárias feitas depois da Segunda Guerra Mundial na Alemanha, Japão, França, Holanda, Finlândia etc. Em todos esses países existia, ao mesmo tempo, um enorme excedente de moeda (dinheiro no bolso e contas bancárias) e um gigantesco controle de preços, que fazia

---

[1] Fernando Collor de Mello, primeiro presidente eleito do Brasil após o regime militar, governou entre 1990 a 1992. Criador do chamado Plano Collor, que impôs um confisco dos depósitos bancários como medida para tentar controlar a hiperinflação.

a glória do mercado negro. Para compatibilizar essa liquidez com a volta do mercado livre só existiam duas saídas: 1) liberar tudo e deixar que a inflação reduzisse o poder de compra daquela moeda – por exemplo, com 100 unidades de moeda os seus detentores comprariam (se pudessem encontrar as mercadorias aos preços tabelados) 100 unidades de produto, mas no mercado negro apenas 20. Quando os preços fossem liberados, ter-se-ia, para argumentar, uma inflação de 300% e as 100 unidades de moeda comprariam apenas 25 unidades de produto; ou 2) fazer uma reforma monetária que cortasse por quatro as unidades monetárias e produzisse o mesmo efeito sobre o "poder de compra", sem produzir a inflação.

Esta era a lógica daquelas reformas monetárias: ajustar o estoque de moeda global para que a volta ao mercado não produzisse inflação. É claro que isso representava uma redistribuição de renda importante, mas eticamente mais aceitável do que a que seria produzida pela inflação.

No caso brasileiro a situação era diferente: o estoque de moeda (ou de liquidez) financiava as transações a preços correntes, em um mercado relativamente livre. Apenas potencialmente é que a sua monetização efetiva poderia vir a causar uma hiperinflação. O problema, portanto, era: 1) encontrar mecanismos de mercado que impusessem um controle sobre o uso do estoque da liquidez, isto é, um alongamento inteligente da dívida de acordo com a sua natureza (Letra Financeira do Tesouro ou caderneta), e a criação de um mercado secundário em que os agentes pudessem realizar suas arbitragens livremente, e 2) terminar com o déficit público para controlar o fluxo da "nova" liquidez. A "justiça" do programa é, portanto, discutível.

Tendo em vista o ajuste escolhido, entretanto, a recuperação do Brasil (e a devolução dos recursos dramaticamente reduzidos por toda sorte de ajustes dos índices de preço) depende do sucesso absoluto do plano. É por isso que devemos apoiá-lo.

9.5.1990

O enterro

A natureza humana é muito complicada, e a passagem da adoração ao ódio, muito rápida. O processo é ainda mais dramático quando os movimentos são coletivos. Na Europa, os intelectuais de esquerda estão perplexos diante da mudança de atitude da juventude ante o marxismo: professores exibicionistas que eram cortejados, que se promoviam continuadamente através do sindicato do elogio mútuo, que utilizavam uma "linguagem" hegeliana (?) para esconder a ausência de pensamento, que publicavam um artigo por semana, um ensaio por mês e dois livros por ano repetindo (mas invertendo a ordem) o mesmo palavrório, entraram em murcha...

Os políticos de esquerda estão imobilizados. Incapazes de recuperar um programa coerente, propõem um programa de execução extremamente difícil: o socialismo de mercado, que ninguém sabe o que é. Perdido o objetivo da socialização dos meios de produção através da estatização da economia, porque ela produziu a ineficiência e o totalitarismo, a juventude mais romântica coloca agora a utopia no passado: é preciso reconstruir a natureza! Vamos todos abandonar as conveniências dessa vida artificial e voltar um pouco à animalidade que nos harmonizava o mundo físico!

Diante dessa confusão geral, aqueles que experimentaram na própria pele a tentativa de construção do paraíso tentam enterrar rápido e completamente todo o passado. A realidade do "socialismo real" e o afrouxamento do poder soviético implodiram o sonho que se transformara em pesadelo.

E a dialética cumpre o seu papel. Os adoradores de ontem vão à irracionalidade para negar o passado, destruindo todos os símbolos físicos da sua submissão a um regime que viera para libertar, mas produziu a escravidão.

Em Berlim Oriental a população exige dos governadores coerência com os novos objetivos (economia de mercado e democracia) e volta o seu ódio contra o nome das ruas escolhidas na hagiografia socialista. Derrubam as placas da Ho Chi Minh Strasse, da avenida dos Cosmonautas e destroem toda a identificação da Leninallee.

Na cidade denominada Karl Marx-Stadt, realiza-se um plebiscito para mudar o nome que lhes foi imposto em 1953, como "reconhecimento pelas famosas tradições da classe operária da cidade". Gastam no plebiscito quase 2 milhões de dólares, e na noite do mesmo dia assumem, de novo, o antigo nome de Chemnitz. Realizam uma verdadeira noite de São Bartolomeu contra os "santos" socialistas: todas as placas, monumentos, estátuas que os lembram são destruídos e os nomes originais restabelecidos a grafite.

O mesmo movimento de irracionalismo irrompe na célebre Erfurt (onde Kautsky redigiu o programa do Partido Social-Democrata, duramente criticado por Engels). Em Magdeburg o movimento é ainda mais fanático.

Há coisas ainda mais curiosas: uma fábrica de detergente localizada em Leuna apressou-se em mudar o seu nome, Leuna-Werke Walter Ulbricht (em homenagem ao líder comunista), porque ele poluiria a sua imagem nas campanhas publicitárias do novo mundo democrático. E uma pobre vítima de dezesseis anos, filha de um fanático membro do partido que lhe impôs o nome de Socialismo, vai à Justiça para mudá-lo para coisa mais decente!

O velho Karl deve estar se divertindo muito, porque todos sabemos que ele se orgulhava de nunca ter sido marxista! E deve estar contente, porque, afinal, vai descansar em paz. Estamos prestes a entender a sua obra como produto de um gênio do século XIX. Não Deus, mas homem. Fulgurante, mas falível!

13.6.1990

1191

No ano de 1191, Ricardo (o Coração de Leão) venceu Saladino em Arsuf e o mundo cristão pensou que a conquista do Santo Sepulcro era só uma questão de tempo. Da mesma forma, o governo Collor, na batalha de 16 de março, derrubou a inflação de 80% ao mês e todos pensaram que vencê-la era só uma questão de tempo.

A perplexidade de alguns economistas diante da persistência inflacionária é a mesma de Ricardo diante da resistência dos muçulmanos. Atribuir ao setor privado um "espírito indexador" que produziria os efeitos perniciosos que estamos vivendo é voltar às delícias da magia negra e da ignorância econômica que produziu o Plano Cruzado. Ou ao tempo das Cruzadas... Não importa quão diferentes possam ser as teorias para explicar a inflação. Todas elas terminam no reconhecimento do fato elementar que a inflação é a explicitação de uma disputa pela distribuição do produto.

Em uma economia fechada, o déficit público só pode ser financiado ou por uma redução do consumo privado, ou por uma redução do investimento privado ou por uma combinação dos dois. Quando o governo tem crédito e a expectativa dos agentes econômicos é a de que ele manterá sua capacidade de tributar, ele pode financiar o déficit colocando papéis da dívida pública. Nesse caso podemos dizer que a sociedade, voluntariamente, cede seu poder de compra para o governo, na esperança de que vai recebê-lo de volta no futuro.

Quando o déficit é financiado pela emissão de papel-moeda, as coisas se passam de forma diferente. Para cobrir o déficit do governo só existe um mecanismo: os preços dos bens têm que crescer a uma taxa superior à do crescimento dos salários e dos lucros. O aumento dos preços acima do aumento da remuneração do setor privado corta o consumo e o investimento e libera os recursos para serem usados pelo governo. Esse corte é, obviamente, "involuntário", o que leva os agentes a tentarem recuperá-lo: os trabalhadores se organizam e exigem aumentos de salários e os empresários corrigem suas margens de lucro. Enquanto persistir o déficit, esses movimentos estão destinados ao fracasso, pois nem os trabalhadores nem os empresários poderão consumir ou investir os recursos que continuam sendo utilizados pelo governo. Apenas produzem mais inflação. É por isso que, para surpresa de muitos professores, o mesmo déficit com relação ao PIB pode produzir inflações completamente diferentes!

O que acontece quando o governo decide substituir o método "involuntário" pelo método "coercitivo"? Será que um agente econômico que não concorda em perder seu poder de compra pela inflação irá concordar em perdê-lo apenas porque se substituiu o "imposto inflacionário" por uma medida provisória que consagra a queda do salário real ou por um aumento de impostos que reduz os lucros?

A sociedade não concordava com o aumento da participação do governo no produto. E continua não concordando. Cobrir o déficit consagrando a queda do salário real e aumentando os impostos não alterou nada: o governo aumentou sua participação no produto e agora quer um "entendimento nacional" para que trabalhadores e empresários acertem entre si as perdas! Será que quem mantiver a sua participação no produto será instrumento do "espírito indexador"?

Se o governo tivesse dado maior ênfase ao corte das despesas, a mesma política monetária produziria efeitos mais eficazes e o custo social da recessão "didática" seria menor. O presidente, aliás, parece ter percebido isso na última reunião do ministério.

Ricardo ganhou a batalha de Arsuf, mas nunca ocupou Jerusalém! Esperemos que Collor o consiga.

8.10.1990

Oligopólios

A facilidade com que as autoridades econômicas falam dos "oligopólios" e de sua capacidade de modificar livremente as suas "margens", a ponto de perpetuarem o processo inflacionário, deixa uma séria dúvida sobre se elas sabem do que estão falando. Os estudos empíricos estão longe de comprovar uma relação estreita entre concentração industrial e margem de lucro. Existe uma vinculação entre a magnitude da participação de uma empresa no mercado e a sua taxa de retorno, mas ela pode muito bem ser explicada por uma causalidade inversa: é o aumento da capacidade competitiva de uma indústria, apoiada em economias de escala, em pesquisa, em inovações, em regras de administração adequadas, que lhe dão vantagem comparativa e assim permitem, simultaneamente, o aumento da sua participação no mercado e o aumento de sua taxa de retorno.

No regime de "oligopólio", o mercado está estruturado em torno de um pequeno grupo de empresas, com produtos diferenciados competindo entre si, mas nenhum dos concorrentes pode modificar seus preços sem levar em conta a resposta dos outros. Eles na verdade competem em múltiplas dimensões (qualidade, especificações, design, novidade etc.) para ampliar a sua participação no mercado. O nível de seus preços (e, mais importante, o diferencial entre eles) é apenas uma das dimensões dessa concorrência. Mesmo que esse diferencial fosse eliminado, não se poderia falar em "conluio", a não ser que todas as outras dimensões do processo de competição fossem também eliminadas.

As autoridades econômicas não entendem que todas essas "diferenciações" acabam produzindo um "preço hedônico", que as internaliza e através do qual as empresas disputam a sua participação no mercado e obtêm maiores lucros. O que não se pode dizer, sem uma análise cuidadosa, é que tais lucros "são lucros do monopólio", isto é, uma renda produzida apenas pela estrutura do mercado.

Outro problema de relativa importância e para o qual é preciso chamar a atenção refere-se ao que pode acontecer quando o mundo real é de competição monopolística e não propriamente de "oligopólio". Numerosos produtos são produzidos por um grande número de empresas, mas são diferenciados. Não existe o ente platônico "detergente". O que existe é o detergente em pó (ou líquido) da marca A, B, C etc., cada um deles perfeitamente diferenciado dos demais, mas em estreita competição. O "poder de mercado" de cada empresa é relacionado com sua capacidade de diferenciar, no desejo dos consumidores, o seu particular produto.

O que ocorre com o equilíbrio dos preços, quantidades, em um mercado dessa natureza quando ele é sujeito a um corte da demanda global? Um resultado interessante é que, em regime de competição monopolística, um deslocamento da curva de demanda pode ser acompanhado por um efeito "perverso": aumento dos preços e diminuição das quantidades! Quando a redução dramática da demanda do produto é acompanhada por um aumento do salário nominal, o ponto que maximiza o lucro do empresário pode requerer um aumento dos preços e uma redução da quantidade ofertada. O efeito "perverso" para um macroeconomista é o resultado "natural" da racionalidade do microeconomista!

Nesse caso, não adianta xingar o empresário. Ele está fazendo o que sempre fez e o que se espera que ele faça: maximizar o seu lucro em condições de competição imperfeita. É claro que estimular o processo competitivo é muito importante, porque sem ele os preços (e o mercado) não produzem o que deles se espera. Mas o problema é mais complexo do que parece e não será resolvido sem paciência e inteligência!

23.1.1991

A chave do desenvolvimento

Temos nos divertido com a crítica frequente de que inventamos a teoria de que "antes era preciso fazer o bolo crescer para depois distribuí-lo". Nunca dissemos isso, porque a proposição é impensável em uma economia de mercado.

Uma coisa, entretanto, é certa, tanto para a econômica de mercado como para a economia de comando: só podemos distribuir o que já foi produzido! Enquanto altruístas amadores não entenderem isso, eles terão muito maior probabilidade de produzir inflação do que redistribuição.

O sistema econômico é muito mais parecido com um organismo do que com um mecanismo, como já queria Alfred Marshall.[1] Ele tem mais semelhança com um animal do que com um relógio. Ele não tem a rigidez dos sistemas mecânicos, mas a maleabilidade e adaptabilidade dos sistemas orgânicos. Ele possui mecanismos homeostáticos com tendências autorreguladoras que tentam manter o equilíbrio das variáveis fundamentais do sistema quando sujeito a choques. Quanto mais flexível, tanto mais eficiente. A não ser em casos extremos de desintegração social (uma hiperinflação, por exemplo), ele não se destrói instantaneamente, mas se corrói lentamente...

Toda a engenharia social que pretendia construir uma economia de comando, em que as incertezas do mercado fossem eliminadas, terminou em um fracasso monumental, exatamente porque ela foi incapaz de construir mecanismos de retroalimentação que restabelecessem o equilíbrio rompido. Sem esses mecanismos, a acumulação de ineficiência é crescente e o sistema se desintegra.

O ponto interessante é que na economia de mercado o setor produtivo (as empresas) é constituído por uma economia de comando. Na economia

---

[1] Alfred Marshall (1842-1924), economista britânico e autor de *Princípios de economia*, que se tornou o manual de economia mais adotado na Inglaterra por um longo período.

de mercado, a empresa, que é o centro produtivo, é compactada entre dois mercados: o dos insumos, onde ela vai buscar matéria-prima, energia, mão de obra, equipamentos etc., e o dos produtos por ela engendrados, que têm de satisfazer os desejos e as necessidades dos seus compradores. Mas ela mesma (a empresa) é organizada centralizadamente com uma hierarquia rigorosa, que define as funções e distribuição de poder entre seus colaboradores.

Esse centro produtivo tem que ter uma enorme sensibilidade e capacidade de retroalimentação para ajustar o seu comportamento ao mercado dos insumos e ao mercado dos produtos, sem o que a competição o destrói. A ironia desse fato é que é a produtividade da mão de obra dentro desses centros produtivos centralizados que define o desenvolvimento e o bem-estar material da sociedade.

Uma das diferenças fundamentais entre os "insumos" físicos e o "insumo" mão de obra é que os primeiros são sujeitos às leis da física e da química: processos tecnológicos frequentemente regulados por coeficientes fixos: tantos quilowatts-hora por unidade de produto, tantos quilos de alumínio por automóvel... O "insumo" mão de obra não! Como já havia intuído o velho Karl em meados do século XIX, a mão de obra não é paga nem pelo que produz, nem pela quantidade de trabalho efetivamente fornecida, mas pelo tempo que fica presa no centro produtivo.

Aumentar a produtividade do trabalho é a chave do desenvolvimento. Sem dúvida a relação capital-homem e os avanços tecnológicos são importantes, mas hoje é cada vez mais claro que as "relações de trabalho" e as "formas de remuneração" têm importância decisiva no aumento da produtividade. É por isso que chegou a hora de repensá-las. É uma pena que apenas o Sindicato da Micro e Pequena Indústria (o Simpi) esteja insistindo nessa direção.

6.2.1991

Simmel e o Brasil

Há mais de quarenta anos, os privilegiados estudantes da turma de 1949 da Faculdade de Ciências Econômicas e Administrativas da USP (pouco mais de uma dúzia) esperavam ansiosamente o seminário de sociologia promovido aos sábados de manhã pelo extraordinário professor Heraldo Barbuy. Em um daqueles dias, o ilustre mestre, discriminado por sua crítica severa e séria do marxismo, nos surpreendeu com a apresentação de um sociólogo alemão, George Simmel, extremamente influenciado por Marx. Autor de uma misteriosa *Philosophie des Geldes*, absolutamente inatingível pelos miseráveis estudantes, Simmel teria coisas muito importantes a dizer a futuros economistas.

Visto à distância, aquele seminário nos parece hoje uma espécie de antídoto contra a ênfase profissional que nos preparava, quase imperceptivelmente, para o exercício da intervenção econômica. Eram pequenas doses de uma vacina que deveria imunizar-nos contra o exercício da engenharia social.

A ideia fundamental de Simmel é que a moeda não é uma invenção que resultou de uma ação deliberada do homem. Ela foi consequência da "troca de mercadorias", um dos primeiros mecanismos de sociabilização. A sociedade não preexistiu à troca: elas nasceram juntas. Uma das razões é que a troca (além de outros mecanismos) criava vínculos internos duradouros entre eles. Os inconvenientes da troca direta entre os indivíduos acabaram criando um instrumento intermediário que é a moeda.

A partir desse momento, a troca assume um novo papel: devido à existência da moeda, ela não representa apenas a relação entre duas partes. Para que ela funcione, é preciso que a moeda se transforme em um fato social aceito por toda a comunidade.

A estabilidade do valor da moeda é, assim, uma condição da sua própria existência! Sem ela, o sistema econômico entra em colapso. Sem ela, o sistema de preços e o mercado não podem funcionar. Sem ela, coloca-se em risco não apenas o sistema econômico que está submerso na totalidade das relações sociais, mas até a liberdade individual. Para Simmel, a estabilidade do valor da moeda era condição necessária para a liberdade de escolha econômica e para a existência do mercado. A existência do mercado, por sua vez, era condição necessária (mas não suficiente) para a existência da liberdade política.

A moeda "apareceu" e "desenvolveu-se" como todas as outras instituições sociais, das quais ela faz parte integrante, da mesma forma que o direito de propriedade ou o código de conduta. Ela, como as outras instituições, é uma "espécie de cimento" que estabelece vínculos estáveis entre os indivíduos e permite a existência da sociedade.

Não tendo sido criada pelo Estado, ela não pode ser arbitrariamente manipulada por ele, sob pena de destruir a "credibilidade" que a sociedade lhe conferiu. E carregar, nessa destruição, todas as outras instituições. A moeda, na linguagem moderna, é um bem público. A moeda é "confiança". Sem essa qualidade ela não existe!

Pena que os autores do Plano Cruzado não tivessem tido o sucesso que todos desejávamos, porque o seu fracasso aumentou de forma dramática a "desconfiança" na unidade monetária. E o mesmo fizeram todos os outros cinco planos (Cruzadinho, João-e-Maria, Verão, Collor 1 e Collor 2). Hoje a credibilidade da moeda é nula e, se não formos capazes de restabelecê-la, vamos destruir nossa sociedade, exatamente como nos ensinou Georg Simmel.

Nota: o livro de Simmel é de 1907. Existe uma tradução inglesa, *The Philosophy of Money*.

27.3.1991

Tortura e distribuição

O extraordinário economista Ronald Harry Coase, a quem se deve uma esclarecedora teoria de por que existem as empresas e um famoso teorema sobre a importância da propriedade privada bem definida para a eficiência dos mercados competitivos, disse uma vez que, "se torturarmos os dados estatísticos por um tempo suficiente, a natureza sempre acabará confessando".

É essa, na nossa opinião, uma das razões pelas quais se insiste em dizer que "a distribuição de renda" é o pior problema brasileiro e quase todos os meses aparecem novos trabalhos, com novos métodos econométricos, que "torturam" os dados para fazê-los "confessar". É claro que a distribuição de renda no Brasil é extremamente desigual, e qualquer medida que tenda a melhorá-la (sem comprometer o processo produtivo e a eficiência alocativa) deve ser posta em prática.

Aqueles que gostavam de pensar-se a si mesmos como de "esquerda", porque isso lhes dava uma certa segurança psicológica e até bem pouco tempo rendia algumas palmas, dirão que essa é uma posição cínica da "direita", que coloca a "produção" acima da "distribuição" e insiste na tese de que "primeiro devemos fazer o bolo crescer para depois distribuí-lo". Na verdade, a coisa é muito mais prosaica e não envolve teoria conspiratória contra os pobres.

Em primeiro lugar, é preciso insistir que só no "socialismo real" (isto é, só com a esquerda "verdadeira") seria possível "fazer crescer o bolo e depois consumi-lo", ou colocar a "produção" acima da "distribuição", pois só naquele regime é possível separar o setor de bens de capital do setor de bens de consumo. Em segundo lugar, a distribuição de renda não é uma medida adequada do "bem-estar". E em terceiro lugar, e mais importante, o problema brasileiro não é apenas de distribuição de renda, mas de pobreza mesmo!

Para entender isso, suponhamos uma sociedade hipotética com cem pessoas, cinquenta das quais recebem salários equivalentes à pobreza absoluta (isto é, não podem satisfazer decentemente as necessidades básicas); trinta outras recebem o salário 2; quinze pessoas recebem o salário 5 (têm alguma folga) e cinco recebem o salário 30 (vivem confortavelmente). Nessa sociedade, no extremo inferior, 50% das pessoas recebem apenas 15% da renda, enquanto, no extremo superior, 5% das pessoas recebem 45% da renda. A distribuição da renda deixa muito a desejar, e a "distância" entre o menor salário e o maior é de trinta vezes. É o Brasil!

Suponhamos agora que essa mesma sociedade invista em tecnologia, em educação e se aproprie com maior inteligência de seus recursos naturais e que, como consequência do aumento da produtividade, todas as remunerações sejam efetivamente multiplicadas por dez (não há inflação). Os cinquenta indivíduos que passavam fome porque recebiam o salário 1 têm agora um salário 10 e vivem folgadamente; os trinta indivíduos de salário 2 recebem agora salário 20; os quinze que recebiam salário 5 recebem agora salário 50 e os cinco que recebiam salário 30 recebem agora 300. Não há mais "pobres" (a não ser no sentido psicológico); todos podem satisfazer as necessidades básicas. Todos podem ter acesso à educação e à saúde. Todos podem poupar para a velhice sem sacrifícios. É a Suécia!

Pois bem, a distribuição de renda na segunda sociedade é tão "ruim" quanto na primeira; os 50% "mais pobres", continuam recebendo 15% da renda e os 5% "mais ricos" continuam recebendo 45% da renda. A distância entre o "novo pobre" e o "novo rico" continua a ser de 1 para 30.

O problema do Brasil é de pobreza! E isso se supera com investimento. E investimento exige confiança! É inútil continuar a torturar os dados para fazê-los confessar outra coisa!

31.7.1991

Programas de estabilização

O problema mais complicado de qualquer programa de estabilização reside na sua consistência dinâmica; é preciso que o sistema entre em equilíbrio depois de executadas todas as medidas de ajuste. A taxa de câmbio, por exemplo, tem que equilibrar o balanço de pagamentos depois de reajustados os preços ou as tarifas defasadas. O orçamento tem de produzir um superávit primário depois de corrigidos os preços e tarifas, tendo em conta a nova taxa de câmbio e o novo nível de tributação. O salário real tem que ser razoavelmente aceitável depois dos ajustes dos preços, tarifas, impostos e câmbio. A margem de lucro tem que permitir um excedente para investimento depois de reajustados os salários, os impostos, o câmbio e os preços. E assim por diante...

É evidente que não se trata de corrigir apenas o déficit orçamentário, a não ser que isso pudesse ser feito exclusivamente com um corte das despesas do governo, caso em que a acomodação da nova distribuição de renda seria mais simples. Trata-se, na verdade, de redesenhar um processo de equilíbrio onde a moeda volte a ser uma instituição social respeitável e a política monetária recupere o seu poder, dentro de uma distribuição de renda aceitável.

A complicação é ainda um pouco maior porque não se trata de equilibrar apenas os novos "fluxos", mas é preciso dar uma solução definitiva para o financiamento do estoque das dívidas interna e externa. Terminado o ajuste (ou melhor, anunciado o ajuste), ele tem que ser absolutamente consistente, de forma a dar aos agentes econômicos a convicção de que ele é, por sua própria natureza, permanente. A experiência mostra que esta última condição se realiza com mais frequência do que se imagina, e que os programas de estabilização falham não por culpa das "crenças", "preconceitos" ou "expectativas" da sociedade, mas porque as suas inconsistências dinâmicas vão ficando cada vez mais evidentes. Como mostram os exemplos do Plano Cruzado e do Collor 1, mesmo depois da evidência dos equívocos, a sociedade ainda persiste em ter esperança de que as "coisas se ajustarão se todos colaborarem"...

Os inconvenientes da inflação exagerada e da estagnação que a acompanha são tão grandes que o "estoque" de credibilidade da sociedade parece interminável, o que permite ao governo prosseguir nos seus equívocos. E o que é pior, quando o fracasso não pode mais ser escondido, é fácil encontrar um bode expiatório nos empresários ineficientes. É preciso que fique claro que nenhum programa de estabilização fracassa porque a sociedade errou. Os planos fracassam porque os governos erram (é claro que não deliberadamente), ou por incompetência ou pela pressa (ou por uma combinação dos dois), tentando dar solução simples para um problema extremamente complexo.

Por outro lado, é preciso reconhecer que a eficiência de cada programa (isto é, o custo do ajuste em termos de redução do nível de atividade) depende muito do nível em que se encontra o processo inflacionário, da desorganização dos preços relativos e do nível de utilização da capacidade e do desemprego existente. Não existe um receituário pronto que possa ser aplicado sem maiores cuidados. Mas não é preciso a busca irracional da originalidade que tem acompanhado alguns dos programas malsucedidos.

Dada a enorme complexidade do problema, é muito provável que, quanto maior for o número de parâmetros estabelecidos pela autoridade (em substituição ao mercado), maiores serão os riscos de fracasso.

30.10.1991

Intelectuais de Santiago

Virgílio, na *Eneida* (livro 6º), faz Sibila revelar a Eneias (que desejava descer ao Inferno para ver seu pai) "que descer é fácil, pois as portas estão abertas dia e noite. Fazer o caminho de volta, subindo de novo à superfície, é que é o problema".

É mais ou menos isso que ocorre com a transição do chamado socialismo. Uma organização em torno de um partido único axiomaticamente senhor da verdade, conhecedor do futuro (como Sibila) e construtor de uma economia centralizada tenta transformar-se em um regime pluripartidário com um sistema alocativo em torno do mercado. Esse problema, impensável há menos de um lustro, tomou de surpresa aqueles que durante toda a vida tiveram a certeza de que "o mundo marchava para o socialismo". É curioso verificar como hoje uma boa parte dos que se reuniram em torno das medíocres organizações internacionais em Santiago para produzir os "modelos de engenharia social" que iriam construir o "homem novo" e o "mundo novo" da América Latina passaram a defender o mercado sem cerimônia, mas com convicção.

Lênin levou a União Soviética para a porta do Inferno. Como ela estava aberta. Stálin fez o resto, com os russos e *tutti quanti* que estavam ao alcance de seus longos braços, na certeza de que levava todos ao Paraíso...

No começo dos anos 1960, os "intelectuais de Santiago" estavam também convencidos de que conheciam a verdade e o futuro. Sibila lhes havia revelado um instrumento mágico: o planejamento. Precisavam apenas do poder para levar o proletariado ao Paraíso. Esse planejamento era puramente físico: nada de preços, nem de mercado. Eles sabiam como alocar recursos escassos para atender às necessidades básicas da população. O volume de informação de que dispunham era infinito e as incertezas do mundo haviam sido sibilinamente dissipadas pelo seu "conhecimento". Verdade que pouco sabiam de teoria dos preços (e, para fazer justiça de Marx), mas, que importava, eles conheciam o futuro!

É interessante conhecer o pensamento de um dos inspiradores desses "intelectuais", escondidos sob o original codinome de Espártaco. No "Esboço de uma alternativa econômica socialista para América Latina", publicado em 1964 no *El Trimestre Econômico*, sobre o problema do mercado ele dizia: "As transformações da estrutura da propriedade (aumento da estatização) representam, a nosso ver, a peça essencial de uma política socialista. O outro aspecto básico é a substituição gradual e progressiva do mecanismo de mercado e do incentivo do lucro por um sistema de planificação que dirija o esforço nacional em função de objetivos econômicos e sociais prefixados". Espártaco sabia o que queria! Frases como essa (na verdade apenas um jogo de palavras) habitam aos milhares a literatura dos "intelectuais de Santiago".

Mas o mestre Espártaco ainda nos reserva outra surpresa:

> No passado, possivelmente, seria preciso uma longa argumentação para demonstrar que a "mão invisível" de Adam Smith, o "livre jogo das forças naturais" e o estímulo disciplinador da rentabilidade podem ser substituídos pela programação consciente dos processos de produção. Hoje podemos poupar-nos dessa digressão, porque os fatos (*sic*) comprovaram de maneira explícita, quase dramática, essa tese. O curso ascendente do crescimento soviético, as altas taxas de desenvolvimento obtidas em outras economias planificadas... confirmam suficientemente que é possível aplicar no campo da economia critérios científicos e superar a espontaneidade irracional que se acreditava característica desse campo da atividade humana.

Se os "intelectuais de Santiago" tivessem tido a oportunidade de pôr em prática a sua ciência, hoje também teríamos o problema que Sibila revelou a Eneias.

5.2.1992

Socialismo

Karl Marx sempre foi muito cuidadoso na descrição do que seria a futura sociedade comunista e como se processaria a passagem do capitalismo caótico para a organização racional da produção e da distribuição dos bens. Mas há uma passagem no volume 1 do *Capital* em que ele deixa entrever o que seria tal sociedade:

> Representemo-nos, enfim, uma reunião de homens livres, trabalhando com meios de produção comuns e aplicando, de acordo com um plano estabelecido, suas numerosas forças individuais como uma só e mesma força de trabalho social [...]. A produção total dos trabalhadores unidos é uma produção social. Uma parte servirá de novo como meio de produção e continuará social. A outra parte será consumida e, consequentemente, deverá ser repartida entre todos. O modo de repartição variará segundo os mecanismos produtores da sociedade e o grau de desenvolvimento histórico dos trabalhadores. Suponhamos, para colocar esse tipo de produção de mercadorias (no sistema capitalista), que a parte a que tem direito cada trabalhador seja em razão de seu tempo de trabalho. O tempo de trabalho cumprirá assim um duplo papel. De um lado, sua distribuição na atividade produtiva acertará as relações exatas entre elas e as diversas necessidades. De outro, ele mede a participação de cada trabalhador individual no trabalho comum e, ao mesmo tempo, a parte que lhe cabe do produto comum reservado ao consumo. As relações sociais entre os homens no seu trabalho e com os objetos assim produzidos ficam simples e transparentes tanto na produção como na distribuição.[1]

---

1 *Le capital*, v. 1. Paris: Les Éditions Sociales, p. 90.

Essa descrição idílica escamoteia exatamente o problema a ser resolvido, pois o problema é saber como se "estabelece o plano" que substituiria o mercado caótico. Nem Marx nem seus epígonos nunca disseram como fazê-lo. Os economistas que pensaram no assunto (como Oskar Lange) acabaram voltando para o mercado, porque não encontraram outra forma de equilibrar as "relações entre as diversas atividades e as diversas necessidades".

É interessante notar que essa sociedade ideal não precisaria ser necessariamente dominada pela propriedade estatal, como veio a ser na tentativa de sua implementação. Leão XIII advertira em 1891, na encíclica "A condição dos trabalhadores", que tal sociedade ignora o fato de que "a propriedade privada estimula o trabalho e recompensa a poupança" e que isso produziria uma notável diminuição da produção, de forma que, em lugar da igualdade prometida e sonhada, todos seriam "nivelados na indigência e na miséria". A verdade é que, já em 1846 (antes, portanto, do *Manifesto comunista*), Pio IX, na encíclica "*Qui pluribus*", já havia condenado o socialismo estatizante como "subversivo [...] dos fundamentos da sociedade humana".

Nem todos os socialistas foram ingênuos com relação a esse problema. Respondendo às críticas de que o socialismo simplesmente generalizaria os resultados desastrosos das empresas controladas pelo Estado (já em 1874!), Schäffle, em *La quintessence du socialisme*, diz que elas valem apenas contra o programa social-democrata de Gotha, mas estão longe de alcançar outras formas imagináveis de socialismo e de pôr o dedo no problema. A questão principal é outra – diz ele – e é a seguinte: "Será o socialismo capaz de realizar no seu próprio terreno, no mesmo grau ou em grau ainda maior, a grande verdade psicológica e a fertilidade econômica do princípio individualista em virtude do qual o interesse privado concorre para a realização da produção social?".

Essa é a questão decisiva e não decidida. De sua resposta dependerá o triunfo ou o fracasso do socialismo, conclui Schäffle. A experiência soviética e as empresas estatais inglesas, suecas, alemãs, italianas e brasileiras decidiram.

12.2.1992

Desemprego e mercado

Há 45 anos, quando frequentávamos o curso de introdução à economia política, ministrado na Faculdade de Ciências Econômicas e Administrativas da USP pelo competente e elegante professor Paul Hugon, ele fazia circular entre os alunos, em exemplares roxos (já naquele tempo!) de um copiador a álcool, o capítulo 2 de um livro do extraordinário economista e jornalista inglês, Geoffrey Crowther, que tem por título *A economia para democratas*, publicado em 1939.

Como o curso fazia uma apologia da teoria econômica e levantava críticas seguras e percucientes à análise dogmática marxista, a tradução livre do extrato do livro de Crowther era uma espécie de antídoto à possível aceitação não crítica do sistema econômico vigente. O capítulo chama-se "A trindade do mal" e, depois de uma análise cuidadosa do capitalismo inglês (do fim dos anos 1930), mostrava que o sistema, apesar de seus méritos inegáveis, apresentava três defeitos básicos: 1) era incapaz de reduzir a pobreza na velocidade desejada; 2) o que era produzido era distribuído muito desigualmente, e 3) o sistema era sujeito a flutuações violentas no nível de renda e de emprego, o que causava uma enorme insegurança e desconforto.

O capítulo terminava assim:

> Para reduzir a pobreza, precisamos de um sistema econômico que produza mais em resposta ao trabalho diário do homem comum, isto é, precisamos de um sistema mais eficiente; para reduzir as desigualdades, precisamos diminuir as diferenças de rendimentos dos indivíduos que são exageradamente desproporcionais às suas contribuições ao processo produtivo, ou seja, precisamos de um sistema mais equitativo, e, finalmente, para reduzir as flutuações violentas de emprego, precisamos de um sistema que se adapte mais livremente às necessidades mutáveis dos homens e às variações da natureza, isto é, um sistema mais adaptativo.

A democracia econômica, para combater a trindade do mal – pobreza, desigualdade e irregularidade –, precisa de uma trindade do bem: eficiência, equidade e adaptabilidade.

Desde a publicação do livro de Crowther, as economias avançaram bastante na direção da eficiência e da produtividade. Menos na direção da redução das desigualdades e praticamente nada na direção das flutuações do emprego. O problema de reduzir as flutuações do emprego não está resolvido. Acaba de ser publicado um livro com o título *Unemployment*, escrito por três brilhantes economistas ingleses, R. Layard, S. Nickell e R. Jackman,[1] e que ameaça tornar-se um clássico como o de Crowther, cuja dedicatória é comovente: "Aos milhões que sofrem porque desejam trabalhar"!

O prefácio do livro nos diz: "O desemprego é a maior fonte de miséria humana. Apesar do crescimento econômico, ele é hoje um problema maior do que era há cinquenta anos. Na Europa Ocidental temos hoje três vezes mais desempregados do que nos anos 1960 e o número na Europa Oriental cresce rapidamente". A conclusão do livro é dramática, pois mostra que uma parte do desemprego é produto da excessiva generosidade das regulamentações protetoras (sociais-democratas), mas que uma boa parte dele só pode ser corrigida por uma efetiva política de mão de obra, que inclua um menu de treinamento, readaptação, subsídios, coordenação da negociação salarial etc. Essas são políticas que envolvem a ação do Estado e afetam a oferta, que a longo prazo determina o nível de emprego. No curto prazo, as políticas de demanda que também envolvem a ação do Estado continuam a ser importantes. Certamente, nenhuma economia de mercado pode funcionar sem algum desemprego. Mas não há necessidade, por motivos ideológicos, de esperar o ajuste apenas pelo mercado, porque os custos são enormes em termos da "miséria humana".

13.5.1992

---

[1] Layard, Richard; Nickell, Stephen; Jackman, Richard. *Unemployment*. Oxford: Oxford University Press, 1991.

Deus e deuses

Neste momento grave, nada melhor do que refletir, com ponderação e humildade, sobre a frase de Sêneca: "*Nihiil seque sanitatem impedit, quam remediorum ereba mutatio*", ou seja, nada dificulta mais a cura das doenças do que mudar frequentemente o remédio.

Mas é exatamente isso que tem sido feito desde que se instalou a chamada "Nova República". Ela recebeu o país com a economia em crescimento. O déficit operacional tinha sido reduzido a 1,6% do PIB. As exportações estavam crescendo. O saldo comercial era confortável e as reservas suficientes. Restara o problema da inflação indecente de 220% ao ano (estável havia quase três anos), que tinha de continuar a ser combatida com o mesmo remédio: redução do déficit público, isto é, dos gastos públicos, e encolhimento do Estado. O processo de privatização havia sido iniciado já em 1979.

Em lugar disso, a "Nova República", por sua própria ação, e por ter se demitido de participar na construção da nova Carta Constitucional, tornou o país ingovernável. Basta dizer que as despesas com custeio e pessoal passaram de 8% do PIB em 1984 para 16% do PIB em 1991. Quem não sabe do leilão dos cargos das empresas públicas aos partidos políticos? Quem não ouviu falar dos salários absurdos de prefeitos e vereadores depois de 1984? Quem não sabe que, depois de permanecer estável por vinte anos, o número de municípios aumentou 20%? Quem não sabe que a "ausência da União" nos debates da Constituinte permitiu uma discriminação de rendas incompatível com a atual distribuição de tarefas? Quem não sabe que o precário, ineficiente e antiquado sistema tributário instituído foi produto de pequenos interesses políticos provincianos, acometidos de uma incrível miopia estadual? Quem não sabe que o "entulho autoritário" do famoso

Pacote de Abril[1] foi transformado em "lixo democrático", aumentando ainda mais as distorções do processo eleitoral? Quem não sabe que o nível de cidadania de um brasileiro depende não de sua origem (o que já seria um absurdo!), mas do lugar geográfico em que ele se encontra, o que não chega a ser absurdo, por ser ridículo. Como é possível que um brasileiro perca 13/14 de sua cidadania em um simples voo da Varig do Amapá para São Paulo?

Na administração da economia, os remédios foram trocados sete vezes em oito anos (Cruzado, Cruzadinho, Bresser, Verão, Collor 1, Collor 2 e "Soluço")! Onde estava Sêneca?

Apesar de tudo isso, não há razão para desespero, porque o país é ainda o mesmo! Os números abaixo revelam que, a despeito de todas as dificuldades, temos amplas condições de voltar a crescer, a partir de condições iniciais favoráveis.

PROPORÇÃO DO PIB E DA DÍVIDA REGIONAIS NA AMÉRICA LATINA (EM %)

	PROPORÇÃO DO PIB		PROPORÇÃO DA DÍVIDA
PAÍS	1971-80	1981-90	1990
Argentina	15,4	11,4	14,1
Brasil	34,3	38,8	26,4
Chile	3,4	3,3	4,4
Colômbia	4,4	4,8	4,0
México	18,4	20,2	22,4
Peru	4,7	4,0	4,9
Venezuela	8,3	7,2	7,7

Fonte: BID. Relatório Anual, 1991

---

[1] Conjunto de leis de abril de 1977 assinado pelo presidente Ernesto Geisel (1974-79). Entre outras medidas, determinava o fechamento temporário do Congresso Nacional.

A tabela mostra com clareza que, na "década perdida", o Brasil houve-se muito melhor do que a maioria dos seus vizinhos. A inveja revelada pelos brasileiros com relação ao México na Eco-92[2] deve ser um fator de estímulo para todos nós, porque nosso problema é apenas de administração da política e da economia. De La Madrid e Salinas foram enviados por Deus. E os nossos? Provavelmente por deuses gregos, que gostam de se divertir com os homens!

17.6.1992

[2] Conferência das Nações Unidas sobre o Meio Ambiente e o Desenvolvimento que reuniu chefes de Estado no Rio de Janeiro em junho de 1992.

Omnis homo mendax

A leitura da interessante discussão sobre o papel do Estado e o "neoliberalismo" que se estabeleceu entre alguns industriais não pode deixar de evocar a mensagem do salmista: *Omnis homo mendax*. Todos os homens são mentirosos...

Quando um industrial, um comerciante, um banqueiro, um transportador etc. diz que é a favor da concorrência, da competição "leal", da mais ampla abertura dos mercados, ele, no mínimo, não está sendo sincero. Todos eles são (e devem ser), por sua própria natureza, maximizadores de lucro. Mesmo os que se dizem preocupados com as responsabilidades sociais não ignoram o fato de que é com o "excedente" tirado do consumidor que podem praticar o seu altruísmo.

Para tirar o "excedente" do consumidor, precisam não da concorrência, mas do monopólio!

Quando um setor oligopolizado, protegido da concorrência externa por um sistema tarifário, pode pagar salários melhores aos seus operários, isso não se deve ao seu "altruísmo", mas à conveniente cooperação entre produtores e sindicatos, que se sustentam mutuamente, do ponto de vista político e econômico.

Em nenhum lugar do mundo existe (ou existiu ou existirá) uma economia de mercado que funcione de acordo com leis naturais (isto é, sem o controle social necessário).

Pela simples e boa razão de que a existência de imperfeições reais (economias de escala, externalidades, necessidade de bens públicos etc.) não garante, nem teoricamente, que ela produza um equilíbrio. E se ele existisse, não haverá nenhuma razão para supor que atendesse ao mínimo de equidade e justiça que toda sociedade exige.

Por maior que seja minha admiração por Friedrich von Hayek,[1] não creio que possa dizer, com ele, "que numa economia de mercado a cada um é permitido usar o seu conhecimento para seus próprios objetivos" e que, portanto, "o conceito de justiça social é necessariamente vazio, uma vez que nela ninguém poderá determinar os rendimentos relativos de cada participante, ou impedir que eles dependam parcialmente de acidentes".[2]

Do ponto de vista estritamente lógico, a proposição de Hayek é correta. O que é vazio de conteúdo empírico é o conceito de economia de mercado. Ficar sem emprego pela ausência de uma política econômica ativa certamente não é um privilégio democrático! Apesar do salmista, sugerimos timidamente que a única saída encontrada para esse dilema (pelo menos até agora) é a chamada "economia social de mercado". Um Estado forte e enxuto que preserva a concorrência e combate a inevitável tendência ao monopólio da economia de mercado irrestrita. Regulamenta, mas não participa das atividades econômicas. E recolhe o excedente por um sistema tributário que não desestimula o trabalho, para com ele atender a um mínimo de "justiça social".

24.2.1993

---

1 Friedrich von Hayek (1899-1992), economista e filósofo nascido na Áustria e naturalizado britânico, é considerado um dos maiores representantes da Escola Austríaca de pensamento econômico.

2 *Law, Legislature and Liberty*, v. 2, p. 69.

A razão da fome

O Brasil vive um momento de grande ansiedade. O governo do sr. Itamar Franco registra o seu terceiro ministro da Fazenda em pouco mais de vinte semanas. A constituição do chamado segundo escalão se revela difícil, porque o presidente escolheu um mecanismo de "administração condominial" com os partidos políticos. Cada um dos "condôminos" se esforça para mostrar ao público que sua colaboração se deve "ao alto espírito público" que o domina. Querem que acreditemos que o odor da luta intestina por cargos, que exala dos aparelhos de ar condicionado do Palácio, não se deve ao desejo mesquinho de poder, mas significa sua forma de demonstrar acrisolado amor à pátria.

Partidos que sempre se consideraram o refúgio da biodiversidade nacional, que precisava ser protegida porque continha a erva milagrosa que purificaria a nação, se lançam à ocupação de cargos (internos e externos!) com uma fúria só explicável pela falta de convivência com o poder e por sua pobre condição humana... E reafirmam, com dignidade e bravura, que não estão no governo!

A cada momento fica mais claro que nos distanciamos da condição necessária para obter o equilíbrio monetário, preliminar para a solução de nossos problemas. O Executivo se demite do orçamento e lança um novo programa por dia. O Legislativo o distorce a ponto de torná-lo inservível. A receita tributária cresce e o Executivo não pode revelar a verdade porque quer mais imposto. Os ministros brigam para aumentar o salário do funcionalismo, não para reconstruir as estradas... E, suprema ironia, quando se quer combater a fome, corta-se o crédito agrícola!

E os economistas, depois de quase chegarem a um consenso sobre o que fazer, começam tudo de novo com uma fantástica disputa escolástica sobre os múltiplos conceitos de déficit fiscal.

Um problema, na verdade, resolvido há mais de setenta anos, no relatório majoritário de uma comissão que estudou a situação da economia alemã em 1922, redigido por Keynes[1] e assinado juntamente com os professores Cassel e Jenks e o banqueiro Brand. Estranhamente, o famoso livro de Bresciani-Turroni sobre a inflação alemã só menciona o relatório da minoria redigido por Vissering (presidente do banco central holandês).

Em essência, o que se mostrava é que os problemas do equilíbrio fiscal e da estabilização da moeda eram interdependentes. Devido à inflação e à instabilidade política, a dívida pública (com parte da qual as indenizações de guerra eram financiadas) se encurtava e a taxa de juros nominal (taxa de juro real mais inflação) crescia, aumentando os créditos do setor privado contra o governo e exigindo emissão monetária.

No momento, portanto, em que se pudesse ter o equilíbrio fiscal assegurado com inflação zero, seria possível obter a estabilização imediata. Bastaria trocar a moeda e fixar o câmbio.

É por isso que Keynes reafirma em seu famoso artigo de 7 de dezembro de 1922 no *Manchester Guardian*:

> Se a quantidade de uma moeda puder ser controlada, então, cedo ou tarde, seu valor se estabilizará. Essa verdade simples ainda é verdadeira. E a quantidade de moeda pode ser controlada, a menos que o governo tenha dificuldades financeiras. Isso também é verdadeiro. Quando, entretanto, a doença (a inflação) estiver muito avançada, a tentativa de estabilização talvez tenha que preceder o equilíbrio orçamentário.

24.3.1993

---

[1] John Maynard Keynes (1883-1946), um dos economistas mais influentes do século XX e considerado o fundador da macroeconomia moderna. O chamado keynesianismo defende, dentro dos parâmetros do livre mercado, a intervenção do Estado para garantir o pleno emprego e o controle da inflação.

Marxcacos e mercados

O Brasil é um país curioso. Nele prevalece uma espécie de preguiça mental, que o leva a entusiasmar-se com proposições do tipo "me engana que eu gosto"! É essa preguiça mental que torna a manipulação da sociedade relativamente simples. Durante muito tempo alguns de nossos intelectuais foram prisioneiros de um marxismo bastardo, que tinha prontas todas as respostas aos nossos problemas.

Desiludido com a cacofonia produzida em seu nome por tais "marxcacos", o velho decidiu fingir-se de morto. Tomadas de desespero, as viúvas fizeram um protesto e em procissão foram cuspir no seu túmulo: Marx matou deus e depois morreu! Fomos traídas!

Zeus, o supremo senhor do universo, que tudo controla do Olimpo, sempre teve suas dificuldades com a raça humana. Decidiu divertir-se mais uma vez com as fidúcias e dar-lhes um novo deus: o Mercado!

O novo deus é muito melhor do que os antigos. Deus exigia de seus seguidores virtudes desagradáveis ao ser humano racional e orgulhoso: a fé (que a crítica de Marx objetiva destruir) e a caridade (que se perdeu nas cadeias do DNA). Marx exigia a obediência cega a O capital, o que implicava contrabandear a fé perdida. Mas nenhuma caridade com a burguesia!

O novo deus vinha na linha da modernidade. É proibido proibir! Liberdade absoluta! Não é preciso exercitar a caridade! Não é preciso sequer fingir que se leu o maçante O capital! E, virtude de todas as virtudes, todos os cérebros podem permanecer virgens! É preciso, apenas, ter fé na "mão invisível"!

Os "marxcacos", transformados em "mercados", puseram rapidamente a trabalhar o novo deus. Tomados da modernidade, entregaram-se cegamente (como sempre haviam feito) ao novo senhor: o Mercado, que sozinho produzirá o milagre do equilíbrio.

Para os que sempre acharam que deus não havia morrido e que a caridade é virtude suprema; que Marx não o destruiu, mas colocou um dilema até agora insuperado; e que o mercado é apenas um instrumento alocativo eficiente (dentro de certas condições), mas incapaz de lidar com o problema distributivo, o momento é desesperador.

No seu despreparo monumental, os "mercados" voltaram a confundir duas coisas que há mais de quarenta anos os economistas separaram cuidadosamente: o *laissez-faire* (a não intervenção do Estado na economia) e o *free-trade* (a plena liberdade de comércio). É preciso dizer a esses cristãos-novos que nunca a teoria econômica provou que o *free-trade* é o melhor regime. Ela apenas provou que, com hipóteses convenientes, ele pode ser o melhor. O que se provou é que "algum comércio é melhor do que nenhum comércio"!

Em um mundo dominado pela competição imperfeita, com dramáticas reduções dos custos dos transportes e no qual o oligopólio e a economia de escala andam de mãos dadas, estamos destruindo nossa agricultura e nossa indústria, submetendo-as a um *dumping* generalizado e a um sistema de "cotas" universal. Tudo isso em nome de um pretenso "modernismo". Os países exportadores procuram a qualquer preço uma saída para seus produtos nos países subdesenvolvidos... mentalmente!

7.7.1993

Lei de Gérson

O que se chama comumente de teoria econômica é um corpo organizado de conhecimento construído a partir de algumas observações muito gerais sobre a forma de comportamento humano. Na verdade, ela é pouco mais do que um sistema construído a partir de uma particular concepção do homem, como um ser "racional" e "economizante". Racional no sentido de que ele procura, permanentemente, aumentar o nível do seu bem-estar, e "economizante" no sentido de que ele, com a mesma racionalidade, procura encontrar os caminhos do maior bem-estar sujeito ao menor dispêndio de esforço.

De um ponto de vista cínico, a teoria econômica é pouco mais do que um fantástico sistema dedutivo construído a partir da famosa "Lei de Gérson",[1] transformada em um axioma.

A crítica moralista à "Lei de Gérson" supõe um homem de natureza altruística, preocupado com seus semelhantes, incapaz da discriminação racial ou religiosa e, mais recentemente, sensível às questões ecológicas. A teoria econômica é construída a partir de um homem egoísta, sempre buscando um ponto de mínimo (menor esforço, menor custo, menor gasto de energia) ou um ponto de máximo (maior bem-estar, maior lucro).

É claro que do ponto de vista moral é horroroso pensar (e pior, aceitar) um homem egoísta. Como seria bom ter uma sociedade fraterna, onde a política econômica pudesse ser entendida e realizada de forma decente. Onde as inevitáveis contradições de interesses produzidas pela infinitude das necessidades e dos desejos, em contraste com a finitude de meios para satisfazê-los, pudessem ser resolvidas de maneira "justa".

---

[1] Expressão cunhada a partir de uma propaganda de cigarros de 1976 em que o jogador de futebol Gérson dizia "levar vantagem em tudo". Ela acabou vinculada à obtenção de benefícios sem que se dê muita importância a questões éticas ou morais.

Recentemente alguns economistas começaram a explorar esse caminho, para recuperar "a moral perdida pela economia". A separação entre moral e economia é coisa do fim da Idade Média. O grande Adam Smith dividiu-se entre elas, escrevendo dois livros muito interessantes, *A teoria dos sentimentos morais*, em 1759, e, quase vinte anos depois (1776), *A riqueza das nações*, não totalmente compatíveis. Isso deu origem ao que se chama "o problema de Smith" (integração entre as duas obras).

Na matemática, disse Wittgenstein,[2] hoje tão banalizado, "nada se descobre, tudo se inventa". Na economia nada se inventa, tudo se descobre. É por isso que a economia nunca será uma matemática. O economista precisa "descobrir", não "inventar". E o que os economistas descobriram?

Descobriram que com a hipótese do "homem egoísta" eles explicam (ou entendem?) um número muito maior de fenômenos econômicos do que a do "homem altruísta". É claro que nenhum homem concreto pertence a qualquer dessas classificações extremas. O que parece claro (ainda que lamentável) é que o homem real, normal, mediano, tem um claro viés para o "egoísmo". Mais ainda, quando se tenta construir um fundamento microeconômico para a teoria macroeconômica, verifica-se que a agregação fundada naquela hipótese produz resultados mais parecidos com os verificados na realidade.

Não podendo mudar os homens, o novo recurso dos economistas é mostrar-lhes que eles estão em um "jogo" (uma outra matemática) cuja solução "racional" e "economizante" é a cooperação. Paradoxalmente, o homem "egoísta" encontrará o "altruísta", por força do "Axioma de Gérson"!

4.8.1993

---

[2] Ludwig Wittgenstein (1889-1951), filósofo austríaco, naturalizado britânico, com trabalhos nos campos da lógica, filosofia da linguagem e filosofia da matemática.

Homo oeconomicus

Em um destes nossos *sueltos*, afirmamos que a teoria econômica era pouco mais do que um vasto sistema dedutivo construído sobre a estreita base do "Axioma de Gérson".

Tratava-se de explicitar a robusta e fértil observação de Adam Smith de que a divisão do trabalho e a consequente especialização estão na origem do desenvolvimento do progresso material. E mais, que quando produtores e consumidores, por sua própria conta e procurando seus próprios interesses, entram livremente em operações de troca, eles encontram um equilíbrio que satisfaz ambas as partes. Afirmamos também que, a partir dessas observações, a teoria econômica foi se afastando progressivamente da troca comandada pelos valores éticos que caracterizaram a concepção medieval.

É claro que se tratava de uma caricatura. Um velho companheiro de uma jornada que já dura mais de 45 anos chamou nossa atenção para o fato de que essa ênfase no *Homo oeconomicus* sem paixões e sem valores, prisioneiro de uma racionalidade absoluta, deixa muito mal não apenas a teoria econômica, mas todos os economistas. O homem de carne e osso não pode ser tão desprovido de qualidades!

Talvez valha a pena, portanto, tentar esclarecer que nem o *Homo oeconomicus*, nem a teoria econômica são inteiramente desprovidos de valores éticos. *Il va sans dire*, como diriam os franceses, que Adam Smith jamais imaginou um agente que apenas buscasse seu próprio interesse.

Na hipótese muito provável de Tibor Scitovsky,[1] os agentes econômicos imaginados por Adam Smith eram, como ele próprio, cavalheiros ingleses do século XVIII, que jamais se envolveriam em uma troca sem o respeito mais

---

1 Tibor Scitovsky (1910-2002), economista americano nascido na Hungria, conhecido por seus trabalhos que relacionam felicidade e consumo.

absoluto aos seus padrões éticos. Eles procurariam o seu interesse dentro das limitações impostas pela honra e pela decência.

A teoria econômica moderna, mesmo na sua versão mais abstrata, que usa topologia para demonstrar a existência do equilíbrio econômico, contrabandeia para dentro dos seus axiomas um valor ético fundamental que é a honestidade.

De fato, toda a teoria do equilíbrio se apoia na hipótese de que os agentes têm o mesmo grau de informação e são absolutamente honestos, uma vez que cada um deles sabe tudo sobre os bens e sobre os outros agentes. Quando as informações são assimetricamente distribuídas, o mercado funciona mal e degenera. Na ausência da universalidade de informação para todos os agentes (isto é, de honestidade), não há sequer sentido em falar-se no "equilíbrio".

Esse fato é facilmente visível, por exemplo, na teoria das finanças. Desde Adam Smith, ela foi transformada em uma teoria sutil e sofisticada, que pode ser destruída por um único agente desonesto. A existência de um único miserável sonegador põe por terra toda a gentil, mas assustadora, teoria!

O *Homo oeconomicus* tem dificuldades é de conviver com o altruísmo. Mas, por definição, ele é absolutamente honesto.

20.10.1993

Gossen e a utopia

Na Revolução Francesa elegeu-se, por sufrágio quase universal, uma assembleia constituinte chamada de Convenção Nacional, que acabou entre 1793 e 1794 organizando o Terror. Durante esse período foram executadas, sem processo, mais de 17 mil pessoas e assassinadas outras 25 mil só porque eram quem eram... A política econômica do período mostra como pode ir longe o voluntarismo alimentado pela combinação monstruosa da ignorância com o poder absoluto.

O grande De Tocqueville[1] nunca se cansou de dizer que a Convenção, que tanto mal fez aos seus contemporâneos pela sua fúria insensata, deixou a herança trágica do seu exemplo. "Ela criou a política do impossível. Transformou a loucura numa teoria e a audácia cega em um culto."

O exemplo da Revolução Soviética mostra claramente de que é capaz a "política do impossível". A loucura e audácia cega de Stálin multiplicou por mil os assassinatos da Revolução Francesa! Pelas mais conservadoras estimativas, ele liquidou 25 milhões de pessoas para construir o *Homo sovieticus*. A Revolução Cubana é outro exemplo da "política do impossível", na sua tentativa de organizar uma economia complexa na base de apelos morais.

Não é pecado ser "utopista". Não é pecado desejar uma sociedade onde os homens possam realizar-se plenamente. O "pecado" é tentar impor à força tal sociedade, sem saber se ela é possível. Sem saber se ela não é "U-Topia"!

Quando Marx chamava sarcasticamente de "utopistas" os que queriam escrutinizar como seria a nova sociedade, ele implicitamente supunha que ela resultaria de uma evolução e que, portanto, funcionaria. Sem saber como

---

[1] Alexis-Charles-Henri Clérel (1805-1859), visconde de Tocqueville, pensador político e historiador francês conhecido por suas análises da Revolução Francesa e da democracia americana.

operaria uma sociedade sem mercado e sem propriedade privada, ele propôs um teorema de existência que nunca foi demonstrado. Essa sociedade existe e funciona, garantiu ele. Mas de onde vinha tal segurança?

Um economista alemão, Hermann Heinrich Gossen, publicou em 1854 um livro – *Desenvolvimento das leis do comportamento humano* – que permaneceu esquecido por muitos anos, no qual, à página 231, afirma, com base na sua antecipação do marginalismo, "que apenas com o estabelecimento da propriedade privada se encontra a medida para a determinação da quantidade mais oportuna que se deve produzir de qualquer mercadoria, de acordo com dadas circunstâncias". E conclui profeticamente "que a autoridade central imaginada pelos comunistas para a alocação do trabalho e sua remuneração compreenderá rapidamente [em 1854!] que tem um problema cuja solução supera as forças de qualquer indivíduo".

Não se trata de uma frase perdida no texto, mas de todo um capítulo (com um estranho caráter de ingênua atualidade) em que se mostra a importância da propriedade privada e do mercado. E isso cinco anos antes de Marx ter publicado a sua *Contribuição à crítica da economia política*!

Mais de um século antes do debate de Von Mises nos anos 1920, os economistas desconfiavam da "política do impossível". Terá o Brasil aprendido a lição? A leitura das entrevistas recentes de alguns "assessores" do Partido dos Trabalhadores parece negar essa hipótese. Santo Karl, tenha piedade de nós!

19.1.1994

Tablitas

Os verdadeiros desastres do Plano Cruzado produziram uma predisposição das pessoas contra medidas que, em programas de estabilização bem-sucedidos, são fundamentais para a redução das injustiças criadas pelas rápidas variações do valor da moeda nas quais são estabelecidos os contratos.

A ideia de que é uma questão moral instituir uma escala de depreciação do valor da moeda nos contratos fixados nominalmente apavora os agentes. Isso se deve não ao conceito, mas à forma desastrada em que foi posta em prática. O exemplo mais antigo de tablita se encontra na Grécia de Sólon (século VI a.C.). Diante dos devedores tornados insolváveis pela acumulação de juros espantosos (há 2.500 anos...), Sólon determinou que as dívidas se saldassem com um terço de abatimento. A "mina", que valia 75 dracmas, deveria ser recebida, na liquidação dos débitos, pelo valor de 100.

A denominação *tablita* sugere logo as trapalhadas que até há pouco tempo se atribuíam, injustamente, às decisões de latino-americanos genericamente chamados pelo nome do conhecido inseto ortóptero, noturno e corredor... Infelizmente, o Brasil é o último país a ajustar-se, graças às tolices da Nova República, do Brasil Novo e à tragédia do Brasil Novíssimo. *Cucarachas* somos nós!

Como se anuncia que não corremos no momento nenhum risco de utilização de tablitas, talvez seja interessante dizer que elas foram aplicadas muitas vezes.

Há mais de dois séculos, elas foram usadas na única revolução digna desse nome, pois terminou em uma república estável, democrática e próspera. Na Revolução Americana (1775-83), as Treze Colônias, que haviam transformado em moeda de curso forçado os *Continental Bills*, assistiram a uma inflação extraordinária, graças à sua emissão descontrolada. A introdução do *silver dollar* exigia a conversão da moeda de curso forçado que se havia depreciado quase 40 vezes em apenas 24 meses (taxa de inflação média de 17% ao mês).

O Congresso Continental decidiu, então, que a dívida pública seria paga de acordo com o valor real da moeda no momento em que ela fora contraída, na forma de uma tabela diária de conversão que se iniciava em 1º de março de 1780, com a relação de 40 para 1. Os estados e os contratos privados foram também ajustados pela mesma tabela de depreciação.

Os EUA em 1780 respeitaram os credores e terminaram como uma república bem-sucedida. A estabilização alemã de 1923 não os respeitou e terminou no nazismo! Mera coincidência?

Quem sugeriu a ideia de que era preciso uma tabela de depreciação para converter a moeda e os débitos foi Pelatiah Webster (1726-1795), um comerciante de Filadélfia que teve grande influência na Constituição Americana, graças a um livro publicado em 1783.

Na Revolução Francesa, a que produziu a República, o Terror e terminou em Napoleão e em uma guerra europeia, a ideia foi copiada na remissão dos *assignats* em 1797. O mesmo aconteceu na Áustria em 1813, que, sob a inspiração de Sismondi, copiou o modelo francês. Sismondi, quem diria, aquele mesmo que Marx chamou de precursor do "socialismo pequeno-burguês"!

16.2.1994

Moeda e plano

Ao longo dos séculos, os economistas têm se divertido sofisticando as suas explicações do processo inflacionário. Alguns tornaram-se famosos e fizeram o seu nome na profissão tricotando infinitamente a ideia de que existe uma relação entre a quantidade de moeda e o nível geral de preços.

Há evidência de que, já na China do século V antes de Cristo, esta era reconhecida e que a compreensão de que era conveniente manter estável o nível geral de preços já existia. Jia Yi, um discípulo de Confúcio, diz que o governo deve acumular cobre (a moeda da época) para controlar o valor da moeda. Quando o seu valor é baixo – ele diz –, o governo deve, "por algum meio", reduzir a sua quantidade. Quando é alto, ele deve "por algum meio" aumentá-la, para que os preços das mercadorias sejam igualados.

A sugestão reaparece claramente em Julius Paulus (um jurisconsulto romano), que afirma que o material cunhado pelo Estado (a moeda) tem poder liberatório e é reserva de valor, não em função de sua "substância" (ouro, prata, cobre...), mas em função de sua quantidade.

Quem formulou um pouco melhor a relação entre a quantidade de moeda e o nível geral de preços (a chamada teoria quantitativa da moeda) foi o economista italiano Bernardo Davanzati, na sua *Lezione delle monete*, publicada em 1588, mas suas ideias são ainda confusas e vagas.

A influência da quantidade de moeda (e não da sua "substância") sobre o nível geral de preços encontra a sua expressão mais cuidadosa na obra de John Locke, no século XVII, que a intuiu por via puramente lógica, em um regime de moeda metálica pura. E encontra a sua expressão acabada nos *Political Discourses*, publicados em 1752 por David Hume, um grande amigo de Adam Smith.

Desde sempre, portanto, os economistas suspeitaram de uma relação entre as variações do nível geral de preços e as variações da quantidade de moeda à disposição da população. Em um curioso trabalho publicado no final de 1993 por Georgios Karras é possível apreciar com clareza essa relação.

Ele tomou as estatísticas de 32 países que registraram entre 1958 e 1987 taxas de inflação inferiores a 20% e calculou a média das taxas de crescimento da moeda, dos preços e do produto interno daqueles países em três décadas. Os resultados estão sintetizados abaixo (com o arredondamento convencional):

TAXAS DE CRESCIMENTO ANUAL (EM %)			
Década	Moeda	Preços	Produto
1960	9	4	5
1970	15	10	5
1980-87	13	11	2

Fonte: *Weltwirtschaftliches Archiv*, n. 4, 1993.

É isso aí: quanto maior o crescimento da moeda com relação ao produto, maior a inflação. A média da amostra de 896 observações (28 anos, 32 países), com os mais variados regimes monetários, mostra a relação estreita entre os aumentos dos preços e o controle da oferta da moeda, uma vez deduzido o crescimento do produto.

É por isso que o plano de estabilização só será "plano" quando definir o regime de criação e controle da oferta do real, pouco importando a sua "substância", isto é, o seu "lastro".

20.4.1994

Lula jurista

Quando o sr. Luiz Inácio da Silva, o nosso popular "Lula", afirmou que, entre o que ele considera "justo" e o que diz a lei, ele fica com o primeiro, colocou uma questão filosófica cuja importância e profundidade não podem ser ignoradas. Meus precários conhecimentos levam-me a intuir que deve existir uma extensa literatura jurídica sobre o problema rudemente colocado pelo candidato à Presidência da República. Não se trata, certamente, de uma questão trivial.

Afinal de contas, o que disse ele? Apenas que não existe nenhuma obrigação moral de se cumprir uma lei, se ela não for considerada "justa" pelo próprio agente. Mas não é exatamente isso o que dizem, sem causar desmaios, os juízes do famoso "direito alternativo"?

O problema nos remete a questionar qual a importância do sistema legal. Por que ele existe? Por que deve ser respeitado? Há mesmo uma obrigação moral de se cumprir a lei?

Com meu viés de velho economista, suspeito que não deverei andar em má companhia jurídica se sugerir que a principal função de um sistema legal é facilitar a coordenação entre grupos diferentes e interesses diferentes, que vivem dentro de qualquer sociedade. Em outras palavras, o sistema legal permite que cada grupo tenha suas próprias normas convencionais internas, mas que, nas relações entre si, cada um saiba exatamente o limite do que ele e os outros podem fazer. Os sistemas legais (não existe um "único" nem um "ótimo") permitem que funcionem as sociedades situadas entre os dois extremos do espectro organizacional: o Leviatã e a selva.

O papel do sistema legal é ser reconhecido de antemão por todas as partes envolvidas. E é exatamente por isso que ele é o mecanismo de coordenação que torna a vida menos arriscada e dá funcionalidade à convivência social. Ele restringe o uso do poder. Dentro dele, todo poder é limitado, mesmo o da maioria, e ninguém pode ser juiz em causa própria. É evidente que o sistema legal pode ser alterado, porque ele existe para facilitar a convivência dos homens. Mas a lei, como lei, tem que ser obedecida como uma obrigação moral, sem o que ela perde a sua função coordenadora. E sem essa coordenação não pode haver liberdade individual.

Quando olhamos as consequências no campo das atividades produtivas da visão voluntarista de obediência à lei, pressentimos os seus inconvenientes. É precisamente a obediência à lei que garante também o papel coordenador do mercado. Esse papel, que até recentemente foi subestimado por aqueles que insistem em se rotular de "esquerda", produz a flexibilidade da economia de mercado e sua capacidade de adaptação a novas condições. Elas derivam, fundamentalmente, da descentralização do poder garantida pela obrigação moral de cumprir a lei.

Os voluntarismos legal e econômico são apenas duas das faces do espírito totalitário que se esconde na "democracia popular". Nada de novo, portanto...

A tragédia é que "as sociedades politicamente abertas, que respeitam as regras da lei e a propriedade privada e usam o mercado para alocar seus recursos, crescem a uma taxa três vezes maior e são duas vezes e meia mais eficientes do que as sociedades onde essas regras são restritas".[1]

1º.6.1994

---

1 Scully, G. W. *Journal of Political Economy*, pp. 652-62, 1988.

Amnésia messiânica

O ex-quase certo presidente do Brasil, o sr. Luiz Inácio Lula da Silva, perturbou-se com os primeiros resultados do início da campanha eleitoral. Em Jaú, saiu-se com esta joia: "A propaganda do real faz lembrar os tempos do general Médici.[1] Naquela época, a propaganda era 'Brasil: ame-o ou deixe-o!'. Tudo parecia ótimo na TV, enquanto o povo passava fome".

O problema do Lula é que ele, como o Fernando Henrique,[2] parece ter problemas de memória. O Fernando Henrique disse: "Esqueçam tudo o que escrevi". E fez bem! Agora diz que não disse... O Lula, em um videoteipe (que está à disposição do PT), disse que a única vez que conseguiu comprar um carro novo foi nos anos 1970.

Só há duas explicações possíveis: ou o Lula já não era "povo" em 1970, ou ele também foi atacado de amnésia.

Parece que a conjunção astral (Bisol mais real) na casa de julho foi demais para a superficial coerência do discurso do candidato. A campanha apenas começou. É agora que todos vão ter que mostrar a que vieram. O programa eleitoral gratuito será o mais democrático possível. Nada de arranjos, nada de canastrões bem-falantes ou de belezas duvidosas, nada de efeitos especiais que escondiam o candidato. Cada um sozinho, diante da multidão anônima e indiferenciada. Com rara exceção vamos vê-los assustados diante do "teleponto", lendo com os olhos fixos e estanhados receitas de papinhas para crianças, pré-mastigadas pelas mandíbulas de "marqueteiros".

---

1 Emílio Garrastazu Médici (1905-1985), presidente militar do Brasil entre 1969 e 1974. Em seu governo, o país viveu o chamado "milagre brasileiro", com forte crescimento econômico.
2 Fernando Henrique Cardoso (1931), também conhecido como FHC, foi presidente do Brasil entre 1995 (ao derrotar Lula no ano anterior) e 2003.

Cada bobagem, cada ingenuidade, cada escorregadela, cada mistificação, cada slogan que disfarça a falta de pensamento, cada mentira escondida na falta de memória lhes serão cobrados em votos pelo "povo".

Se o PT e o Lula quiserem mesmo disputar esta eleição, vão ter que entender, em primeiro lugar, onde estão a força e a fraqueza do Plano Real. Mas a crítica consistente ao plano lhes é negada porque eles (como aliás o Fernando Henrique) não contribuíram em nada para a construção dos "fundamentais". O PT ainda mais ostensivamente, porque fingiu não entender o papel da reforma constitucional.

Em segundo lugar, vão ter que entender o drama do "problema Bisol". Sem nenhum julgamento de valor sobre a pessoa do senador, a verdade é que a indecisão do PT criou-lhe um dilema. Tendo defendido (supomos por bons motivos) que o senador era vítima de uma campanha caluniosa dos adversários, obrigá-lo agora a deixar o cargo significa juntar a calúnia (que de boa-fé pode rejeitar-se) à injustiça (sobre a qual não restará dúvida).

O messianismo da campanha do Lula ("O vermelho do PT é o sangue de Cristo") encontrou eco no desespero, na aflição e no sentimento de impotência dos mais pobres. O resto é defesa do corporativismo estatal e dos sindicatos fortes dos setores oligopolizados. O problema é que não há nada mais antagônico aos interesses do primeiro grupo do que os interesses do segundo, como ficará claro nos programas de TV.

Chegou a hora da verdade!

27.7.1994

PT-lulismo

Há apenas oito semanas, um espectro obcecava o Brasil. Era o espectro do PT-lulismo! Para expô-lo à luz do dia não se juntaram em uma caça santa o papa, o czar, Metternich e Guizot, os radicais franceses e os policiais alemães. Apenas o povo, mobilizado pelo real!

O PT demonstrou que conhece o proletariado da mesma forma que o velho mestre: pela literatura. Foi incapaz de entender onde residiam a força e a fraqueza do programa. A sua maior fraqueza é a do "tempo".

Ele (como foi dito na ocasião) deveria ter sido implementado em julho ou agosto de 1993 para aproveitar a revisão constitucional nos termos do artigo 3º das Disposições Transitórias da Constituição. Mas isso não pôde ser explorado pelo PT. O governo e os partidos que o apoiam fingiam que queriam a reforma, mas o PT lutou abertamente contra ela.

Como é evidente, a reforma da Constituição implica transferência de poder e de renda e, frequentemente, dos dois.

Se o governo e os partidos que o apoiam tivessem se engajado na reforma, teriam desagradado múltiplos e variados grupos cujo poder vocal certamente ultrapassaria os silenciosos beneficiados. Logo, calcular cuidadosamente o momento da reforma monetária era preciso.

O que o PT não entendeu é que esse inequívoco oportunismo eleitoral não fala necessariamente contra o programa, pois são coisas distintas.

Pode-se lamentar (e cremos que se deva) a oportunidade perdida, mas não se pode imaginar que ela polui o programa.

Ele é bem feito para atingir alguns objetivos: eliminar a inflação inercial e reganhar o controle da oferta monetária.

A implementação do programa e seus suportes psicológicos (a transfusão monetária, o real "verde", a farsa de que ele vale mais do que o dólar etc.)

devem muito à figura do ministro Ricupero[1] e ao seu carisma beneditino, que alia a piedade ao trabalho duro.

Quando ele diz que até agora foi feito apenas o "início do começo do princípio", ganha credibilidade. Não tenta enganar a sociedade e a adverte sobre os riscos que cercam o real, se as mudanças institucionais requeridas não forem feitas.

O real é um empréstimo-ponte para a Presidência. Seu prazo de carência deve ser suficiente para criar as verdadeiras condições de sustentabilidade da estabilidade monetária.

Seu objetivo é extremamente modesto e é por isso que não se pode exigir que ele resolva o problema do salário mínimo, do salário real, da distribuição de renda, do desenvolvimento econômico, da educação, da saúde e assim por diante...

A inflação verdadeira, a que se media no tempo da moeda indexada pela diferença entre duas URVs,[2] está aí inteira, nos esperando na esquina se soltarmos a âncora salarial.

E é um sonho pensar que poderá ser controlada apenas pela política monetária, a não ser com custo social abusivo. Muito em breve o período de carência do real estará vencido e as aspirações da sociedade por outros valores (além da estabilidade) emergirão com força insuspeitada.

Exatamente como se verifica agora no terremoto da inversão das preferências do povo pelos candidatos à Presidência.

24.8.1994

---

1 Rubens Ricupero (1937), ministro da Fazenda entre março e setembro de 1994, durante a implantação do Plano Real.
2 Unidade Real de Valor, índice que procurou refletir a variação do poder de compra e que serviu como base para o lançamento do real como nova moeda em julho de 1994.

FHC: fortuna e ousadia

O velho Francis Bacon, conhecido por seu extravagante indutivismo, afirmou, em um momento de transigência, que "Deus proíbe que tomemos os sonhos de nossa imaginação como a realidade do mundo". Mas é isso o que fazem, permanentemente, os utopistas de todos os matizes.

Na Revolução Francesa e na Revolução Soviética, os seus líderes propuseram, cada um a seu tempo, a política do impossível a que se referiu De Tocqueville.

Apesar do duvidoso hegelianismo de que veio revestida, cremos que é à política do possível, como contraposição à do impossível, que se referiu nosso presidente no improviso com que encerrou o "histórico" encontro de intelectuais no Itamaraty. Mas para que não se realize a lei da historiografia hegeliana ("os eventos históricos tornam em seu contrário as intenções de seus atores") é preciso que o ator desvende o segredo da história...

Hegel à parte, seria um erro imaginar que a política do possível é a política da transigência, da acomodação ou da covardia. Fernando Henrique aprendeu no Ministério da Fazenda uma lição inesquecível: a fortuna favorece os ousados.

Com sua retórica sutil, voz branda e doce, interditou um presidente mercurial, ingênuo e honesto. Na ausência de qualquer controle político (o Executivo domado e o Legislativo desmoralizado), tomou todos os riscos. Impôs um plano de estabilização em um momento em que praticamente todos previam que era "impossível" obter sucesso. É presidente do Brasil porque intuiu o que era mais importante no imaginário popular e ousou tentar realizá-lo.

O novo presidente precisa continuar tomando riscos exatamente para levar ao paroxismo a política do possível. Enxugar o Estado, desregulamentar, privatizar, enfrentar os monopólios politicamente construídos e, principalmente, garantir a competição. Em poucas palavras, reduzir o imenso poder da burocracia sugerindo a todos um saudável grau de convivência competitiva. A cidadania não é produto do paternalismo e do corporativismo, mas da competição e da organização dos que virão a ser cidadãos.

A história recente mostra que é um equívoco a acomodação com as mudanças necessárias. Elas devem ser enfrentadas a um só tempo. Não existe nada mais claro do que os resultados obtidos pelos vários fragmentos do antigo império soviético. Só os que ousaram as grandes reformas estão consolidando a economia de mercado, crescendo e fortalecendo suas moedas e a democracia.

Vá em frente, presidente. Faça as reformas, garanta a competição e construa uma rede de segurança para atender aos que têm necessidades. Libere a energia dos brasileiros. Só assim voltaremos a crescer como fizemos nos primeiros oitenta anos deste século.

4.1.1995

Feijoada e câmbio

As pessoas que não têm preocupação profissional com os assuntos econômicos têm grande dificuldade de entender por que os economistas discutem ferozmente sobre a política econômica. O leitor atento e sensível deve ter percebido que as discussões não se travam "entre" os economistas, mas de cada um com o "público", tentando convencê-lo da validade de suas posições.

A economia política não é uma ciência pura, como a física ou a química, em que a maior parte das disputas podem, em geral, ser resolvidas com um experimento crítico. Nela, a retórica é um instrumento de convencimento e suporte da política econômica.

É por isso que a analogia é um poderoso argumento. Por exemplo, a proposição: "A taxa de câmbio é como o preço do feijão, sobe ou desce de acordo com a oferta e a procura", convenceu 100% dos banqueiros, que ganharam centenas de milhões de dólares sem produzir um "pirulito". Em compensação, não convenceu os exportadores, que perderam os mesmos dólares produzindo sapatos, máquinas etc.

É tão arraigada a concepção de que a "oferta" e a "procura" produzem o preço "justo" que basta mencioná-la para tornar o resultado aceitável.

Tudo se passa como se "oferta" e "procura" fossem construções divinas. Algum deus revoltado (por que não Mercúrio?) roubou dos céus a "oferta" e a "procura" e as entregou aos homens para que resolvessem com justiça os problemas de produção e distribuição dos bens necessários à vida em sociedade.

O interessante é que a analogia faz algum sentido e por isso convence. Mas o mais interessante é o que ela esconde. "Oferta" e "procura" não são coisas feitas, encontradas na natureza. São produto da obra humana! São produto da manipulação das conveniências de produtores e consumidores. Se a oferta de feijão supera a demanda de feijão em um período de tempo, o ajuste se faz pela queda dos preços.

Mas o que aconteceria se a oferta de feijão dependesse de outra variável que não o seu preço fixado pelo mercado, por exemplo, se dependesse da colocação de estoques pelo governo? O "preço" seria outro, e outra seria a dinâmica do ajuste. Aqui haveria dúvida sobre a "justiça" dos preços, porque todos veem a oferta arbitrariamente manipulada.

Ora, no caso do câmbio nominal é exatamente isso o que ocorre. A "oferta" depende das transações comerciais, mas depende, também, das operações financeiras comandadas pelos diferenciais de taxa de juro interna e externa. A "oferta" é manipulada por quem controla a taxa de juro.

Mas há uma pequena diferença entre o preço do feijão e a taxa de câmbio real. Ela certamente não produz feijoada, mas é um dos instrumentos importantes do equilíbrio interno e externo da economia. A taxa de câmbio real é, no fundo, o produto dos "fundamentais": o equilíbrio interno (pleno uso da capacidade instalada) e o equilíbrio externo (equilíbrio desejado em conta-corrente).

8.3.1995

Orwell e o câmbio

Um Rip van Winkle[1] brasiliense, que tivesse sido posto a dormir pelo inebriante elixir retórico de algum *nouvel économiste* a 1º de julho do ano passado e que, desavisadamente, acordasse às margens do Paranoá na semana passada, teria a impressão de que um túnel do tempo o transportara de volta ao futuro.

Assistiria, surpreso e assustado, a uma terrível metamorfose.

O mundo mudou, gritam espavoridos à beira do grande lago os portadores da modernidade.

É tempo de reconstruir o mundo velho! Mas é preciso cuidado. Temos de fazê-lo mostrando que agora o moderno é o velho.

"O novo é o velho", repete incessantemente o Grande Irmão, agora instalado em Brasília, a nova capital da Oceania que, como no 1984 de Orwell, divide com a Eurásia e a Lestásia o controle do mundo.

Quando ligar a televisão, vai ver um representante do mesmo governo que reduziu irresponsavelmente as tarifas alfandegárias e sobrevalorizou o câmbio explicando que o seu aumento não tem nenhuma importância.

Setenta por cento de tarifa é a abertura! Ela punirá só aqueles que ainda não entregaram o seu coração e a sua alma ao Grande Irmão e que, portanto, não estão prontos para morrer.

Afinal, por que resistem em entender que "a paz é a guerra", que "a liberdade é a escravidão", que "a fechadura é a abertura"?

Atiramos pelas costas, mas foi em legítima defesa, confessa o Ministério da Verdade.

Nada mais podíamos fazer. Aconteceu. Somos vítimas. Não tivemos a menor responsabilidade. Pelo contrário.

---

[1] Personagem de um conto de Washington Irving (1783-1859) que dorme vinte anos. Após despertar, não se dá conta de que os Estados Unidos já tinham deixado de ser colônia inglesa.

Alertamos os exportadores de que eles tinham de conformar-se com o câmbio congelado. A sua falta de patriotismo e suas dúvidas sobre nossas excelsas virtudes os levaram a um comportamento irracional!

Onde é que já se viu deixar de exportar só porque têm prejuízo? Esqueceram-se cedo de que lhes demos a oportunidade de livrarem-se do "sapo barbudo"! São uns ingratos!

E os importadores? Estes mereceriam ser recolhidos a um campo de reeducação (ah, a educação que é tão importante)! Fizeram tudo errado. Aferraram-se ao lucro fácil. Corromperam o povo simples e honesto induzindo-o ao consumo.

Como disse Michel Sapin, o ministro das Finanças da França: "Durante a Revolução Francesa, tais pessoas seriam conhecidas como *agioteurs* e guilhotinados".

Cuidem-se todos. O Ministério da Verdade está de olho! Quem não acreditar que a taxa de câmbio real está em equilíbrio com a atual taxa nominal – a despeito de: 1) a inflação interna ser dez vezes maior do que a externa civilizada; 2) a taxa de juro interna ser dez vezes maior do que a externa civilizada, e 3) termos de reduzir o ritmo de crescimento econômico abaixo da taxa de longo prazo – vai ter de responder por crime de responsabilidade.

O melhor é aceitar logo que "o desequilíbrio é o equilíbrio"! O problema é convencer os investidores estrangeiros da validade dessa proposição em 1995.

5.4.1995

Política monetária perversa

Para facilitar o entendimento do processo econômico, os economistas lançam mão de simplificações. É comum, por exemplo, considerarem-se todas as empresas privadas como sendo uma espécie de conglomerado gigante e todas as famílias com as mesmas necessidades e preferências. Do ponto de vista metodológico isso simplifica dramaticamente a análise e torna possível a apreensão das reações desses entes abstratos aos estímulos produzidos na economia.

O interessante é que, com algumas hipóteses de comportamento (as empresas procuram maximizar seus lucros, e as famílias, o seu nível de bem-estar), podem-se deduzir algumas proposições empiricamente testáveis. Elas mostram, por exemplo, que, a despeito da dramática simplificação, pode-se saber em que direção (não em que magnitude) reagirão as empresas a um aumento de salário real ou o consumo das famílias a uma variação dos preços relativos.

Como é claro, uma tal economia de informação produz também magros resultados. Assim, por exemplo, ela esconde a discriminação que se estabelece entre as grandes, as pequenas e as médias empresas, em resposta a uma errática política monetária.

O canal de transmissão da política monetária é simples: o Banco Central reduz as reservas do sistema bancário vendendo títulos ao público e, assim, reduz a oferta monetária. Se os bancos não tiverem reservas excedentes, isso os leva a reduzir os empréstimos bancários. Como a demanda de moeda continua a mesma, as taxas de juros sobem até que, de novo, oferta e procura sejam iguais. Essa elevação da taxa de juro produz uma redução do nível de dispêndio na economia: os investimentos das empresas são postergados, e as famílias reduzem suas compras de bens duráveis.

O problema é que o efeito da restrição de crédito não é o mesmo para cada uma das empresas. As empresas grandes multinacionais e nacionais têm outros canais para obtenção do crédito a juro de mercado e, por terem maior tradição e garantias, continuam a ter suprimento bancário, interno ou externo, ainda que a juro mais alto. As pequenas e médias empresas sofrem outra consequência. Os bancos, percebendo que a taxa de juro de mercado vai subir e que ao mesmo tempo haverá uma redução da demanda global, preveem que a margem de lucro dessas empresas será reduzida e, porque seus clientes sofrerão por igual, elas provavelmente terão menos capacidade para saldar seus compromissos.

Inicia-se um ciclo perverso. Os bancos tornam-se muito mais exigentes na seleção dos empréstimos e, para cobrir os riscos adicionais, aumentam a taxa de juro, o que aumenta ainda mais o risco de inadimplência de firmas que eram saudáveis economicamente e hígidas financeiramente. Aos poucos a seleção bancária torna-se tão forte e a taxa de juro dos empréstimos tão alta que se desenvolve um sistema paralelo de crédito. Essa desintermediação financeira aumenta a ineficiência da economia. No limite, a sociedade tenta defender-se criando novas formas de moeda (como o cheque pré-datado). Desarticula-se o sistema produtivo e destrói-se o estoque de iniciativa de inventividade e talento latente nas pequenas e médias empresas. Esse é o resultado que colhe o economista que ignora os fundamentos de sua própria teoria.

2.8.1995

Regimes cambiais

O dilema da escolha do sistema cambial resume-se no seguinte: ou a autoridade monetária fixa o crescimento da oferta de moeda e deixa o câmbio estabelecer-se livremente no mercado, ou a autoridade monetária fixa o valor nominal da taxa de câmbio e controla o crescimento da oferta de moeda de maneira a convalidar aquela paridade.

Cada uma dessas escolhas tem consequências diferentes, mas não existe uma escolha "ótima". Se a economia tem taxas de inflação e juro equivalentes às dos seus parceiros comerciais, se sua produtividade cresce à mesma taxa que a deles, se há equilíbrio intertemporal do orçamento e se o resultado do balanço em conta-corrente é consistente no longo prazo, os dois regimes produzem resultados semelhantes: uma taxa de câmbio estável ou flutuando aleatoriamente em torno do nível que corresponde ao equilíbrio interno e externo.

O ponto importante a compreender é que no momento da partida, isto é, no momento em que se estabelece qualquer um dos sistemas, o balanço em conta-corrente tem de estar em equilíbrio sustentável. Se houver um superávit ocasional, ele deve ser absorvido dentro das condições impostas pelo controle da oferta de moeda, quer por um aumento da dívida interna, quer por um superávit fiscal. Se houver um déficit ocasional, ele pode ser financiado ou pela entrada na conta de capital ou pela utilização de reservas.

O equilíbrio sustentável do balanço em conta-corrente pode, obviamente, envolver um déficit financiado pela entrada permanente de investimentos diretos no setor privado ou público, desde que eles tenham taxa de retorno superior à taxa de juro internacional. Nesse caso, o déficit é produzido por um desequilíbrio entre a capacidade de poupar da economia e a sua disposição de investir. A movimentação dos capitais eleva, assim, o nível de bem-estar do país recipiente do capital (que tem taxa de retorno maior) sem reduzir ou até melhorando o bem-estar do país cedente. Nesse caso estamos diante de uma espécie de círculo virtuoso: o déficit em conta-corrente, portanto, é financiado por investimentos externos que aumentam a produção e a capacidade de exportação. O déficit em conta-corrente não é bom ou mau em si mesmo. Ele tem de ser julgado pela sua origem e por seu financiamento.

Quando os fundamentais estão corretos, o sistema cambial de "bandas" pode combinar algumas das vantagens dos dois sistemas. Por sua flexibilidade ele permite a mais fácil absorção de choques reais reversíveis e por sua visibilidade ele informa com antecipação o descolamento dos fundamentais e sugere correções da política econômica.

É importante compreender que, no longo prazo, a estabilidade é obtida internamente por uma política econômica coerente e não pela fixação do câmbio. Ainda que útil no curto prazo como instrumento de controle de preços, a taxa nominal de câmbio estável é consequência e não causa da estabilização.

16.8.1995

Desemprego

É preocupante a complacência com a qual um grande número de economistas encara o problema do desemprego.

Essa atitude laxista não pode levar à construção de uma sociedade civilizada. Até quando se pode admitir que ex-quase-cidadãos se conformem com o fato de que devem aceitar o seu desemprego e o seu sofrimento, como consequência de uma exigência "científica"?

Até quando esperarão pelo "pleno emprego" prometido pelo equilíbrio do mercado neo e novo clássico? Até quando a sua paciência suportará a ideia que estão desempregados porque ainda não "cabem" na sociedade tecnológica "moderna"?

Desde a Idade Média o pensamento econômico tem se dividido entre duas visões antagônicas com relação ao emprego.

De um lado, uma visão mais liberal, que ataca o monopólio construído para controlar a entrada dos trabalhadores no mercado de trabalho (as corporações medievais, as exigências de sindicalização).

Essa visão exige o direito de trabalhar, isto é, a eliminação de todas as barreiras que limitam a oferta individual de trabalho.

A concepção subjacente é a de que, deixado a si mesmo, o mercado de trabalho tem uma dinâmica interna que o leva, automaticamente, a um estado de alto e estável nível de emprego.

A intervenção do Estado nesse caso só pode dificultar e atrasar o restabelecimento do equilíbrio rompido por qualquer choque real, como um avanço tecnológico.

De outro lado encontramos uma visão mais intervencionista, que sugere que o desemprego é produzido pela deficiência da demanda global e pela existência de imperfeições no mercado que, deixado a si mesmo, raramente produz um estado de alto e estável nível de emprego.

Essa visão exige o direito ao trabalho, o que se faz por uma intervenção ativa do Estado e pela construção de mecanismos de suporte temporário dos desempregados, como é o caso do seguro-desemprego.

Essas duas concepções antagônicas são ainda claramente perceptíveis na atualidade. De um lado vemos um bando de *nouveaux économistes* garantindo que todo desemprego é voluntário e que ele só existe porque as pessoas não se conformam em aceitar um menor salário real.

Com uma lógica tão torturada quanto a escolástica, garantem que estamos sempre no "equilíbrio" e que a crise de 1929, por exemplo, foi produzida por um enorme ataque de vagabundagem que infeccionou todo o proletariado mundial!

De outro, encontramos ainda alguns ingênuos que acreditam que apenas com uma "boa" intervenção estatal seria possível superar o problema.

Um problema simples não dura seis séculos. A sua solução (se é que ela existe) é mais complexa e exige, certamente, a construção de instituições mais adequadas do que as atuais.

Mas ela não virá nem do laxismo nem da simples esperança na ação do déspota esclarecido.

27.3.1996

Banco Central independente

Uma das características da teoria econômica hegemônica é que muitas de suas proposições "científicas" escondem o fato de que são derivadas de um mundo como os economistas gostariam que fosse e não do mundo como ele é.

Algumas delas são sujeitas ao controle empírico. Mas outras, como "a independência do Banco Central garante o controle da inflação", são de tal complexidade que não existe esperança de que possam ser comprovadas empiricamente.

O que se oferece como sugestão de prova para essa proposição? Nada mais do que uma correlação entre um indicador de independência do Banco Central (construído com critérios discutíveis) e a taxa de inflação do país correspondente.

Uma correlação entre duas variáveis não indica necessariamente causalidade, pois as duas podem ser produto de um terceiro fator. Por exemplo: países constitucionalmente bem organizados, cujas finanças públicas (déficits e dívidas) são sujeitas ao controle político, que impede a sua monetização, podem dar mais "independência" aos seus bancos centrais.

O que produz a inflação baixa não é a "independência", mas sim o fato de que as finanças públicas estão sob controle. É esse terceiro fator (país politicamente organizado) que produz a causalidade espúria entre "baixa inflação" e "Banco Central independente".

Se não pode ser comprovada empiricamente a tese, de onde vem, então, a prova? A "prova" não vem de nenhum lugar, mas sim de uma particular visão do mundo contrabandeada para dentro do corpo da "teoria econômica".

O Banco Central pode ser visto como composto de três departamentos: um faz o papel de emprestador de última instância e garante a segurança do sistema bancário; outro controla a qualidade dos riscos desse sistema bancário e o terceiro controla a oferta de moeda.

Os departamentos de controle dos riscos bancários e o de garantidor de sua segurança para o público têm funções puramente técnicas, que não devem ser sujeitas a nenhuma influência política.

Mas o que dizer do departamento que controla a oferta de moeda? Aqui as coisas são muito mais complicadas e a resposta depende, claramente, da visão do mundo de cada um.

A proposição da independência do Banco Central faz algum sentido: 1) se o cidadão acredita (tem que acreditar, porque não há prova) que existe uma relação precisa entre a oferta de moeda (supondo que se saiba o que é) e o nível de preços; 2) se acredita que a moeda não exerce nenhuma influência no longo prazo em nenhuma outra variável real, como o nível de atividade, emprego, distribuição de renda, taxa de câmbio real etc...

Se não for assim – e não é – e a manipulação da moeda produzir efeitos reais importantes sobre o nível de atividade e do emprego?

Como imaginar que a sociedade deva entregar a um bando de econocratas e banqueiros – não escolhidos por ela e irremovíveis – o poder de determinar de acordo com suas próprias preferências (quando não interesses) a taxa de inflação e o crescimento econômico?

10.4.1996

Soros, Keynes e o mercado

Li com o maior interesse a entrevista dada à revista *Veja* por George Soros, o "especulador-filósofo, financeiro e filantrópico". Suas observações extremamente pertinentes sobre o funcionamento do mercado foram feitas por alguém que o conhece e o manipula.

Ao contrário dos *nouveaux économistes* (alguns dos quais, aliás, são magníficos "especuladores-filósofos"), ele acredita que "a prosperidade do mundo de hoje se assenta sobre premissas falsas e é, portanto, muito precária". E acrescenta: "A falsidade a meu ver é a ideia, que impera no mundo, de que os mercados são perfeitos e, portanto, tendem ao equilíbrio. Estou convencido de que os mercados são imperfeitos e de que no futuro podem nos conduzir a um formidável colapso na economia do planeta. Nós vivemos constantemente no que chamo de desequilíbrio dinâmico. Ninguém quer reconhecer isso agora porque estamos nadando em prosperidade".

A percepção da verdade dessa proposição está tão arraigada em mim que concordo com ela quase intuitivamente.

Intrigou-me, entretanto, quais seriam as origens desse perverso pensamento que dificulta meu acerto de contas com a extravagante "modernidade" que a moderna teoria econômica hegemônica nos impõe.

Dando um pouco de trabalho à velha memória, encontrei a fonte.

Keynes, depondo no famoso Committee on Finance and Industry, em 21 de fevereiro de 1930, diz que "os economistas gastam a maior parte do seu tempo descrevendo e discutindo o que acontece nas posições de equilíbrio e sempre garantem que qualquer posição de desequilíbrio é transitória. Eu desejo estudar o que acontece durante o período de desequilíbrio, aqueles que duram o tempo suficiente para serem observados".

E ao longo de todo o depoimento ele insiste sobre os problemas de se considerar o "mercado" como perfeito.

Keynes fez a sua fortuna e a fortuna do King's College especulando. Por isso, como Soros, tinha um conhecimento profundo da psicologia dos mercados.

Soros sabe e Keynes soube que o "mito" da sua racionalidade é um perigo crescente.

A liberação descuidada dos mercados, submissão do processo produtivo aos interesses da especulação financeira, a acumulação de lucro pela simples arbitragem, dissolvem os valores da sociedade porque no mercado financeiro não há "mão invisível" que compatibilize o bem individual com o bem coletivo.

Keynes fazia restrição ao utilitarismo porque para ele "a teoria econômica é essencialmente uma ciência moral e não uma ciência natural".

Não existe nenhuma correspondência entre o valor dos papéis diariamente transacionados e a realidade produtiva.

É certo que esse mercado foi criado para facilitar a produção, mas é mais certo ainda que ele hoje é um Frankenstein pronto para queimar os seus criadores numa grande fogueira de papel. E Soros já sabe...

15.5.1996

Destruição destruidora

Joseph Alois Schumpeter (1883-1950) foi um grande economista e historiador da economia. Talvez tenha sido o último construtor de uma "grande visão" da evolução da organização social em cujo âmbito maturou o capitalismo.

O seu primeiro livro, publicado em 1912, chamou-se *Teoria do desenvolvimento: uma investigação sobre lucros, capital, crédito, juro e o ciclo econômico*. Trata-se de um livro muito interessante porque, partindo da representação estática de um sistema econômico que se autorreproduz, injeta nele um ingrediente – o empresário inovador – que modifica hábitos de consumo pela criação de novos produtos, que combina de forma diferente os fatores de produção, que abre novos mercados, que utiliza novos processos produtivos e que incorpora novas matérias-primas.

E com isso apropria-se dos lucros gerados pelo instante do monopólio inovador e que serão depois dissipados pelos que o imitarão.

Toda a concepção é dinâmica. Trata-se da "evolução" do sistema que se distingue do "crescimento", que seria uma repetição do mesmo sistema em maior escala. A "evolução" envolve o desenvolvimento de fenômenos qualitativamente diferentes. Ela é uma ruptura no sistema estático de equilíbrio, produzida pela intervenção do empresário-inovador que vislumbra uma possibilidade de lucro.

Esse animal especial, entretanto, não se move apenas em busca do lucro, mas também de poder, de prestígio social e da satisfação que provém da sua própria criação. Um ponto notável na teoria de Schumpeter é que o empresário-inovador socorre-se do crédito bancário, mobilizando recursos que darão lugar aos novos métodos produtivos e à ampliação da renda que gerará, por seu turno, a poupança.

A teoria explicita a evolução endógena (quase biológica) do sistema econômico. "Eu sentia fortemente", diz Schumpeter no prefácio à edição japonesa do seu livro, "como era errônea a representação estática da economia. Eu suspeitava da existência de uma energia no interior do próprio sistema econômico, capaz de destruir aquele equilíbrio." A semelhança dessa concepção com a de Marx é óbvia.

A esse processo de competição incessante e impiedosa, Schumpeter batizou no livro *Capitalismo, socialismo e democracia* (1942) de "criação destrutiva", porque os novos e dinâmicos inovadores constroem seu sucesso sobre os cadáveres dos antecessores.

O final melancólico dessa "grande visão" é o teorema de que o capitalismo não sobreviverá, porque a sua própria eficiência minará as instituições sociais que o protegem. Schumpeter sugeriu que o socialismo seria seu "herdeiro presuntivo", o que mostra a sua limitação antecipatória...

O fantástico é que tal ideia de uma "criação destrutiva" ou de uma "destruição criativa" seja agora invocada pelas autoridades econômicas para depor a favor da "destruição destruidora" que estão produzindo pelo câmbio valorizado e pela maior taxa de juro real do mundo!

26.6.1996

O grande vilão

Dois indicadores importantes para julgar as condições de estabilidade no longo prazo de uma economia são: 1) se os déficits públicos prospectivos que produzem o aumento da dívida interna caminham de forma a estabilizá-la com relação ao PIB, e 2) se os déficits em conta-corrente prospectivos que produzem o aumento da dívida externa caminham para estabilizá-la com relação ao PIB.

É claro que a hipótese implícita em tais condições é a de que a dívida interna e a dívida externa sejam absorvidas no portfólio dos credores dentro de condições normais de financiamento de prazo e juro.

Intuitivamente percebe-se que uma das condições necessárias para que tal aconteça é que a taxa de juro real da dívida seja menor do que a taxa de crescimento real do PIB.

Como sabemos que os investimentos internos só podem ser financiados ou pela poupança nacional (do setor privado mais do governo) ou pela poupança externa (déficit de conta-corrente) e que a taxa de investimento com relação ao PIB está ligada à taxa de crescimento do PIB, verificamos que as duas condições não são independentes.

De fato: 1) um déficit do governo só pode ser financiado pela apropriação da poupança interna e/ou da poupança externa, e 2) a soma do investimento com o déficit do governo é necessariamente igual à soma da poupança privada interna mais a poupança externa.

Com o nível de investimento e de poupança interna dados, fica evidente a ligação entre o déficit do governo e o déficit em conta-corrente.

Por outro lado, é claro que para acomodar uma dívida crescente no portfólio dos credores eles exigirão maior taxa de juros porque, sendo o portfólio finito, a acomodação se faz deslocando papéis de mesmo rendimento e menor risco.

Esse problema pode ser visto refletido no espelho: para que o déficit público não produza um aumento da demanda global (e, portanto, inflação ou déficit em conta-corrente) é preciso que seja cortada uma parte equivalente a ele da demanda do setor privado, ou seja, que se reduza o consumo e/ou o investimento, o que é em geral feito pela constrição do crédito e pelo aumento da taxa de juro.

A acumulação de déficits públicos aparece, assim, como o grande vilão da opereta: eles tornam cada vez menos crível a estabilização da economia.

No fundo, o que os agentes observam é se – mantidas as atuais condições da política econômica – eles podem aceitar como razoável a hipótese de que o valor presente da soma dos déficits do governo no futuro e o valor presente da soma dos déficits em conta-corrente futuros serão próximas de zero. Como é evidente, essa condição implica que em algum momento os déficits se transformarão em superávits.

Se isso não acontecer, eles sabem que mais cedo ou mais tarde os credores se recusarão a acrescentar ao seu portfolio os títulos da dívida. Ou ela será monetizada, causando uma inflação, ou ela não será financiada, causando uma crise cambial incapaz de ser controlada apenas com juros altos.

Vista objetivamente, desse ponto de vista, a atual política não é de molde a tranquilizar quem quer que seja.

27.11.1996

Desenvolvimento suspeito

Quando observamos a economia, vemos, de um lado, um imenso estoque de capital físico construído no passado graças à poupança da coletividade: máquinas operatrizes, usinas de energia, linhas de transmissão, sistema de comunicações, edifícios, silos, residências, tratores etc. O estado da tecnologia está cristalizado na idade de cada um desses equipamentos. De outro, vemos um imenso estoque de força de trabalho: são os indivíduos de carne e osso, homens e mulheres, com seu nível de educação, de saúde e distribuição etária, que os economistas chamam de capital humano.

Os empresários, antecipando uma demanda e procurando tirar dela o melhor proveito, juntam o estoque de capital à força de trabalho, dando início a uma espécie de reação química (capital + trabalho), cujo resultado final é a produção de uma miríade de bens e serviços desejados pela própria força de trabalho.

O desenvolvimento econômico, isto é, o crescimento da produtividade da mão de obra, se realiza na medida em que o próprio processo produtivo gera um excedente (recurso não consumido), que é investido no aumento do capital físico e no capital humano da sociedade. O segredo do progresso consiste em: 1) investir em novos equipamentos que cristalizem o avanço de tecnologia; 2) investir no capital humano para torná-lo apto a usar e criar novas tecnologias.

A grande pretensão da teoria econômica é explicar como cada cidadão, procurando o seu próprio interesse, dá lugar a uma espécie de "ordem espontânea", que se verifica na vida prática do processo produtivo. A ideia básica é a de que esse estranho encontro de tecnologia produtiva, de um lado, e preferência dos consumidores, de outro, dê lugar à criação de um sistema de preços que transmite a todos os agentes informações de como agir. Como cada agente quer maximizar a sua satisfação ou o seu lucro, o sistema de preços informa ao trabalhador qual salário ele pode obter e como pode distribuir seu tempo entre trabalho e lazer, e informa ao empresário quais os bens e em que quantidade deve produzi-los.

No passado recente, os economistas acreditavam que essa descrição romântica do mercado não correspondia plenamente à realidade. E que, de vez em quando, o mercado falhava na sua missão coordenadora. Era vez, então, da "mão visível" (o Estado) suprir as falhas da "mão invisível" (o sistema de preços). Era o tempo das políticas de desenvolvimento, das políticas industriais, dos estímulos à exportação e da substituição das importações, que produziram resultados apreciáveis enquanto o sistema econômico era relativamente fechado e o movimento internacional de capitais, restrito.

Tudo isso hoje é anatematizado: submetido o capitalismo produtivo aos interesses do capitalismo financeiro, o próprio desenvolvimento transformou-se no principal suspeito dos males da sociedade. Os economistas torturaram com tal sadismo a "mão visível", que a fizeram confessar que ela era apenas o lado mau da "mão invisível"...

19.2.1997

Fundamentais

Um atento leitor desta coluna chamou a minha atenção para o uso às vezes descuidado de algumas expressões que talvez – na sua acurada observação – tenham um significado preciso na linguagem misteriosa da tribo dos economistas, mas que nada informam ao não iniciado.

Desconfiado desse jogo retórico, ele pergunta se o "economês" não é apenas uma versão ligeiramente mais moderna das palavras mágicas inventadas pelos curandeiros tribais para espantar as doenças e produzir chuva...

Talvez haja um exagero nessa dúvida, mas o problema do leitor é claro e simples: "Por que diante de qualquer dificuldade vocês (os economistas) dizem que elas são causadas pelos 'fundamentais'?". "O mistério cresce", diz ele, "quando vejo essa palavra repetida em colunas e até em editoriais de jornais, invocada com claro significado mágico, porque é evidente que eles, como eu, têm uma ideia muito precária do que sejam 'os fundamentais'. Não seriam os 'fundamentais'", conclui o inteligente leitor, "apenas uma mistificação, uma palavra para designar o que desconhecemos?".

Certamente não é assim. Cada economista tem a sua lista dos "fundamentais".

Creio, entretanto, que quando se trata de saber quais os "fundamentais" que sustentam uma política macroeconômica sólida, capaz de conduzir a um crescimento sustentável, compatível com os fatores de produção disponíveis, praticamente todos incluem cinco condições: 1) uma taxa de inflação baixa (equivalente à de seus parceiros comerciais) e previsível; 2) uma taxa de juro real adequada; 3) uma política fiscal estável e sustentável, com um sistema tributário que não produz distorções; 4) uma taxa de câmbio real competitiva e previsível, e 5) uma balança de conta-corrente viável.

Essas proposições têm um forte suporte empírico. Dezenas de investigações independentes, envolvendo quase uma centena de países para os quais existem estatísticas relativamente confiáveis, aumentaram a nossa crença de que essas cinco condições são necessárias, ainda que não sejam suficientes, para a verificação de um processo de desenvolvimento robusto e sustentável. É àquelas condições que os economistas se referem como os "fundamentais".

Olhando para os fundamentais, vemos que o Brasil tem ainda um longo caminho a percorrer para transformar a estabilização dos preços em um verdadeiro sucesso capaz de sustentar o crescimento econômico nos níveis de 6% a 7% ao ano, o mínimo necessário para dar emprego à nossa força de trabalho.

Nossa taxa de inflação anual é um êxito, mas é ainda o dobro da de nossos competidores asiáticos e o triplo da de nossos parceiros desenvolvidos. Nossa taxa de juro real continua "escorchante". Nossa política fiscal é deplorável (e o presidente declara que não sabe o que fazer com ela!).

Nossa taxa de câmbio real está exageradamente sobrevalorizada. E nossa balança em conta-corrente tem sustentabilidade duvidosa. Nossos "fundamentais", portanto, ainda carecem de fundamentos...

23.4.1997

É a natureza absurda?

A teoria quântica é de compreensão extremamente difícil, porque alguns dos seus resultados não podem ser apreendidos intuitivamente e violam o senso comum. Ela trata da estrutura íntima dos átomos, de um mundo que é invisível e silencioso, mas que produz efeitos reais e previsíveis.

Dela disse o célebre Prêmio Nobel de Física Gell-Mann que é "uma disciplina misteriosa e confusa, que nenhum de nós realmente entende, mas que todos sabemos como usar".

Werner Heisenberg, que desenvolveu uma interpretação matemática da teoria, estabeleceu o famoso princípio da incerteza e também foi Nobel de Física, revelou que sempre se perguntava se "podia a natureza ser tão absurda como se revelava nos experimentos atômicos".

A teoria econômica parece ser exatamente o contrário da teoria quântica: trata-se de uma disciplina clara e facilmente inteligível, mas que ninguém sabe como usar.

É o caso de se perguntar se pode a natureza social ser tão absurda a ponto de levar o *Homo schizophrenicus* que a pratica a afirmar que "o atual equilíbrio econômico no Brasil exige um enorme desemprego" e que qualquer desequilíbrio deve ser corrigido por um desemprego ainda maior.

Não é preciso grande sofisticação para rejeitar essa proposição. Qualquer manual de macroeconomia que junta a velha demanda keynesiana com uma função de produção, com uma relação entre a taxa de inflação, a sua expectativa e o nível de desemprego e uma restrição do balanço em conta-corrente, permite intuir o que está acontecendo. E mostra por que a proposta de resolver os nossos problemas com uma redução ainda maior do nível de produção (e, portanto, do emprego) é apenas uma das alternativas. Provavelmente, não a de menor custo social. O debate está interditado por um pensamento hegemônico aceito pacificamente pelos economistas que já foram educados (ou melhor, domesticados) por ele. Por uma mídia que tende a confundir a globalização (uma coisa muito boa e, aliás, incontornável) com desemprego e o aumento desejado de produtividade com seu aumento real. Por empresários que o pensamento hegemônico acovardou. E por trabalhadores amestrados pelo desemprego "didático"...

Taxas de juros reais elevadas, como as praticadas na Europa por uma política fiscal restritiva (para atender aos indicadores de Maastricht),[1] e política monetária restritiva (para defender a moeda) dificultam os investimentos e aumentam o desemprego, com ou sem mercado de trabalho flexível. Taxas de câmbio valorizadas impõem limites ao crescimento porque aumentam o déficit em conta-corrente, qualquer que seja o nível do produto interno.

Os Estados Unidos fizeram o contrário: política fiscal laxista e política monetária duríssima já no início dos anos 1980. Colheram uma grave e curta recessão em 1982 e, depois, uma expansão continuada de sete anos e inflação declinante. Com ligeira interrupção em 1991, encontram-se de novo em expansão continuada há seis anos.

São o país mais globalizado do mundo e sua taxa de desemprego decresceu. É certo que têm um mercado de trabalho mais flexível e não têm o constrangimento externo. Mas será que isso esgota a explicação? Parece pelo menos discutível.

4.6.1997

---

[1] O Tratado de Maastricht (1992), base da União Europeia, fixou uma série de limites para indicadores macroeconômicos dos países membros que possibilitaram a criação do euro como moeda única.

A Lei de Thirlwall

No final dos anos 1970, um economista inglês, o professor A. P. Thirlwall, construiu um modelo extremamente simplificado que sugeria uma resposta à pergunta: por que os países registram taxas de crescimento econômico diferentes?

Como toda construção de inspiração keynesiana, ele dava ênfase à demanda. Em lugar de reduzir o desenvolvimento econômico apenas a uma combinação feliz de disponibilidade de mão de obra, de capital e de incorporação da tecnologia, ele chamava a atenção para o fato de que a existência dessas condições era necessária, mas não suficiente para pôr em marcha o processo produtivo.

A conclusão do modelo do professor Thirlwall é a de que o fator efetivamente limitante da taxa de crescimento de longo prazo de uma economia é a taxa de crescimento de longo prazo das suas exportações combinada com a elasticidade de longo prazo da demanda de importações com relação à produção total, o PIB.

Essa elasticidade é apenas um número que liga a porcentagem de crescimento das importações à taxa de crescimento do PIB no longo prazo. Por exemplo, se ela for de 2, um crescimento do PIB de 5% implica um aumento das importações de 10%.

"Longo prazo" é aqui um tempo suficientemente amplo para eliminar as flutuações do PIB, das importações e das exportações devidas a choques, como a crise do petróleo ou mudanças de tarifas, por exemplo. O modelo completo que leva em conta a possibilidade de movimento de capitais para financiar possíveis déficits de conta-corrente é de explicação complicada.

A essência da conclusão, entretanto, é de compreensão muito simples e intuitiva. No "longo prazo", a acumulação de déficits em conta-corrente aumenta o passivo do país e aumenta, portanto, a necessidade de remessas de juros, *royalties*, dividendos etc., o que exige a criação de superávits comerciais crescentes.

No "longo prazo", isto é, depois de acumulado o passivo sustentável, a economia tem de encontrar um equilíbrio dado pela relação: (aumento do PIB) multiplicado pela (elasticidade das importações) = taxa de crescimento das exportações. Por exemplo, se o PIB crescer à taxa de longo prazo de 6% e a elasticidade de longo prazo for 2, as importações crescerão 12% ao ano. No longo prazo, o equilíbrio exige que a taxa de crescimento das exportações seja também de 12%.

A chamada "Lei de Thirlwall" diz exatamente isto: a taxa superior de crescimento de longo prazo de uma economia é dada pela taxa de crescimento de longo prazo de suas exportações dividida pela elasticidade de longo prazo da demanda de importações.

Desde o artigo original tem havido sucessivas tentativas de verificação empírica dessa "lei". O surpreendente é quando se consideram períodos superiores a dez anos; a resposta dos números se aproxima fortemente dos sugeridos por ela.

Não deveria, portanto, ser ignorada pelos gênios fundamentalistas da "ciência" econômica que insistem em negar o constrangimento externo que impuseram ao nosso crescimento, porque no Brasil o "longo prazo" é hoje!

2.7.1997

Ano-Novo e emprego

Nestes tempos de Júlio César, talvez seja curioso lembrar que foi ele quem, no ano 46 antes de Cristo, introduziu o calendário juliano com o seu ano bissexto. Em 1582, o papa Gregório XIII criou o calendário gregoriano que suprimiu dez dias do calendário anterior, passando o dia 5 de outubro para 15. No calendário romano o ano se iniciava em 1º de março. Foi só depois do calendário gregoriano que se convencionou, em alguns países cristãos, chamar o dia 1º de janeiro como o "dia do Ano-Novo". Na Inglaterra isso só aconteceu em 1752. O primeiro dia do ano parece que desde os gregos já era comemorado como um dia de troca de presentes e propício para a sedução elegante dos poderosos.

Através do simbolismo do Ano-Novo, o homem assume o papel de um animal exuviável mudando de pele sem mudar de forma: deixa no ano velho os seus defeitos.

O Ano-Novo é o renovar da esperança de que, dentro da organização social em que vivemos, cada um encontre um lugar para o exercício das suas potencialidades. Como o homem se explicita no seu trabalho, a grande esperança reside, então, na criação de oportunidades de emprego para todos. Infelizmente, não só o Brasil, mas o mundo inteiro está muito longe de transformá-la em realidade.

A partir dos anos 1970 alguns fatos econômicos aumentaram dramaticamente as dúvidas sobre a capacidade da humanidade de realizar aquela esperança. O desemprego no mundo é hoje maior do que sempre foi e a distância entre as pessoas tem crescido exponencialmente, mesmo nos países onde ele é menor, como os EUA.

Esses eventos deveriam aumentar a nossa descrença sobre algumas das "teorias econômicas modernas" que se creem portadoras da verdade absoluta e que prometem a felicidade em troca de uma receita preparada para agradar os mercados financeiros. Os acontecimentos asiáticos mostram que os mensageiros dessas verdades são mais volúveis que a *cosa mobil per natura* (as mulheres) a que se referiu Petrarca. Aprendemos com o sr. Camdessus, o simpático diretor-gerente do FMI, que a "teoria econômica moderna" a que ele se aferrava, até ontem, com certeza, determinação, vontade e poder, não passava afinal de mera "moda". O modelo asiático (que ele queria nos empurrar garganta abaixo), que em setembro deste ano foi saudado em prosa e verso pelo FMI em Hong Kong, "passou da moda", disse ele em novembro, sem nenhum constrangimento... Isso mostra que um pouco de ceticismo é mais seguro do que um pouco mais de credulidade.

Conta-nos Roy Harrod, em *The Life of John Maynard Keynes* (1951), que, em 1945, ao propor um brinde, Keynes referiu-se aos economistas como "os que são depositários não da civilização, mas da possibilidade da civilização". O emprego para todos e o aumento da satisfação material é condição necessária para aquela "possibilidade de civilização" e deve, portanto, ser o grande objetivo da política econômica.

Trabalhar pelo pleno emprego é a única meta moralmente decente para os economistas a cada "Ano-Novo", principalmente nestes *annus mirabilis* da reencarnação presidencial.

31.12.1997

Boneco de ventríloquo

O escritor inglês de origem americana Logan Pearsall Smith fez um de seus personagens lamentar-se: "Como é aborrecido acordar toda manhã sendo sempre a mesma pessoa. Eu gostaria de ser resoluto, enfático, ter grossas sobrancelhas e ser portador de uma grande mensagem para o nosso tempo. Eu queria ser ou um grande pensador, ou um grande ventríloquo".

Imaginem a frustração de alguns comentaristas econômicos que amanhecem sempre a mesma pessoa e ainda têm a obrigação de ser bonecos de ventríloquos de pequenos pensadores! As "autoridades" manipulam constantemente gorados analistas para transmitirem tolices que não ousariam expressar diretamente. A questão do câmbio real, por exemplo, é complicada e sujeita a muita controvérsia. O problema é que todos, ventríloquos ou pensadores, pequenos ou grandes, deveriam saber a essa altura que o chamado equilíbrio macroeconômico (aquele sustentado pelos famosos "fundamentais") significa o equilíbrio interno e externo no curto prazo e a garantia da possibilidade de crescimento econômico compatível com a disponibilidade de fatores no longo prazo.

O equilíbrio interno se define: 1) por uma taxa de inflação aceitável, parecida com a dos parceiros internacionais; 2) pela menor taxa de desemprego possível, compatível com aquela taxa de inflação; 3) por taxas de juros reais parecidas com a dos mesmos parceiros. Por sua vez, o equilíbrio externo se define por um grau aceitável de déficit em conta-corrente (satisfeitas as condições acima). É claro que o balanço em conta-corrente pode ser positivo ou negativo. Ele tem de ser julgado à luz de dois princípios: o que se faz com ele (se é consumido ou investido); e se é sustentável no longo prazo (dentro das condições enumeradas acima). A taxa de câmbio real de equilíbrio é a que, juntamente com as políticas monetárias, fiscal e microeconômica adequadas, garante o equilíbrio interno e o equilíbrio externo.

Nenhuma taxa de câmbio real desvalorizada (com relação à de equilíbrio) pode produzir o equilíbrio interno e externo. Ela pode, em situação particular, forçar a transferência de fatores para o setor exportador, mas com perniciosos efeitos alocativos no longo prazo. Não há, também, nenhuma possibilidade de que uma taxa de câmbio real sobrevalorizada possa produzir o equilíbrio: ela também produz efeitos deletérios sobre a estrutura produtiva e sobre o nível de emprego. O crescimento de longo prazo da economia não depende da sub ou sobrevalorização da taxa de câmbio, mas do aumento da produtividade do trabalho, produto da competição externa gerada pela abertura comercial e pela evolução das relações de troca.

É difícil determinar qual o câmbio real de equilíbrio, mas é fácil saber que nossa taxa de câmbio real está sobrevalorizada, por seus efeitos devastadores sobre a economia nacional: 1) temos a menor taxa de crescimento latino-americana; 2) temos um alto nível de desemprego; 3) temos a maior taxa de juro real do mundo; 4) temos um desequilíbrio insustentável em conta-corrente, mesmo quando o PIB cresce míseros 3%.

Nem ventríloquos, nem bonecos podem tranquilizar-se: não há grandes pensadores atrás deles.

18.3.1998

Quebramos com elegância

Como disse o personagem de Joyce no *Ulysses*, "a história é um pesadelo do qual tento acordar". Uma semana depois das eleições acordamos, com a notícia de que fomos à falência. O presidente havia dado o aviso, ligeiro e antecipado. Depois de eleito, teria de fazer o que não fizera no primeiro mandato.

Quebramos mesmo. Internamente, o governo, com uma dívida pública explosiva, não apenas pelo reconhecimento dos "esqueletos", mas por uma questão de aritmética. A relação dívida/PIB cresce porque a taxa de juro real é superior à taxa de crescimento real do PIB. E o déficit público foi espantoso devido à lassidão da política fiscal pré-eleitoral. Solução proposta: aumentar a receita já e ameaçar reduzir as despesas quando for possível.

Quebramos, "de quebra", o setor privado. Ele tem sido privado mesmo, mas é das condições isonômicas de crescimento, com uma política tarifária atabalhoada, um câmbio valorizado, uma taxa de juros insuportável e uma carga tributária absurda quando comparada com a qualidade dos serviços recebidos. Vamos crescer este ano pouco mais de 0,5%. Solução proposta: aumento de impostos sobre o setor privado, e da pior qualidade. Impostos em cascata, não compartilhados com Estados e municípios e com viés antiexportador. Promete-se a redução da taxa de juros no futuro. Mas, depois da redução, continuará, ainda, a maior do mundo para o setor privado! Solução singular, pois implicará menor utilização de nossa capacidade produtiva e aumento do desperdício por meio do desemprego da mão de obra.

Quebramos, externamente, devido à valorização cambial. Solução proposta: arranjar um pacote de auxílio do FMI, que certamente não será um almoço grátis. São mais dívidas (agora soberanas) para pagar as que imprudentemente fizemos acumulando mais de 100 bilhões de dólares nos últimos quatro anos. Toda ela financiada, como nos garantia o Banco Central, por "capitais de fina origem e de alta confiabilidade"! Empurramos com a barriga os vencimentos, na esperança de que daqui a cinco anos tenhamos outro pacote de alívio. Garantimos aos credores externos que vão receber seus dólares com altíssimo retorno, à custa de uma redução da atividade econômica do país. Como daqui a cinco anos teremos novo pacote, os "investidores" se apressarão em colocar seus recursos no Brasil a taxas módicas.

Temos dois problemas: um grande desequilíbrio interno, pois estamos operando abaixo de nossa capacidade, com uma taxa preocupante de desemprego; e um substancial desequilíbrio externo. Com um crescimento medíocre, inferior a 1% ao ano, temos um déficit em conta-corrente de 4% do PIB. Não há como resolvê-los com um único instrumento. Todos sabem, e o FMI particularmente, que falta um segundo instrumento: a manobra cambial. Escolher a deflação da economia (com o suporte do FMI) para salvar os interesses do sistema financeiro americano, como fez o governo, vai expor a política cambial a uma tensão permanente e com enorme custo social. Os especuladores sabem que a flutuação do câmbio é só uma questão de tempo. Em algum momento o custo político da deflação vai superar os inconvenientes da valorização, e aí eles agirão.

4.11.1998

Ética e economia

O Prêmio Nobel de Economia foi instituído em 1969 pela Academia Real das Ciências da Suécia. O primeiro prêmio foi conferido a dois ilustres economistas, Ragnar Frisch e Jan Tinbergen, que contribuíram de maneira muito importante para o avanço da teoria econômica e, principalmente, da política econômica.

Os dois desenvolveram modelos que fizeram a alegria dos economistas nos anos 1950 e 1960, quando acreditávamos, mais do que devíamos, na capacidade do governo de corrigir as "falhas do mercado" e na necessidade de acelerar o desenvolvimento econômico por sua ação direta.

Aprendemos, depois, que nem sempre era assim. Era perfeitamente possível que as "falhas do governo" fossem tão ou mais graves do que as do mercado. Isso nos levou ao movimento pendular que estamos vivendo, onde se acredita que o Estado é um ser abominável que produz, necessariamente, o mal...

Os prêmios Nobel distribuídos pela Academia parecem estar em relativa sintonia com o "sentimento" do mercado. Em 1997, ele foi conferido a outro par de economistas, Robert Merton e Myron Scholes, dois brilhantes teóricos de um novo ramo da economia, a economia financeira. Esse prêmio recebeu da imprensa a maior cobertura.

Nunca se acreditou tanto que as finanças estavam salvando o mundo. A produção física é coisa do passado. O futuro é a "produção" financeira: vendendo e comprando papéis, ganham-se 50% ao ano. Produzindo parafusos, ganham-se 3%. Não está provado, então, que é melhor para o bem-estar do mundo vender papéis em lugar de parafusos?

Essa predominância do capital financeiro sobre o capital produtivo, que corresponde à dominância do egoísmo sem nenhum compromisso com um mínimo de solidariedade, deve ter feito revirar em seus túmulos os membros da velha escola histórica alemã. Eles sabiam que uma sociedade com tal ética não poderia sobreviver. É verdade que hoje a reputação da economia financeira está seriamente abalada pelo fracasso prático dos dois prêmios Nobel.

Esses fatos – e a sua ligação com o mundo – fizeram a Academia Sueca premiar, em 1998 (sem a menor repercussão na mídia), um grande economista indiano, Amartya Kumar Sen, por suas pesquisas no que se chama a economia do bem-estar, onde ele ajudou a superar alguns paradoxos.

Ele estudou a fundo as razões das "fomes" no mundo, mostrando que elas não se devem à escassez, mas às tragédias distributivas, e construiu um índice de pobreza. Além do mais, Sen é um dos economistas mais proeminentes na nova linha de pesquisa que procura analisar as consequências para a teoria e para a política econômica das sugestões de filósofos morais, como é o caso do neoutilitarista Harsanyi (Nobel de 1994), de Rawls, Nozick, Walzer e outros. O que se pretende é entender quais os princípios que deveriam presidir a organização de uma sociedade que se deseja "justa", um velho problema de Aristóteles.

No momento em que se dá ao mercado, por motivos mais teológicos do que racionais, o papel de demiurgo da felicidade humana e que se coloca como imperativo de sobrevivência nacional a mais livre movimentação dos capitais, pouco importando as suas consequências sobre as desigualdades, o emprego e a miséria, é confortador ver que o Prêmio Nobel de Economia de 1998 foi para um homem que fez o seu nome lutando para devolver a ética à teoria e à política econômica.

3.3.1999

Crescimento e poupança

O Banco Mundial terminou um grande estudo sobre os fatores que determinam o nível de poupança de um país. O assunto é da maior importância. Para dar apenas um exemplo, há poucos anos houve uma discussão sobre se a formação de poupança precede ou sucede o crescimento. Se, como acreditavam alguns economistas, ela sucede o crescimento, este poderia iniciar-se sem que fosse necessário cortar o consumo ou apelar para a poupança externa desde que existissem fatores de produção ociosos. Podia-se pôr em marcha um processo virtuoso no qual a elevação da taxa de crescimento elevaria a taxa de formação de poupança para financiá-lo. A implicação da ordem de causalidade é, por outro lado, decisiva para esclarecer a possibilidade de reduzir o déficit em contas correntes (que por definição é a diferença entre o investimento e a poupança nacionais) sem que fosse necessário o ajuste da taxa de câmbio real.

O controle empírico de proposições como essas, que fazem parte de modelos construídos com "fatos estilizados", mas cujas conclusões são, sub-repticiamente, contrabandeadas para a política econômica, é absolutamente fundamental. Frequentemente, os resultados de tais modelos incorporam alta dose de ideologia que se vende como boa "ciência". As conclusões principais do estudo do Banco Mundial podem ser assim resumidas:

1) crescimento e poupança são positivamente correlacionados. A relação de causalidade mais forte vai do crescimento para a poupança. Um aumento sustentado do nível de poupança é, tipicamente, seguido por uma aceleração do crescimento, que persiste por alguns anos, mas tende a dissipar-se. Ao contrário, um aumento sustentado do crescimento é associado a um aumento permanente da taxa de poupança;

2) estímulos fiscais têm pequena consequência sobre a poupança nacional, particularmente quando seus efeitos negativos sobre a poupança pública são levados em conta;

3) os efeitos da criação de fundos de pensão sobre a poupança são minúsculos. Os resultados indiretos podem ser mais importantes se a reforma da Previdência reduziu as distorções do mercado de trabalho e estimulou o mercado de capitais. Isso melhora o funcionamento do sistema econômico, aumenta a produtividade e o crescimento e, assim, a taxa de poupança;

4) níveis elevados de poupança externa tendem a diminuir a poupança interna, mas o efeito não é nítido;

5) do ponto de vista demográfico, o aumento da participação de jovens ou de velhos na população tende a reduzir a poupança;

6) não existe evidência consistente que suporte a crença generalizada de que a liberalização financeira produz um efeito líquido positivo sobre a poupança.

A pesquisa do Banco Mundial tende, portanto, a confirmar o fato de que a limitação mais importante ao crescimento do PIB em um país como o Brasil deriva das restrições externas. A aceleração do crescimento leva ao aumento da taxa de poupança e ao aumento das importações. Se as exportações não aumentarem, o crescimento será abortado pelo desequilíbrio externo.

21.7.1999

Otimismo trágico

No livro da *Enciclopédia britânica* do ano de 1999, o grande paleontólogo Stephen Jay Gould refere-se a um escrito de Alfred Russel Wallace. Na sua análise do século XIX, Wallace sugeriu um paradoxo que nos persegue com intensidade ainda maior: 1900 terminou com cem anos de formidáveis progressos científicos e tecnológicos, o que deveria ser uma "nova era do progresso humano". Paradoxalmente, terminava, também, com "alguns fracassos intelectuais, mas, na maior parte, morais e sociais". Era difícil prever, portanto, como se desenrolaria o século XX. Para Gould, o "paradoxo de Wallace" é: o crescimento exponencial da tecnologia acompanhado pela estagnação da moralidade torna ainda mais difícil o prognóstico do que nos espera no século XXI.

A racionalidade humana, a diferença especial que a evolução nos conferiu, tem algumas vantagens. Ela nos dá a capacidade de analisar as dificuldades atuais e encontrar (quando possível) caminhos passíveis de gerar soluções benignas. Infelizmente – e esse é o paradoxo de Wallace –, outras características também humanas, como o egoísmo, a falta de imaginação, a preguiça, o medo de mudanças, a venalidade e os velhos preconceitos, frequentemente conspiram para impedir a solução que o bom senso, combinado com a boa vontade, poderia implementar em circunstâncias mais favoráveis.

A essa contradição, Gould deu o nome muito apropriado de "trágico otimismo": somos capazes de ver (ou antever) os problemas e as catástrofes, o que nos leva ao "otimismo". O "trágico" é que, frequentemente, agimos (quando agimos) com leniência e atraso, o que gera soluções dramáticas e longínquas das propostas por nossa capacidade de análise, pelo bom senso, pela boa vontade e, sobretudo, pela moralidade! Um notável exemplo desse "trágico otimismo" Gould encontra nos trabalhos de Amartya Sen (o Prêmio Nobel de

Economia de 1998): nenhuma fome coletiva moderna foi produzida por falta física de alimento. As pessoas morreram porque os alimentos existentes em outros lugares não puderam ser disponibilizados! O leitor pode achar estranha essa divagação evolucionista-alimentar, mas um pouco de imaginação nos mostra como estamos vivendo o "otimismo trágico"!

Todos sabemos o que é preciso fazer para dar eficiência macroeconômica e microeconômica ao nosso país e voltar ao crescimento e ao emprego. Todos sabemos que com o crescimento será mais fácil diminuir as distâncias entre as pessoas. Todos sabemos que a única restrição ao crescimento é a expansão das exportações. Deveríamos, pois, ser "otimistas". Mas todos nós sabemos, também, que estamos empurrando com a barriga há muito tempo as soluções e que estamos deixando os problemas tomarem um aspecto social dramático. No final, a realidade vai nos empurrar para uma solução "trágica"! Será que não podemos combinar um pouco de nossa racionalidade com um pouco de moralidade para fugir do paradoxo de Wallace?

11.8.1999

Dinossauros e neocolonialistas

Uma das mais velhas técnicas de mistificação retórica é uma espécie de taxionomia que escolhe cuidadosamente palavras com forte conteúdo emocional ou preconceituoso. Isso delude e empobrece o debate. Os partidos comunistas, que exercem o poder de forma ditatorial em tantos países, não chamavam a si próprios de "democratas"?

Os economistas dão o nome de "natural" a uma particular taxa de desemprego que eles supõem que não acelera a inflação, sugerindo que ela é um parâmetro da natureza como a constante da gravidade. Denominam algumas de suas hipóteses "expectativas racionais", como se todas as outras fossem "irracionais". E não se diz que nossa política econômica é a recomendada pelo Consenso de Washington e é "neoliberal"? E isso não irrita o sr. presidente, que se defende dizendo preferir a *terza via* (que é um conjunto vazio) e, não sem algum rubor, se afirma "social-democrata"?

Hoje os burocratas do governo desqualificam como "desenvolvimentistas" aqueles que desejam o crescimento econômico com equilíbrio interno e externo. Chamam de "neonacionalistas" aqueles que desejam apenas testar a hipótese de que o Brasil, com seu mercado interno (é a nona economia do mundo), seus trabalhadores diligentes (ainda que pouco educados) e seus empresários argutos (destruídos pela política econômica dos últimos cinco anos), pode vir a ser um *global player*.

O truque retórico mais comum e mais eficaz é chamar de "dinossauros" a todos os que não se conformam em aceitar para o Brasil o destino de colônia e lutam para tentar transformá-lo em um participante ativo e com voz na integração mundial. Desejam apenas que o país cresça juntamente com o mundo, em lugar de aceitar, passivamente, o aumento da sua distância com relação aos países desenvolvidos, como vem ocorrendo. O fato é curioso, porque os *saurios* foram uma das espécies biologicamente mais bem-sucedidas, tendo ocupado todos os continentes que no Jurássico ainda não estavam completamente separados. Foram particularmente abundantes no hemisfério americano do norte e, se não tivessem sido misteriosamente extintos há 65 milhões de anos (talvez por uma catástrofe natural), provavelmente teriam dominado a Terra e se adaptado. Talvez fôssemos hoje *Saurio sapiens*.

O mais irritante é que o hemisfério norte conheceu o *Tyrannosaurus rex*, o maior carnívoro que já existiu (atingia até nove metros de comprimento, pesava cinco toneladas, andava com dois pés, apoiado em um forte rabo, e tinha dois braços pequenos, o que certamente sugere alguma coisa em matéria de evolução...). Nas fezes petrificadas de um de seus esqueletos recuperados, encontraram-se coprolitos de um pobre dinossauro herbívoro, o *Triceratops*. Qualquer semelhança com dinossauros vivos ou mortos é mera coincidência...

O problema é este: vamos pertencer à família dos *Tyrannosaurus rex* ou à dos *Triceratops*? O que preferem os "neocolonialistas"?

16.2.2000

Proteção legal aos credores

As relações entre o crescimento econômico e o sistema financeiro têm desafiado a imaginação dos economistas por sua aparência paradoxal: elas parecem óbvias, mas são difíceis de serem detectadas empiricamente. Walter Bagehot, que herdou o *The Economist* de seu sogro e o dirigiu por quase vinte anos, até a sua morte, talvez tenha sido o primeiro a explicitar a "evidente" relação entre os dois fenômenos.

No seu famoso livro *Lombard Street: A Description of the Money Market* (1873), em que praticamente criou a teoria dos bancos centrais, ele mostra que, graças ao mercado financeiro nascido espontaneamente em Londres, era mais simples mobilizar poupanças para financiar empreendimentos de longo prazo e pequena liquidez. Bagehot chamou a atenção para o fato de que a possibilidade de os empresários obterem financiamento foi fator importante para o uso das novas tecnologias na Inglaterra. Essa observação foi depois aproveitada pelo grande economista John Hicks na explicação da Revolução Industrial inglesa.

Como o número de fatores a serem controlados é imenso, a ligação de causalidade (o mercado financeiro ajuda a explicar o desenvolvimento econômico, ou, ao contrário, o desenvolvimento econômico cria o mercado financeiro adequado?) nunca foi estabelecida de forma robusta. Todos concordam que um mercado financeiro sofisticado facilita a mobilização da poupança; permite sua alocação mais eficiente por parte dos empresários; reduz o risco do investidor e lhe dá liquidez mesmo quando o investimento é de longo prazo e mais arriscado; facilita o comércio e a indústria pelo crédito etc. O máximo que até agora se obteve para mostrar empiricamente essa relação é que crescimento econômico e mercado financeiro parecem caminhar juntos, o que, obviamente, eliminaria a causalidade.

Pesquisas mais recentes introduziram uma nova variável não econômica nessa explicação: os sistemas legais, que são relativamente poucos (origem inglesa; origem francesa, que é o caso brasileiro; origem germânica, que inclui Coreia e Japão; e origem escandinava), podem ajudar a resolver a dúvida.

A observação de 49 países mostrou que os direitos (dos credores e dos investidores) são estabelecidos pela lei e não implícitos nos documentos. Nos sistemas de origem inglesa (a *common law*), os direitos de investidores em ações ou dos credores são mais protegidos, o que parece contribuir para o desenvolvimento. No outro extremo encontram-se os sistemas de origem francesa, no qual se encontra o Brasil, menos estimulantes dos investimentos. Por outro lado, a exigência do cumprimento da lei é maior nos sistemas de origem germânica e escandinava. Quando se junta esse novo elemento, a hipótese de que um mercado financeiro sofisticado e protegido por leis que garantem a efetiva proteção ao credor e investidor é instrumental para o desenvolvimento econômico parece ser confirmada. Isso deveria nos levar a pensar no assunto, aumentando a proteção eficaz aos credores e acionistas minoritários.

8.3.2000

Caveat emptor

Temos tentado chamar a atenção de nossos leitores para um problema que tem sido tratado com superficialidade pelo governo, dominado por profissionais com claro desvio ideológico, que é "vendido" como irrecorrível "teoria econômica". Eles não são, obviamente, seres isolados. Fazem parte de uma tribo cujos sacerdotes escondem a ideologia sob a prática do "cientismo". Outro dia mesmo um deles induzia seus leitores à crença de que a famosa identidade $Y = C + I + G$ (em que a renda total, Y, numa economia sem comércio exterior, é igual ao gasto com consumo, C, mais os gastos com investimentos, I, mais os gastos do governo, G) é tão "profunda e científica" quanto a equação de Einstein $E = mc^2$, que exprime a equivalência entre a massa (m) e a energia (E), onde c^2 é o quadrado da velocidade da luz!

Comentando o Prêmio Nobel concedido em 1997 a Robert Merton e Myron Scholes, outro membro da tribo dizia que eles haviam descoberto uma equação diferencial parcial que "modificou o mundo", a famosa fórmula de Black-Scholes. É certo que ela teve importância para o desenvolvimento da chamada economia financeira, mas dizer que ela "modificou o mundo" não deixa de ser um certo exagero... O próprio Fischer Black (que morreu em 1995) nos diz, em um artigo publicado em 1989, que passou "muitos dias tentando encontrar uma solução para a equação [...]. Sou bacharel em física, mas não reconheci naquela equação uma versão da equação do calor, que tem solução bem conhecida". Era a equação construída por Fourier em 1807! Há extravagâncias maiores e de piores consequências. Outro membro da tribo (também Prêmio Nobel) estava convencido (antes de abandonar convenientemente o assunto) de que o desemprego não existe: ele é simplesmente a opção racional feita por agentes otimizadores da ociosidade...

É esse tipo de "cientista" que tenta nos convencer de que é muito útil para o Brasil e para o seu desenvolvimento entregar o sistema bancário de varejo à banca internacional. Pode ser. Mas eles o afirmam sem nenhuma prova de que isso maximizará nossa taxa de crescimento ou de que aumentará a competição interna, de que protegerá os interesses dos consumidores nacionais e – suprema ignorância otimista – de que o sistema bancário estrangeiro é muito mais "seguro" do que o nacional!

O que se sabe mesmo é que eles não sabem o que estão fazendo. Aliás, ninguém sabe quais serão as consequências de tal entrega. E não há "ciência econômica" que possa nos orientar. O que eles têm não é saber, é fé ideológica. Mas esse é um passo sem volta, largo demais para ser dado apenas por tecnocratas neocolonizados. O problema é que o sr. presidente da República não lhes pediu que "demonstrem o teorema". Afinal de contas, quais eleitores eles representam? *Caveat emptor*. Que o comprador dessa teologia camuflada em ciência corra seus riscos, como diziam os romanos.

19.4.2000

Alerta do sociólogo ao presidente

Quando está fora do Brasil, a uma distância razoável do "campo de forças neocolonizadas que o cerca", o ilustre sr. presidente retoma a sua percepção sociológica. Ainda agora em Berlim revelou que sente que "em muitos países – e não me refiro especificamente ao Brasil, embora possamos incluí-lo", disse ele, "vê-se claramente que há limites para a continuidade dessas políticas, sem que haja sinais mais palpáveis de melhoria da condição de vida da população". Mas, afinal, que políticas são essas? Obviamente as sugeridas pelo FMI, sob a inspiração do "Consenso de Washington". Serão elas em si mesmas intrinsecamente maléficas? Ou será a sua implementação que as torna agentes do mal? As dez sugestões do professor John Williamson (a origem do Consenso de Washington) parecem ser portadoras de "bom senso" demais para produzirem as tragédias que se abatem sobre nós. Ei-las na ordem costumeira em que se apresentam: 1) é necessário buscar um relativo equilíbrio fiscal; 2) o gasto público deve ser dirigido para os bens públicos que não possam ser produzidos pelo setor privado; 3) o sistema fiscal deve ser de ampla cobertura e não distorcer os preços relativos; 4) o mercado financeiro deve prover crédito adequado a taxas de juros reais razoáveis; 5) as taxas de câmbio reais devem refletir o equilíbrio externo e estimular o setor exportador; 6) as tarifas alfandegárias devem substituir qualquer restrição quantitativa e, se possível, serem únicas; 7) deve-se estimular o investimento externo, dando-lhe um tratamento amistoso; 8) devido ao item 2, a privatização dos serviços públicos industriais é fundamental para aumentar os gastos sociais (bens públicos); 9) deve-se promover uma desregulamentação de todos os mercados para que eles funcionem eficientemente; e 10) a lei deve garantir e assegurar o direito de propriedade para credores e devedores.

Obviamente, elas são produto de uma ideologia que dá ao mercado – e nega ao governo – o estatuto de demiurgo da felicidade social. Aplicadas *cum grano salis*, elas não poderiam causar os males que vivemos. Cremos que os itens de 1 a 5, por exemplo, são bastante adequados. Quem tem culpa se o Brasil queimou seus ativos às pressas, se sobrevalorizou a taxa cambial à custa da maior taxa de juros real do mundo e terminou com fantásticas dívidas interna e externa que exigem enormes dispêndios com juros e a redução dos gastos sociais? Quem tem culpa do mau funcionamento do sistema de crédito e do mercado de capitais se a lei não protege o credor, se há tributação na Bolsa e se, para privatizar, o governo espoliou os acionistas minoritários? Quem tem culpa por termos um sistema tributário que reduz a produtividade da economia? O Consenso de Washington, o FMI ou a política econômica que os *nouveaux économistes* neocolonizados impuseram ao Brasil?

O presidente deveria ouvir com mais frequência o "velho" sociólogo!

7.6.2000

Democracia e capitalismo

Quase todas as utopias (algumas pouco democráticas) fazem restrições à acumulação de riquezas. De Thomas More a Karl Marx, elas enxergaram na propriedade privada a origem da desigualdade. O que hoje parece claro é que – de acordo com a crítica tão antiga quanto a ideia – a eliminação da propriedade privada leva à ausência do mercado e à completa sujeição do indivíduo ao Estado. A experiência soviética e de todos os seus satélites é exemplar a esse respeito.

A questão é: como construir instituições que produzam relativa igualdade sem comprometer a eficiência produtiva e a liberdade dos cidadãos? A história mostra que os regimes de economia centralizada tendem a sacrificar a eficiência produtiva e a liberdade em favor da igualdade econômica. Os regimes de economia descentralizada tendem a sacrificar a igualdade econômica em favor da eficiência e da liberdade.

A relação entre a desigualdade econômica e o crescimento é complexa. Temos três variáveis (desigualdade, crescimento e liberdade política) determinadas simultaneamente e que devem manter-se em relativo equilíbrio.

O problema da igualdade talvez seja o único ponto de sustância que hoje separa a "esquerda" da "direita", se é que essa classificação ainda faz algum sentido, pois, dependendo do ponto de vista, é claro que os homens são iguais e desiguais ao mesmo tempo. O processo democrático de resolver os conflitos (as urnas), combinado com o processo econômico que busca certa racionalidade (o mercado), parece constituir um mecanismo adaptativo eficiente para coordenar as três variáveis. É por isso que essa combinação tem condições de sobreviver: pode ir compondo uma sociedade que vai acomodando, pragmaticamente, três valores não inteiramente compatíveis: liberdade, igualdade e eficácia produtiva.

O estudo da história mostra uma intrigante correlação entre a liberdade política, a liberdade econômica e o desenvolvimento material. A relação não parece ser de simples causalidade, mas de possibilidade. Toda vez que os indivíduos, nos seus múltiplos papéis (de consumidor, de trabalhador, de inventor, de empresário), viveram em um mundo em que a ordem política, religiosa ou militar não tinha valor exclusivo e no qual a sociedade civil não era submetida à completa tutela de um Estado autoritário, tenderam a encontrar formas organizacionais que privilegiavam a busca da eficácia produtiva e a pesquisa de inovações tecnológicas que caracterizam o capitalismo.

Uma coisa parece certa: o sistema capitalista deixa de ser funcional quando não há um relativo equilíbrio entre a liberdade, a igualdade e a eficiência produtiva. É isso que coloca em dúvida a sobrevivência da política neoliberal, porque, para ela, a igualdade é de menor importância. O problema é que a busca da igualdade é uma constante na história do homem...

19.7.2000

O modelo e a realidade

Uma economia é considerada "flexível" quando, em resposta a um choque qualquer (quebra de safra, perda nas relações de troca etc.), a velocidade de ajustamento dos preços e quantidades lhe permite voltar, rapidamente, a uma situação de "equilíbrio". Equilíbrio aqui não é entendido como uma situação estática. Ele envolve: 1) a rápida volta à taxa de crescimento do PIB, que mantém um alto nível de emprego; 2) a rápida convergência da taxa de inflação à de seus parceiros internacionais; e 3) a rápida volta ao equilíbrio sustentável do balanço em contas correntes.

Os economistas têm uma visão estilizada desse sistema "flexível" e creem que a ampla mobilidade dos preços relativos reduz as flutuações do PIB e do emprego, o que aumenta a estabilidade de toda a economia. A hipotética adaptação quase instantânea de preços e quantidades inclui, também, o mercado de trabalho em todas as suas dimensões (salário real, nível de emprego, mobilidade geográfica e profissional).

Essa aproximação macroeconômica tem o inconveniente de ignorar a situação dos indivíduos que, nos seus papéis de produtor e consumidor (suportes da sua vida social), são os sujeitos dos choques. São eles que, necessariamente, especulam sobre o que lhes reserva o futuro, que aceitam ou não, com resignação, as dificuldades de "curto prazo", na esperança de que tudo estará bem no "longo prazo" (se não estiverem mortos!).

Mas por que economistas tão racionais deixariam de se preocupar com os indivíduos? A resposta é absolutamente racional: dentro desse modelo de ampla "flexibilidade" não há razão para que a taxa de desemprego se afaste significativamente da taxa "natural" determinada pela falta de informação e pela defasagem entre oferta e procura de mão de obra. Estas são produzidas por problemas locacionais que exigem migração ou pelo descompasso entre o preparo profissional e as novas demandas, que o tempo e o mecanismo de mercado resolvem.

A pergunta "natural" é: por que o mundo insiste em não obedecer ao modelo? Por que vemos dramáticas e persistentes quedas do PIB e aumentos do nível de desemprego? Por que os desequilíbrios do balanço em contas-correntes? Por que temos de prestar atenção em Alan Greenspan?[1] A resposta dos *nouveaux économistes* é simples: porque não tivemos coragem de desregulamentar, porque não tivemos coragem de privatizar, porque não tivemos coragem de fazer as reformas que dariam ao mercado a capacidade de se autocorrigir. Mas por que, então, eles, que têm sete anos de governo, não as fizeram para dar nascimento ao definitivo e eterno equilíbrio?

A razão é ainda simples: aquela idealização não tem nada a ver com a realidade do mundo em que vivemos. Neste, a instabilidade macroeconômica e a falta de coordenação entre os indivíduos deixam-lhes um sentimento de insegurança. Não há garantia sobre o futuro, que é quem controla os investimentos, o que, por sua vez, inibe o crescimento e reforça a instabilidade e a insegurança.

6.9.2000

---

[1] Alan Greenspan, presidente do FED, o banco central americano, entre 1987 e 2006.

Liberdade para os capitais

David Hume, o célebre cético que viveu no século XVIII, era íntimo de Adam Smith. Com grande capacidade analítica, ele esclareceu uma grave incompreensão dos mercantilistas, que consideravam o superávit comercial (liquidado em ouro) como a única possibilidade de acumulação de riqueza. Ele mostrou que, no padrão-ouro, os desequilíbrios seriam automaticamente resolvidos porque o aumento da oferta de moeda (devido à entrada do ouro) elevaria os preços internos. Isso reduziria a exportação e aumentaria a importação e, assim, o superávit seria corrigido.

Hume considerava a liberdade de comércio entre as nações um instrumento de elevação do bem-estar e da renda: o comércio não produz perdedores, proposição que só iria encontrar confirmação definitiva nas mãos de David Ricardo,[1] que demonstrou a teoria das vantagens comparativas. O ponto para o qual pretendemos chamar a atenção é que todo o desenvolvimento da teoria das vantagens comparativas sempre tratou ou da movimentação de mercadorias ou, como seu substituto, da movimentação dos fatores de produção dessas mercadorias: migração do trabalho e migração do investimento. Já em Hume ("On Money", 1752), encontramos: "A moeda não é, propriamente falando, um dos objetos do comércio, mas apenas o instrumento que os homens convencionaram para facilitar a troca de uma mercadoria por outra. Ela não é a roda do comércio: é o óleo que torna o movimento da roda mais tranquilo e fácil". Há sólidas razões teóricas e imensa confirmação empírica das vantagens da livre movimentação de mercadorias e fatores. Liberdade de comércio e investimento direto são, comprovadamente, benéficos para todos os países.

---

[1] David Ricardo (1772-1823), economista e político britânico, considerado um dos fundadores da escola clássica inglesa da economia política.

A globalização atual tem, entretanto, três faces: o comércio, o investimento direto e a liberdade desabrida do movimento de capitais. Para ter uma ideia das mudanças que ocorreram depois de 1973, quando Nixon[2] desvalorizou o dólar e a crise do petróleo acelerou a criação do mercado de eurodólar, basta ver o seguinte: entre 1973 e 1999, o comércio mundial cresceu 13 vezes, enquanto as transações financeiras de todas as naturezas cresceram 74 vezes. Hoje, elas atingem 1,1 trilhão de dólares por dia (o dobro do PIB brasileiro anual), 40 vezes maior do que o comércio diário. O comércio de mercadorias representa em torno de 2,5% do movimento dos capitais.

Não há, até hoje, teoria com hipóteses críveis ou comprovação empírica sólida de que essa desabrida movimentação de capitais especulativos seja muito útil para os países em via de desenvolvimento econômico. Há, entretanto, sérias suspeitas de que sua volatilidade e seu comportamento de "manada" sejam coadjuvantes importantes das suas crises, e é preciso confessar que não sabemos como controlá-los. Para esses países, pelo menos, parece tratar-se de ideologia contrabandeada, escondida como boa ciência dentro das duas faces positivas da globalização.

15.11.2000

---

2 Richard Nixon (1913-1994), presidente republicano dos Estados Unidos entre 1969 e 1974. Foi o primeiro e único a renunciar ao cargo, pelo seu envolvimento no escândalo de Watergate.

Brax, Nicolau e o TCU

Foi rápida e certeira a mudança do presidente ao extrair o "x" da Petrobras. No Congresso, a famosa "base do governo", tomada de surpresa, desapareceu. Apanhou em absência, até ser aliviada, já no final da tarde, pelo anúncio do senador Antonio Carlos Magalhães de que o chefe do Executivo suspendera (provisoriamente?) a medida. O ilustre e competente líder do governo, senador José Roberto Arruda, tomado de estupor e indignação fulminou: "Isto é uma imbecilidade!".

Os argumentos de ordem mercadológica da administração da empresa podem até ter algum sentido. É mais do que duvidoso, entretanto, que a substituição do nome Petrobras por PetroBrax iria modificar a avaliação de risco da companhia. De duas, uma. Ou a avaliação de risco da empresa depende da higidez do seu balanço, da transparência e correção de suas informações, das suas reservas de petróleo, da sua capacidade de crescimento e da boa governança corporativa, ou o mercado é absolutamente idiota: a mera substituição de "bras" por "Brax" criaria uma empresa "joia" (com o mesmo acionista majoritário), separando-a dos riscos de um país "ex-quase-podre". O que causou perplexidade foi o desembaraço do Executivo. Seus membros agiram como se fossem acionistas majoritários privados: como proprietários das ações que pertencem ao Tesouro Nacional (por enquanto, da nação!). São "donos" do patrimônio que se supunha público, podendo dispor dele (inclusive do apreciável valor da marca "Petrobras") à sua vontade.

Temos a vaga lembrança que o presidente da República, nos seus momentos de lazer na academia, flertou com o difamado senhor Nicolau Maquiavel. Este ensinou "que para manter o povo contente, o Príncipe não deve mexer na sua propriedade ou na sua honra". Mesmo os que (como eu) sempre foram contra o monopólio estatal, temos de reconhecer que, apesar de exigir sacrifícios do povo brasileiro, a empresa foi resultado de profunda mobilização do sentimento nacionalista mais generoso. Houve uma batalha que empolgou a nação, e nós perdemos! A Petrobras não é sagrada, mas é um fato social importante, que não pode ser removido em uma tenebrosa transação de "bras" por "Brax".

A despeito de seu corporativismo, a Petrobras é uma empresa relativamente eficiente e sempre respondeu com seriedade às tarefas que recebeu, como no governo Figueiredo.[1] O problema é que ela era mais reativa do que proativa, por isso, submetê-la à concorrência com a quebra do monopólio foi uma boa medida.

De onde saiu tanta arrogância e insensibilidade e tamanho poder para tentar raptar a história? "Infelizmente erramos. Recuamos para deixar a poeira baixar", disse o assessor da diretoria sem morrer de vergonha. Resta saber se o Tribunal de Contas da União vai esperar a poeira baixar para mandar a diretoria ressarcir os cofres da empresa pelos 2,3 milhões de reais dissipados na abortada aventura...

10.1.2001

---

1 João Baptista Figueiredo (1918-1999), último presidente do período do regime militar brasileiro.

Taxa de juros

A economia tem três preços importantes que se formam endogenamente, ou seja, são estabelecidos pelas forças de oferta e procura: o salário real, a taxa de juros real e a taxa de câmbio real. Há duas observações que vale a pena fazer a respeito: 1) esses preços são estabelecidos simultaneamente e não são independentes. Quando, por exemplo, um deles se altera por injunções do seu próprio mercado, digamos a taxa de juros, os outros tendem a ajustar-se; 2) nenhum deles pode ser fixado permanentemente pelo governo sem graves consequências econômicas e sociais, como a experiência tem mostrado.

Quando estabelece a meta para a taxa Selic (hoje em 15,25%), o Banco Central não fixa a taxa de juros: ele simplesmente anuncia que compra e vende os papéis do governo a esse preço. Como, por hipótese, tais papéis têm risco nulo, todos os outros papéis de mesmo prazo tendem a convergir para aquele preço, com um diferencial de risco (*spread*) estimado pelo mercado.

O nível do *spread* reflete, obviamente, as dificuldades que o credor tem de recuperar o seu capital no caso de um descumprimento do contrato. Ele é, grosseiramente, uma estimativa da probabilidade que o credor atribui à possibilidade de não vir a receber de volta o seu capital e acessórios. O nível do *spread* fixado vai depender, também, da magnitude da concorrência no mercado financeiro.

Os *spreads* dependem, portanto, das dificuldades jurídico-institucionais que o credor tem para recuperar seu capital e do nível de competição do mercado financeiro. O que o governo pode e deve fazer para reduzi-los é modificar a legislação e estimular a competição.

A prova mais clara disso é o *spread* dos financiamentos de automóveis e de algumas operações ligadas à exportação, em que as garantias são facilmente executáveis. A competição entre os agentes financeiros reduziu-os dramaticamente.

A redução da taxa Selic é muito importante não apenas para as despesas de juros do governo (uma redução de 1% na taxa básica reduz a despesa anual de juros entre 6% a 7%, cerca de 0,4% do PIB), mas também para a redução de todos os *spreads*. À medida que aumentou a credibilidade da política monetária, a variação dos *spreads* passou a acompanhar as variações da taxa Selic, o que significa que essa componente está esgotada.

É preciso, agora, atacar o problema da cunha tributária e acelerar as modificações jurídico-institucionais para dar ao setor privado brasileiro uma taxa de juro real isonômica com a de seus concorrentes.

28.2.2001

Metas de inflação e autonomia do BC

Quando eu era economista – há meio século –, tínhamos a pretensão de que poderíamos construir com a política monetária o que, ironicamente, se chamava o "quadrado mágico": 1) um alto índice do nível de atividade; 2) um baixo nível de desemprego; 3) uma estabilidade dos preços; e 4) uma estabilidade da taxa de câmbio.

Mais tarde, os avanços da teoria da política econômica mostraram que isso era impossível com um único instrumento (o controle, no início, da massa monetária e, posteriormente, da taxa de juro nominal de curto prazo). Antes disso, entretanto, já se havia demonstrado a impossibilidade de construir um sistema cambial que admitisse, ao mesmo tempo, uma política monetária autônoma para manter um alto nível de atividade, uma taxa de câmbio fixa para ancorar os preços e uma ampla liberdade de movimento de capitais.

O sonho acabou quando os bancos centrais, levando a sério a necessidade de manter estabilidade com pleno emprego, não conseguiram nem uma coisa nem outra. Nesse tempo, as políticas de renda (controle de preços e salários) passaram a fazer parte das recomendações dos economistas das melhores e mais respeitadas famílias. Foi o tempo da "estagflação". Os bancos centrais produziram, ao mesmo tempo, o que parecia impossível: a combinação de forte inflação com baixíssimo crescimento.

Hoje, os bancos centrais recebem completa autonomia para realizar um único objetivo, que é o controle da inflação. Ainda que alguns deles (particularmente o FED) tenham sempre um olhar para o nível de atividade, seu objetivo principal é a estabilidade dos preços.

A "moda" mais recente da política monetária é o sistema de metas inflacionárias. Nele, o Banco Central tem de concentrar-se na consecução de um único objetivo, a "meta inflacionária", utilizando o seu único instrumento, a taxa de juro nominal de curto prazo. Em princípio a "meta" deve ser fixada pela autoridade política (o presidente, o ministro da Fazenda ou o Congresso), e a "independência" do Banco Central se restringe à sua liberdade operacional. Independência significa, aqui, apenas a autonomia para usar discricionariamente o seu único instrumento.

É preciso reconhecer que, pelo menos até agora, tal regime e tal autonomia têm-se revelado adequados para manter uma relativa estabilidade dos preços, porque impõem, inclusive, limites para a política orçamentária e obrigam a uma coordenação entre a autoridade fiscal e a autoridade monetária.

Não há por que temer a autonomia do Banco Central. O aparente déficit democrático, que a inamovibilidade a prazo certo dos seus diretores impõe no início de cada governo, é um forte tranquilizante de "passagem" nas eventuais mudanças determinadas pelas "urnas". Ela se corrige com a distribuição temporal dos termos dos mandatos. A "nova autoridade" pode alterar a "meta" no primeiro dia do seu mandato, se achar que "mais inflação produz mais bem-estar". E a "velha" diretoria não terá o direito de recusar a "nova" meta, a não ser demitindo-se...

25.4.2001

A moral protestante

O tratamento de choque que o secretário do Tesouro americano, Paul O'Neill, deu ao caso argentino revela uma profunda mudança no comportamento dos EUA em relação às crises financeiras. Para entender por que o secretário disse, quase raivosamente, que "nossos carpinteiros e encanadores, que vivem com 50 mil dólares por ano, estão questionando o que estamos fazendo com bilhões de dólares que jogamos em países que não sabem administrar-se" e "que estes estão colhendo os frutos dos caminhos que eles próprios escolheram", é preciso tentar entender o que mudou. Em primeiro lugar, a administração Bush parece muito pouco impressionada com as dificuldades dos setores financeiros. Estes têm como preocupação exclusiva o aproveitamento das oportunidades de arbitragem criadas pela volatilidade dos mercados que eles mesmos ajudam a construir.

Em segundo lugar, tudo indica que a feroz discussão que se estabeleceu dentro e fora do FMI sobre as vantagens e desvantagens das ajudas para salvar os investidores deixou um importante resíduo. Do lado dos tomadores de empréstimos, a facilidade da ajuda gera a persistência do uso exagerado de recursos externos, adiando os ajustes necessários. Nem mesmo os altos *spreads* os inibem, pois a ideia é que o mercado sempre estará líquido. Do lado dos emprestadores, os altos *spreads*, que deveriam cobrir os riscos dos *defaults*, são gostosamente apropriados à convicção de que, em situação de dificuldade, o FMI ajudará a salvar o seu capital.

Não importa se essa espécie de *moral hazard* é real ou não. É assim que o uso desses recursos é percebido por sensíveis "protestantes". No caso argentino, a situação é mais delicada. Há uma crença generalizada de que boa parte dos "investidores estrangeiros" sejam os próprios argentinos, com o capital que há anos vêm retirando do país. De novo, não importa se isso é ou não verdade. É assim que é percebido.

Os fatos que informam a resistência americana são apoiados também em algumas observações históricas recentes (México de 1987-93, Chile de 1975-81, Brasil de 1995-98 e Argentina de 1990-95, sem falar nos asiáticos):

1) quando o financiamento dos déficits em conta-corrente é facilitado por um mercado de capitais pouco atento aos riscos futuros e desejoso de bons lucros, os governos não têm a precaução de resistir a utilizá-los para sustentar, temporariamente, taxas de crescimento maiores e taxas de inflação menores. Esse movimento é facilitado pela crença de que, nas dificuldades, o FMI vá apressar-se a dar socorro e, por meio da ajuda visível ao país, vá dar alívio invisível aos aplicadores;

2) a justificativa pouco original desse processo (como se viu no Brasil) é que o déficit em conta-corrente é passageiro, pois está financiando uma "onda de investimentos" que aumentará a produtividade e eliminará a sobrevalorização cambial e esta, por sua vez, corrigirá automaticamente o desequilíbrio externo.

Papai Noel não acredita mais nessas proposições! A experiência mostrou que se trata de uma cumplicidade entre o populismo governamental e os bons lucros privados. Por que diante da moral protestante o FMI haveria de continuar a financiar tal combinação?

5.9.2001

Consenso de Washington

O presidente Fernando Henrique costuma levar grande vantagem na sua batalha retórica contra a oposição. Esta frequentemente exagera, é confusa e às vezes pouco veraz. Há poucos dias, um de seus ilustres membros colocou a origem de todas as nossas dificuldades (que são muitas) no "demoníaco" Consenso de Washington. Pela sua exposição, deduzia-se que ele fora construído na calada da noite pelos estrategistas do império para manter sob controle as colônias. Nada mais longe da verdade! O criador da expressão "Consenso de Washington" foi um economista muito conhecido dos brasileiros, John Williamson. De acordo com suas próprias palavras, o "Consenso" pretendia ser, em 1989, "o mínimo denominador comum dos conselhos de política econômica para a América Latina, feitos pelas instituições (FMI, Banco Mundial, BID, Tesouro americano) baseadas em Washington". As sugestões nem eram exaustivas nem garantiam o crescimento econômico. Ele não diz nenhuma palavra, por exemplo, sobre a qualidade das instituições das quais depende fundamentalmente o desenvolvimento. Posteriormente (2000), Williamson confessou que não sabia se o nome ajudara a favorecer o estabelecimento de "uma política econômica racional" ou o prejudicara, porque deu a impressão de que "a liberalização econômica era imposta por aquelas instituições". Em um lamento típico de profissional honesto, Williamson sugere que teria sido melhor usar a expressão "convergência universal" (a convergência intelectual que lastreava as propostas) ou "consenso mundial".

A globalização, obviamente, não foi inventada pelo Consenso de Washington. Ele apenas se refere à política econômica que facilitaria a integração de cada país naquele processo. Um fato absolutamente fundamental é que, no "mínimo denominador comum", Williamson não incluiu a liberdade de movimento de capitais – sobre a qual existia a suspeita (confirmada pelos eventos posteriores) de que poderia produzir crises nos países emergentes.

Mas, afinal, o que é o tal "mínimo denominador comum"? Suas proposições no campo fiscal – disciplina orçamentária e prioridade para a educação e para a saúde –, o governo FHC só cumpriu a partir de 1999 e, ironicamente, por exigência do FMI. A reforma tributária, fortemente sugerida, nunca foi executada. Ele recomenda uma taxa de câmbio competitiva (só atendida depois que o Brasil quebrou, em 1998). A sugestão institucional refere-se apenas à absoluta garantia da propriedade privada, que obviamente tem diminuído neste governo.

É preciso, portanto, forçar os fatos para dizer que "FHC foi escravo do Consenso de Washington". A verdade é que o seu governo só melhorou quando (forçado pelo FMI) encarou seriamente o problema fiscal (superávits primários, Lei de Responsabilidade Fiscal, compra das dívidas estaduais e municipais), a partir do fim de 1999. E quando, sob pressão irresistível do mercado, mudou o regime cambial, no início do mesmo ano. Infelizmente, não fez o essencial recomendado no Consenso: a reforma tributária. Talvez tivesse sido melhor ter cumprido desde 1995 o Consenso de Washington!

27.3.2002

Oito anos que mudaram o Brasil

A campanha do oito (a octaetéride fernandina), que ocupa todo o espaço da televisão, dos jornais e das revistas nacionais, destina-se a influir nas eleições. Em larga medida, ela mistura o que é obra induzida pela ação do governo (por exemplo, a redução da mortalidade infantil) com fatos que ocorreram com as oportunidades abertas no mercado internacional depois que ele foi forçado a corrigir o erro cambial.

Boa parte é publicidade enganosa. Ela confunde ainda mais o cidadão desempregado e sujeito à violência física que hoje o aterroriza. Exposto ao bombardeio publicitário, o pobre cidadão, que viu a sua renda estagnada nos últimos oito anos, que viu os seus amigos perderem o emprego e que teve um primo assassinado quando saía da escola noturna, afunda ainda mais.

Deus meu, pensará, todo mundo progrediu, menos eu! Viu o governo privatizar as estradas e esfregou as mãos de alegria. Estava certo de que isso possibilitaria uma redução no imposto que pagava para construí-las e conservá-las. Atônito, assiste à continuação da cobrança do mesmo imposto (que agora é utilizado em outra coisa) e vê surgir uma proliferação de "pedágios", o que aumentou a sua carga tributária. Mais espantado fica quando vê a autoridade "inaugurar como obra sua", inscrita no bronze e com direito a festa televisiva, uma extensão de estrada ou uma usina hidrelétrica construídas pelo setor privado! Viu o governo vender as usinas hidrelétricas com crédito do BNDES (suprido pelo Fundo de Amparo ao Trabalhador) e, agora, socorrer os compradores com aumento de tarifa que sai do seu bolso. Mas não vê nenhum anúncio na televisão ou nos jornais mostrando por que, nos oito anos, a participação dos gastos com serviços públicos no seu orçamento dobrou (de 13% para 26%). É verdade que uma parte do aumento se deve aos serviços que não existiam (como a telefonia), mas não é menos verdade que, enquanto o índice de custo de vida (IPCA) cresceu menos de 100% desde 1994, os preços administrados (em parte, os contratos de privatização) cresceram quase 200%!

Para encurtar a história, a publicidade não "explica" por que, nos próximos anos, a menos que se expandam as exportações e que se estimule uma substituição competitiva de importações para eliminar a restrição externa ao crescimento, a situação do país será cada vez mais delicada. Em 2002, 2003 e 2004, pelo menos, precisaremos de 1 bilhão de dólares por semana para financiar as amortizações da dívida externa (30 bilhões de dólares) e o déficit em conta-corrente (20 bilhões de dólares). Se não fizermos nenhuma bobagem e se tivermos a boa vontade externa, talvez continuemos a receber em torno de 20 bilhões de dólares por ano em investimentos diretos e em portfólio, o que nos deixará com a necessidade de outros 30 bilhões de dólares para renovar as amortizações. O Brasil quebrou em 1998 e teve a sorte de poder recorrer ao FMI, que exigiu a mudança radical da política econômica a partir de 1999. Mas ela foi insuficiente para reduzir a vulnerabilidade já construída.

Gastar com publicidade não é pecado. Mostrar o que é bom e esconder o resto é virtude?

5.6.2002

Critério de desempenho

O acordo com o Fundo Monetário Internacional não poderia deixar de ser aceito por nenhum dos candidatos à Presidência da República[1] sem que ele revelasse uma irresponsabilidade incompatível com o exercício do cargo. Felizmente, terminou o combate ideológico ao FMI, a não ser por uma "esquerda" cada vez mais fora de moda, que sempre teve graves problemas com seu ouvido "direito". O FMI é um clube do qual somos sócios-fundadores (suspeito, aliás, que já somos sócios remidos...) para ajudar os países que têm dificuldades fundamentais com seus balanços de pagamentos. Ir ao FMI deve reduzir o custo do ajustamento necessário quando o país negocia adequadamente as particularidades da sua economia.

Nos últimos quatro anos, fomos ao FMI três vezes, tomando cerca de 90 bilhões de dólares (há uma dupla contagem, porque um novo empréstimo paga parte do que está em curso). Diante disso, é muito difícil convencer os brasileiros e os seus credores externos de que isso é prova de que nos últimos oito anos "realizamos uma política econômica virtuosa". Por mais brilhante que tenha sido o Plano Real e por mais positivo que tenha sido o aperfeiçoamento institucional, o resultado final é a demonstração irrecusável de que a política econômica dos últimos oito anos construiu uma armadilha externa que só se sustentou à custa de um endividamento exagerado e da boa vontade do FMI. Ele aprecia fortemente a nossa política de "amizade com o mercado" e a sua incontida reverência ao sistema financeiro. Os resultados dessa política em termos de crescimento econômico e de emprego foram medíocres, mas isso é irrelevante para o prestígio externo de nossas autoridades.

---

[1] Antes de fechar um novo acordo com o FMI em 2002, o governo FHC obteve o aval dos principais candidatos à sua sucessão de que respeitariam, se eleitos, os termos do entendimento com o Fundo.

Com o novo acordo, de 30 bilhões de dólares, vamos terminar menos melancolicamente a octaetéride fernandista, mas vamos deixar uma herança respeitável para o novo presidente, seja ele quem for. Quando da aprovação preliminar do entendimento com o FMI, o presidente FHC fez um daqueles movimentos políticos extremamente competentes que o caracterizam. Convidou todos os candidatos para um "baile ligeiro" no Palácio para constrangê-los a aceitar o inevitável "novo acordo", que implicaria, apenas, um aumento do superávit primário para 3,75% do PIB. O argumento fantástico é que ele não "teria custo, apenas benefícios", o que seria a primeira demonstração de que existe "almoço grátis"...

Agora, sabe-se que o superávit primário será de 3,88% (o que é muito bom). Isso só não foi comunicado aos candidatos "porque eles não perguntaram". A segunda surpresa foi o FMI ousar (o que não havia feito até hoje com o Brasil) estabelecer o critério de desempenho estrutural que exige a apresentação ao Congresso da "minirreforma tributária" pelo Poder Executivo. A reforma foi preparada na Câmara com a colaboração do Executivo, mas não pôde ser aprovada antes do recesso branco. É isso o que explica a pressa da medida provisória nº 66, que inclui a "minirreforma" e, como não poderia deixar de ser, mais uma penca de medidas fiscais discutíveis. O Congresso deve fazer um projeto de conversão da MP que reproduza o texto que consta do seu projeto e que aproveite o estímulo fiscal à exportação. O resto deve ser arquivado...

11.9.2002

A era FHC

Os oito anos de governo de Fernando Henrique Cardoso revelam fatos positivos, mas deixarão uma herança muito pesada tanto do ponto de vista econômico como político. A imagem geral será a de um presidente inteligente e elegante que, com grande urbanidade, gozou em sua plenitude o esplendor do cargo. Esteve sempre disposto a um tipo especial de diálogo que, habilmente, escondia um monólogo. Eles eram um fim em si mesmo. As informações colhidas eram consumidas em um tipo de "buraco negro". Nunca chegavam a levantar a menor desconfiança sobre a possibilidade de que a administração econômica poderia ser melhorada, porque tinha problemas e estava construindo outros, mais graves, para o futuro.

 A maior contribuição pessoal do presidente foi a consolidação do sistema democrático dentro dos marcos da Constituição de 1988, mas é preciso lembrar o que, na nossa opinião, será a pior herança política destes oito anos: a possibilidade de reeleição para os cargos majoritários em um país onde não existe um efetivo controle social, quer da mídia, quer do Ministério Público ou do Judiciário. A reeleição, que foi conseguida por métodos heterodoxos, está produzindo o que suspeitavam os que a ela se opuseram: a construção de "novas" oligarquias pelo uso escandalosamente abusivo da máquina e dos recursos públicos. Basta viajar pelo interior do país para verificar os "milagres" conseguidos pelos prefeitos que se reelegeram. O Poder Legislativo passou a ser uma "construção" do Executivo. A mídia local (jornais, rádio e televisão) foi esmagada pelo poder econômico de agentes relacionados com a administração. Uma das coisas mais importantes a serem feitas no novo Congresso será eliminar o instituto da reeleição, compensando-o, talvez, com um aumento do mandato para cinco ou seis anos.

 É claro que se fez muita coisa nos últimos oito anos. Talvez a mais significativa seja um subproduto do Plano Real. Consolidou-se a ideia de que cabe a um Banco Central autônomo a defesa do bem público mais importante: a manutenção do valor da moeda. Ninguém ousa mais dizer que "um pouco mais de inflação produz um pouco mais de crescimento". Graças à pressão do Fundo Monetário Internacional no empréstimo de 1998, generalizou-se a ideia de que o equilíbrio fiscal e o controle da dívida pública são condições necessárias para o controle da inflação. A Lei de Responsabilidade Fiscal é uma conquista definitiva. Houve progressos em outras áreas (educação e saúde), mas nada muito distante da tendência histórica. Houve, também, claras regressões em outras (energia e transporte). A privatização (que rendeu 90 bilhões de dólares de 1995 a 1998) era necessária, mas termina com enormes problemas devido à forma descuidada e apressada com que foi feita.

É um pouco cedo para avaliar o que a vaidade presidencial chama de "era FHC". A soma algébrica de "acertos" e "erros" e a herança econômica e política que o governo deixa deverão dar-lhe uma nota apenas ligeiramente positiva. O personagem FHC, ao contrário, deixará uma marca muito maior que seu governo e será lembrado por sua inteligência e elegância.

16.10.2002

Completou-se o ciclo

Consummatum est! Graças à decisão soberana dos brasileiros, completou-se o ciclo civilizatório implícito na Constituição de 1988. Ela estabeleceu direitos e garantias individuais que a comparam muito bem com as melhores do mundo e definiu a forma de organização social, jurídica e econômica que os brasileiros queriam para si. Como se diz no seu preâmbulo:

> Nós, representantes do povo brasileiro, reunidos em Assembleia Nacional Constituinte para instituir um Estado democrático, destinado a assegurar o exercício dos direitos sociais e individuais, a liberdade, a segurança, o bem-estar, o desenvolvimento, a igualdade e a justiça como valores supremos de uma sociedade fraterna, pluralista e sem preconceitos, fundada na harmonia social e comprometida, na ordem interna e internacional, com a solução pacífica das controvérsias, promulgamos, sob a proteção de Deus, a seguinte Constituição da República Federativa do Brasil.

Por que o ciclo se completa agora? Porque, em 1988, o PT, um partido menor, radical e aguerrido, tinha dúvidas sobre essa ser a melhor forma de organização do país, e muitos dos seus representantes demoraram a assinar a Constituição. Nos últimos catorze anos, o PT foi mudando até metabolizar as diretrizes constitucionais. Elas impõem no campo econômico a compatibilização entre a eficiência alocativa do mercado, que exige a plena liberdade individual, mas que é de acomodação mais difícil, com a "igualdade e a justiça". Essa compatibilização se faz através do processo eleitoral, das urnas. É por meio delas que a sociedade julga a qualidade da política econômica imposta pelo poder incumbente dos ângulos da eficiência alocativa do mercado (crescimento econômico), da liberdade individual e da redução das desigualdades. É o diálogo permanente entre o "mercado" e a "urna" que permite, no campo econômico, a construção de uma sociedade na qual os "valores supremos" da liberdade individual, do desenvolvimento e da igualdade vão-se compatibilizando.

Uma das vantagens do PT é nunca ter sido infectado pela "sólida e democrática" mentalidade do PCB e ter guardado razoável distância dos ideólogos marxistas que assustavam o velho Karl. Foi isso que permitiu a formulação do seu novo programa (que tenho chamado de "Carta de Ribeirão Preto"), completamente expurgado dos preconceitos contra a propriedade privada (base do mercado e da liberdade), contra o processo competitivo e contra o respeito aos contratos. Nada mais de "rupturas românticas" com o passado para construir um Brasil novo (e um brasileiro novo!), rupturas que fizeram a desgraça de dois terços da humanidade dominada pelas "democracias populares".

Com a mudança de seu programa, o PT aceitou integrar o corpo político nacional. A sua vitória nas urnas gera, assim, a enorme esperança de que completemos o ciclo definitivo da democracia "pluralista" definida na Constituição de 1988.

30.10.2002

Onda de otimismo

Os recentes eventos na área econômica estão mostrando que o Brasil está se beneficiando da orientação da política macroeconômica do governo Lula, resumida na chamada "Carta ao povo brasileiro". O novo programa do Partido dos Trabalhadores, coordenado pelo ministro Antonio Palocci Filho e com o qual o presidente venceu as eleições, eliminou do seu bojo uma série de aspirações românticas do "velho" programa que levara Lula à derrota três vezes consecutivas.

Depois de eleito, o presidente surpreendeu o país com:

1) a declaração de que iria mesmo cumprir o programa com o qual fora eleito e que a "mudança" na política do PT não era uma simples tática eleitoral;

2) a colocação do problema da fome como o mais agudo do ponto de vista humano e o mais grave do ponto de vista moral de todos os problemas nacionais;

3) a firme determinação de que não violaria nenhum contrato e de que manteria a política econômica canônica executada hoje por mais de cem países com resultados razoáveis: sistema de câmbio flutuante e rigoroso controle fiscal. Além do mais, continuaria com o sistema de metas inflacionárias, a despeito das dificuldades causadas pela aceleração do aumento dos preços a partir do segundo semestre de 2002.

Os resultados práticos dessa combinação de mobilização contra a pobreza com racionalidade econômica começam a revelar-se. O programa Fome Zero tem dificuldades conceituais e operativas e está demorando a deslanchar. É inegável, entretanto, que deu um sentido mais profundo aos esforços que vinham sendo realizados pelo governo anterior e por organizações não governamentais. As pesquisas de opinião já revelam que a questão da fome, inexistente nas preocupações da população até recentemente, começou a aflorar como das mais importantes ao lado dos problemas da segurança e do emprego. Ter transformado a "fome" em um grave problema nacional representa talvez a maior mudança imposta à sociedade pelo novo governo.

Os esforços para manter o equilíbrio fiscal com corte de despesas, e não com aumento de tributação, mostram também uma diferença importante. Os números de janeiro e fevereiro sugerem que o superávit primário de 4,25% do PIB, necessário para manter a relação dívida líquida/PIB em torno dos 56% deixados pelo governo anterior, vai sendo realizado. A flutuação do câmbio vai se acomodando em um patamar que deverá continuar a estimular a inversão do déficit em conta-corrente. A recente aprovação da mudança do artigo 192 da Constituição deve dar ainda maior confiabilidade à política monetária, reduzindo o chamado risco Brasil. A combinação da queda do "risco" com a maior estabilidade cambial prepara o terreno para uma redução da taxa de juro Selic tão logo as expectativas de inflação se acomodem dentro das metas. Outro fator interessante é que até a Bovespa registra aumento em dólares apesar do cenário de guerra.

Estamos em um daqueles momentos em que a maré de pessimismo começa a transformar-se em uma grande onda de otimismo, atraindo a invasão daqueles capitais que costumam, à primeira dificuldade, produzir a "morte súbita" das economias. É preciso atenção à política cambial. Não podemos repetir os erros anteriores, sob pena de continuarmos a patinar em matéria de crescimento.

9.4.2003

Crítica ociosa

Aristóteles diz, na *Ética a Nicômaco*, que "pessoas obstinadas podem ser divididas em três categorias: os dogmáticos, os ignorantes e os mal-educados". A obstinação que caracterizava os membros do Partido dos Trabalhadores era, com alguma exceção, dogmática. As importantes mudanças que se processaram no pensamento mundial a partir da implosão do chamado "socialismo real" obrigaram a maioria a reconsiderar o seu dogmatismo no que respeita à administração macroeconômica do país. E não foi apenas a partir de 2002, quando o ministro Palocci apresentou a "Carta de Ribeirão Preto", ou seja, o programa eleitoral que levou o senhor Luiz Inácio Lula da Silva à Presidência da República. Este já sofrera três derrotas com programas econômicos primitivos rejeitados pela sociedade, como foi o caso, por exemplo, do Plano Alternativo de Emergência, que circulou às vésperas da eleição de 1998 e ajudou a sufragar Fernando Henrique Cardoso!

Em 2000, em um seminário sobre a "economia socialista" promovido pela Fundação Perseu Abramo,[1] o então futuro presidente fez um depoimento espontâneo: "É muito importante que estejamos discutindo a economia socialista, pois é uma questão polêmica. Eu acho que o socialismo real – estamos falando aqui do real, e não da utopia (*sic*) – não resolveu nenhum problema crucial na sua relação com a sociedade, com a produção, que é o modo de tratar os desiguais".

E prosseguiu:

> O ser humano é eminentemente competitivo. À medida que se bloqueia a capacidade competitiva do ser humano e que se colocam todos para ganhar

---

[1] Grupo de estudos criado em 1996 pelo Partido dos Trabalhadores com o objetivo de desenvolver projetos políticos, econômicos e culturais.

a mesma coisa dentro de uma fábrica, cortam-se as possibilidades de sucesso daquela fábrica. As pessoas são niveladas por baixo, e não niveladas por cima. O socialismo não conseguiu resolver esse problema.

E avançou na compreensão do problema econômico.

O mercado só funciona se houver um Estado muito forte regulando-o e obrigando-o a cumprir algumas cláusulas sociais. Só o mercado não resolve. Compatibilizá-lo com um Estado regulador, capaz de garantir que ele atenda a todas as necessidades das pessoas, seria o ideal. Como fazer isso é o desafio que está colocado para o PT.

Por que desconfiar que há trinta meses, em um seminário acadêmico reservado, o futuro presidente estivesse escondendo o seu verdadeiro pensamento quando afirmava com todas as letras e até com certa rudeza na presença de intelectuais "dogmáticos" que o PT não é um sonho, mas um instrumento político para construir, pragmaticamente, uma sociedade com liberdade, igualdade e justiça, combinando o "mercado" com a ação do Estado?
Por que, afinal, insistir na crítica a um suposto descumprimento de um programa abandonado? Todos os partidos querem uma sociedade eficiente, que utilize o mercado, garanta as liberdades individuais e reduza as desigualdades. Nós (os não petistas) tivemos a nossa oportunidade de construí-la com resultados medíocres. É a vez de o PT tentar! Vamos criticá-lo quando errar nessa construção.

7.5.2003

Alta vulnerabilidade

A octaetéride fernandista será caracterizada, do ponto de vista econômico, pela bem-sucedida política de combate à inflação. E, do ponto de vista político, pela tragédia da reeleição em um país onde não existe controle social sobre o comportamento do Poder Executivo. Paradoxalmente, a primeira, a despeito de suas dificuldades, vai conduzir a um aperfeiçoamento continuado da administração econômica do país, enquanto a segunda tem todas as condições para deteriorar, crescentemente, a qualidade da política.

No primeiro mandato, o uso do câmbio valorizado, do desequilíbrio fiscal e de taxas de juros reais insuportáveis e a acumulação de 100 bilhões de dólares em déficits em conta-corrente levaram a um crescimento medíocre.

Ano	Expansão do PIB (%)
1995	4,2
1996	2,7
1997	3,3
1998	0,1
Média	**2,6**

Em 1998, em plena campanha para a reeleição, o Brasil quebrou e teve de socorrer-se às pressas de um empréstimo de 41 bilhões de dólares coordenado pelo FMI. A política econômica imposta pelo Fundo foi completamente diferente: câmbio flutuante, responsabilidade fiscal, metas inflacionárias. Apesar disso, acumulamos mais 80 bilhões de dólares em déficits em conta-corrente e o crescimento foi ainda mais pífio.

Ano	Expansão do PIB (%)
1999	0,8
2000	4,4
2001	1,4
2002	1,5
Média	**2,0**

Oito anos de crescimento de apenas 2,3% ao ano, com a população crescendo a 1,3% ou 1,4% ao ano. Nos últimos cinco anos do governo FHC (1998--2002), o crescimento médio foi de 1,6% ao ano, ou seja, praticamente, uma estagnação do PIB *per capita*.

Tudo isso foi feito simultaneamente à venda do patrimônio nacional e deixando uma formidável dívida líquida, da ordem de 56% do PIB, basicamente produzida pela "farra" fiscal do primeiro mandato. Estudos do próprio governo sugerem que, no período entre 1995 e 1998, se o Brasil tivesse produzido os superávits primários exigidos posteriormente pelo FMI, a relação dívida líquida/PIB não chegaria a 30%. Isso prova claramente que não foi a incorporação dos "esqueletos" que produziu a dívida. A grave dependência externa do Brasil decorre do descaso com o setor exportador até praticamente 2000. Ainda no ano passado ele não chegou a 13% do PIB. Em 2002, o serviço da dívida externa (avaliada em 210 bilhões de dólares) consumiu mais de 60% do valor das exportações.

Na verdade, não completamos até hoje o ajuste externo que fizeram os países asiáticos e a Rússia. Nosso programa de "panos quentes" manteve o país em um ritmo de crescimento ridículo e criou uma deplorável vulnerabilidade externa. É tempo de uma política mais enérgica para mudar isso.

14.5.2003

Estado de espírito

Quando separado de suas complexidades, o desenvolvimento econômico se resume em aumentar o estoque de capital físico (isto é, o nível de investimento deve ser superior à depreciação), incorporar no novo capital (resultado do investimento) novas tecnologias (resultado da pesquisa) e aumentar o estoque de capital humano (mais educação e mais saúde). É a manipulação do estoque de capital físico (infraestrutura, energia, máquinas e equipamentos) por um capital humano superior que eleva o nível da produção da mão de obra. A esse processo cumulativo se chama desenvolvimento. É claro que é sempre possível qualificar essa definição com objetivos fortemente desejáveis, como a redução das desigualdades (em particular a eliminação da pobreza absoluta) e a sustentabilidade (o respeito à conservação do ambiente), mas isso não modifica a essência do processo.

Vê-se, desde logo, que o desenvolvimento só pode ser obra conjunta do setor privado e do governo. De um setor privado constituído por empresários ativos e imaginosos e capazes de descobrir as oportunidades de investimento. De trabalhadores diligentes, inteligentes, preparados (educação) e hígidos (saúde). De um governo apoiado em instituições que propiciam aos agentes econômicos a apropriação dos benefícios de sua atividade. O governo também precisa ser eficiente, o que significa o menor gasto de custeio possível e a maior taxa de investimento na infraestrutura, no capital humano e na administração da Justiça.

Normalmente, quais são os fatores limitantes do processo de desenvolvimento? Quando toda a mão de obra já está empregada, a única forma de crescer é aumentar a sua produtividade. Isso exige a aceleração da substituição do velho estoque por capital novo que incorpore tecnologia superior, ou seja, pelo aumento do investimento na pesquisa. Uma segunda limitação é que o aumento da produção e da produtividade exige que se complemente a produção interna com a importação de bens e serviços (que incorporam a tecnologia já desenvolvida no exterior). Essa importação tem de ser paga com a exportação de parte da produção interna. Quando a troca se faz atendendo às condições das vantagens comparativas, aumenta ainda mais a capacidade de produzir um desenvolvimento eficiente (isto é, com aumento mais rápido da produtividade da mão de obra).

Mas quando se dá o surto de desenvolvimento? O esquema é "mecânico", mas o desenvolvimento é um "estado de espírito". Ele se realiza quando se desperta o *animal spirit* do empresariado, que vê um futuro promissor de bons lucros. Trata-se de um processo infeccioso: cada novo investimento ou aumento de produção cria condições de demanda para "outro" investimento ou ampliação da produção, cada um ampliando a sua oferta e a demanda dos outros...

A política econômica tem de cuidar para que a infecção não eleve a febre (inflação) ou não produza uma hemorragia mortal (déficit em conta-corrente), porque, na emergência de uma ou de outra, o processo tem de ser abortado pela taxa de juro.

16.7.2003

Spreads

Como observou o velho doutor Johnson, "quando dois ingleses se reúnem, a primeira conversa é sobre o tempo", ao que alguém depois acrescentou, maldosamente: "Mas não fazem nada para modificá-lo!". Isso no século XVIII. No Brasil do século XXI, somos mais sofisticados: quando dois brasileiros se reúnem, a primeira conversa é sobre o *spread* bancário e sempre se diz que se está fazendo alguma coisa para reduzi-lo! Em 1999, o Banco Central apresentou um volumoso e cuidadoso estudo sobre o tema e quase uma centena de sugestões. Um bom número delas foi implementado, mas, quase quatro anos depois, praticamente nada mudou: com bom ou mau desempenho econômico, com maior ou menor taxa de inflação, o nível dos *spreads* bancários resistiu a todas as conversas. O Brasil continua a amargar uma das mais elevadas taxas de juros reais do mundo, e o sistema financeiro instalado no país dirige ao setor privado um volume de crédito que não chega a um terço do PIB, certamente um dos menores do mundo!

Os estudos que distribuem o *spread*, contabilizado na forma de 1) margem líquida do banco: 40,1%; 2) impostos diretos: 20,6%; 3) cobertura da inadimplência: 17,0%; 4) despesas administrativas: 14,1%; e 5) impostos indiretos: 7,9%, não podem "explicar" por que o *spread* é tão alto, pois envolvem uma tautologia.

Da mesma forma, os estudos econométricos mais sofisticados, que tentam negar a possibilidade de que a alta concentração bancária, combinada com um governo profundamente endividado, reduza, de fato, a competição e dê respeitável poder econômico ao sistema financeiro, são seriamente inconclusivos. Isso tem desviado a atenção do BC (e do governo) do problema e criado uma visível má vontade social em relação ao sistema financeiro. É tempo, pois, de enfrentar o problema com um pouco mais de isenção e maior disposição de modificar a situação.

É evidente que:

1) o *spread* incorpora os benefícios transferidos internamente ao setor privado. Perto de 40% do crédito bancário é "direcionado" com taxas de juros ativas inferiores às passivas. Isso agrava as restrições produzidas pelo gigantesco "compulsório";

2) a concentração bancária e as altas exigências da renovação do endividamento público (e a existência de papéis cambiais) dão um poder excepcional ao setor, que pode escolher a aplicação "sem risco", além de proteger-se da flutuação cambial, o que "explica" boa parte de seus extraordinários ganhos;

3) o nível de tributação das operações financeiras (direta e indireta) pode dar algum conforto ao Tesouro Nacional, mas aumenta os custos de transação e cobra um alto preço à taxa de crescimento real do PIB.

Isso sugere o que estamos perdendo por não fazermos uma verdadeira "reforma tributária" que amplie a base imponível, elimine as distorções alocativas e reduza a carga total, tornando possível atrair para a formalidade o grande Brasil informal. A redução do *spread* exige uma política mais ativa do Banco Central e do governo, que deveria: 1) estimular um sério aumento da competição no setor (reduzindo suas despesas administrativas e as margens); 2) providenciar a legislação que falta para reduzir a inadimplência; 3) diminuir a tributação direta; e 4) diminuir dramaticamente o uso dos antiquados "compulsórios", efetuando o controle monetário por outros meios.

10.12.2003

Risco Brasil e desenvolvimento

Neste último *suelto* do ano, tomo a liberdade de tentar esclarecer dois assuntos que têm sido levantados por alguns leitores. O primeiro refere-se à afirmativa de que o mais importante fato ocorrido com a eleição do presidente Luiz Inácio Lula da Silva tenha sido o reconhecimento, pelo mundo político internacional, de uma mudança definitiva do nosso *status* político. Com a tranquila e elegante sucessão entre Fernando Henrique Cardoso e o atual presidente, o Brasil fica a dever-lhes sua definitiva promoção política: de "republiqueta" nos transformamos em República Latino-Americana, encerrando o ciclo de eventuais e aleatórios desrespeitos à Constituição de plantão. A Constituição de 1988, com todos os seus problemas, vai consolidando velozmente nossas instituições democráticas e está aí para ficar.

Uma das sugestões que utilizamos para mostrar aquele fato foi a queda do risco Brasil desde a posse de Lula, em janeiro de 2003, que foi maior do que a redução do risco médio dos países emergentes. Um dos leitores observou, corretamente, que "a situação em janeiro era de grande incerteza, de forma que a queda do risco provava muito pouca coisa". É claro que o risco Brasil tem um comovimento com o risco médio dos países emergentes. Entretanto é a diferença de queda entre eles que "mede", digamos, o "efeito Brasil". Não parece, portanto, absurdo supor que a queda mais rápida do risco Brasil se tenha devido, em parte, a um aumento da liquidez internacional (que afeta todos os países) e, em parte, à eliminação do "risco Lula" que estava embutido no risco Brasil de janeiro.

Um segundo problema que tem sido levantado por alguns leitores refere-se à recente discussão sobre a receita para o desenvolvimento econômico rápido: taxa de juros real baixa e taxa de câmbio real desvalorizada, com controle do movimento de capitais e acumulação de reservas para ganhar credibilidade. Quem não conhece o axioma "moeda forte, economia fraca"?

O modelo ajuda a "explicar" os milagres do crescimento do Japão, da Alemanha e da Itália depois da Segunda Guerra Mundial. Ele foi, em certa medida, utilizado no Brasil em um passado não muito recente e tem sido utilizado no presente pelos países asiáticos. O Instituto de Estudos para o Desenvolvimento Industrial (Iedi) preparou uma tabela, publicada na própria *Folha*, que, ao comparar a variação do PIB e a variação do IDH[1] (entre 1980 e 2001) com a variação do câmbio real médio dos países (1980-90 e 1990-2001) e a taxa de juro real média (1990-2001), sugere uma relação relativamente estreita entre taxa média de crescimento do PIB e câmbio real desvalorizado e taxa de juro real baixa.

A receita é interessante, mas está longe de ser "universal", isto é, de poder ser utilizada em qualquer economia e sob qualquer condição, uma vez que produz efeitos colaterais. Em condição de déficits fiscais e de limitação do endividamento público, a manipulação simultânea da taxa de juro real e da taxa de câmbio real pode tornar indeterminado o sistema de preços: leva ao pleno emprego juntamente com aumento da taxa de inflação. Essa é a combinação ideal para o estabelecimento de medidas defensivas na distribuição de renda (correção monetária) e para a criação das condições que acelerem ainda mais a inflação. É preciso muito cuidado e imaginação para manter o controle monetário sob uma crescente acumulação de reservas.

17.12.2003

---

1 Índice de Desenvolvimento Humano, medida comparativa criada por Mahbub ul Haq com a colaboração do economista indiano Amartya Sen (Prêmio Nobel de Economia de 1998) para classificar os países pelo seu grau de desenvolvimento tomando como base as dimensões de renda, educação e saúde. O objetivo da criação desse índice foi o de prover um contraponto ao PIB *per capita*, que leva em conta apenas a dimensão econômica do desenvolvimento. Ver: <http://www.br.undp.org/content/brazil/pt/home/idho.html>.

Trágico empobrecimento relativo

Desde os anos 1950, a economia mundial tem alternado longos períodos de prosperidade com longos períodos de crescimento mais lento, que afetam de maneira diferente as várias regiões.

A tabela a seguir mostra a média do crescimento anual do PIB (em %) em quatro períodos: 1) 1913-50, que inclui as duas grandes guerras mundiais e seus respectivos esforços de reconstrução; 2) 1950-73, período de rápida expansão com o regime, estabelecido em Bretton Woods, de taxas de câmbio fixas e eventualmente reajustáveis; 3) 1973-98, em que gradualmente aumentou o papel do câmbio flutuante, e a ênfase da política monetária foi mudando do controle da base monetária para o controle da taxa de juro. Foi o período das duas crises do petróleo, da elevação da taxa de juro real no mercado financeiro mundial e do *default* generalizado dos países emergentes; 4) 1998-2003, que mostra que, na "margem", o resultado continua muito parecido com o do período anterior. Isso nos leva a suspeitar que a "modernidade" imposta aos países em desenvolvimento pelos grandes organismos internacionais controlados pelos países desenvolvidos (FMI, OMC, BIS[1] e Banco Mundial) não produziu, até agora, nenhum resultado prático visível no crescimento econômico.

O quadro, na sua extrema singeleza, revela pelo menos três coisas: 1) a política econômica executada no período 1950-73 foi muito mais amiga do desenvolvimento do que as posteriores; 2) a região que menos se ajustou à "modernidade" (a Ásia sem Japão) e que, diante de uma crise cambial grave, se recusou a aceitar integralmente as políticas sugeridas pelo FMI foi a única que manteve as taxas de crescimento; 3) a expansão das economias asiáticas

---

[1] Respectivamente, Fundo Monetário Internacional, Organização Mundial do Comércio e Banco de Compensações Internacionais, organizações internacionais responsáveis pela supervisão econômica, comercial e bancária mundiais.

TAXA DE CRESCIMENTO DO PIB (EM %)				
Região	1913-50	1950-73	1973-98	1998-2003*
Desenvolvida	2,0	4,5	2,5	2,4
Japão	2,2	9,3	3,0	1,1
Ásia (sem Japão)	0,9	5,2	5,5	6,3
América Latina	3,4	5,3	3,0	1,2
Brasil**	4,5	7,2	3,6	1,7
Mundo	1,9	4,9	3,0	3,4

*FMI
**Banco Central do Brasil
Fonte: Maddison, A. "The World Economy".

é um fenômeno mais antigo do que geralmente se pensa e, graças à economia chinesa, tem se acelerado.

Os números da América Latina e do Brasil revelam o nosso gravíssimo empobrecimento relativo. Nos últimos quinze anos, distanciamo-nos do mundo e, particularmente, da Ásia (sem Japão), como se vê abaixo:

PRODUTO INTERNO BRUTO (PIB)		
Região	1988	2003
América Latina	100	130
Brasil	100	132
Ásia (sem Japão)	100	208
Mundo	100	156

Deveria ser evidente que a política econômica posta em prática a partir do governo Collor e aprofundada no governo FHC, que "algemou" o Estado, vendeu às pressas o patrimônio público e deixou o país endividado, tem qualquer coisa errada! A "crença" de que, depois da estabilidade monetária, o mercado resolveria nossos problemas já custou caro demais ao país. É tempo de repensá-la; não na linha de que deveríamos combater a inflação com "políticas de renda", como às vezes tem sido sugerido por economistas do PT, mas na de estimular o crescimento com políticas públicas adequadas...

10.3.2004

A grande troca

Arguto observador da nascente democracia americana, Alexis de Tocqueville, no seu insuperável *Da democracia na América*, ensinava, em 1835, que "a democracia só pode obter a verdade através do resultado da experiência, e muitas nações podem desaparecer enquanto esperam as consequências de seus erros". O problema, como ele mesmo avaliava, é que "a democracia não tem o correto julgamento que é necessário para selecionar os homens realmente merecedores de sua confiança. Às vezes, não tem nem o desejo nem a inclinação de fazê-lo". E chama a atenção para um fator elementar que complica o desenvolvimento mais harmonioso do sistema democrático. "Não pode ser negado", nos diz ele,

> [...] que a instituição democrática estimula fortemente o sentimento da inveja no coração do homem. Não apenas porque ela assegura a qualquer um os meios de elevar-se à mesma altura dos outros, mas também porque esses meios frequentemente decepcionam quem os usou. As instituições democráticas despertam e fortalecem a paixão pela igualdade que elas nunca poderão satisfazer adequadamente.

Esse sentimento de "inveja" (por mais disfarçado que seja) sempre emerge nas sucessões de poder quando os resultados das "novas experiências" parecem superar os da "velha", que teve a sua oportunidade e fracassou. A crítica do "velho" à luz do "novo" é sempre – mesmo quando não quer parecer – o grito angustiado de uma volta ao futuro para tentar uma "novíssima" experiência...

Não há como negar que a octaetéride fernandista deixou muitas lições positivas, principalmente a sua forma civilizada de conduzir a coisa pública. Nesse sentido, aliás, repetiu o que já havia feito o ilustre presidente José Sarney na crítica década de 1980.

Mas o que é impossível negar é que, visto do ponto do dia 31 de dezembro de 2002, a octaetéride caracterizou-se por uma grande troca: trocamos a hiperinflação por um hiperendividamento, por uma hipertributação e por uma hiperdependência externa.

O Plano Real foi a mais criativa obra dos economistas brasileiros, e sua execução foi admirável graças ao que o presidente Fernando Henrique Cardoso hoje chama de "pedagogia democrática". O que se discute são os seus custos em termos de atraso do desenvolvimento do país. O que incomoda mais o ex-presidente é o não reconhecimento dos "esqueletos" que ele recebeu, mas que têm pouca influência no estoque de dívida, porque ele pagou com a liquidação rápida e descuidada de parte do patrimônio nacional.[1]

FHC não tem de que se desculpar: governou com honra, mas com a inteligência condicionada à ideologia liberalista que o "mercado" lhe impôs na passagem pelo poder. Isso deve ter-lhe custado uma dolorosa dissonância cognitiva entre a função dignificante, mas passageira, de presidente e a condição de grande intelectual. Discutir a dívida pública disfarçada em "pedagogia democrática" não honra sua inteligência. Lembra mais o "grito angustiado" a que se refere Alexis de Tocqueville...

4.8.2004

---

1 *Focus*, BC, 25/2/2003. [O boletim *Focus*, do Banco Central, resume expectativas de mercado sobre indicadores da economia brasileira.]

Folclore ecológico

A "consciência ecológica" generalizou-se no Brasil a partir do fim dos anos 1960. Por insistência do Banco Mundial, todos os grandes projetos nacionais deveriam passar por um escrutínio cuidadoso sobre os seus efeitos de longo prazo na conservação dos recursos naturais. Antes disso existiam apenas alguns estranhos indivíduos que, com ares proféticos, antecipavam que o uso abusivo de tais recursos poderia produzir problemas catastróficos no futuro. O primeiro grande empreendimento nacional no qual a questão ecológica emergiu com "força de veto" foi Carajás.[1] Com as exigências do Banco Mundial e a necessidade de um financiamento múltiplo (Banco Mundial, União Europeia e Japão), o *roadshow* do projeto enfatizava para plateias já mais sensíveis ao problema do que a nossa a rigorosa combinação da eficiência econômica com a preservação do ambiente. Mostrava-se que o projeto seria rentável a despeito dos custos conservacionistas. Hoje, vinte e tantos anos depois, não creio que nenhum dos financiadores possa dizer que as exigências ecológicas não tenham sido atendidas de forma satisfatória.

De todos os animais que a evolução produziu ao longo da escala que nos separa da origem da vida, nenhum tem como o homem *sapiens* engenho e capacidade destrutiva: basta lembrar as inúmeras civilizações que, ao consumirem seu ambiente, consumiram-se a si mesmas. Todos os outros animais que convivem e tiram proveito oportunístico da natureza estabelecem com ela relações funcionais repetitivas e duradouras, do tipo predador e presa. Estas tomam a forma cíclica e, no limite, o abuso do predador leva à extinção das duas espécies, deixando intato o ambiente. O mais frequente é um equilíbrio cíclico instável entre predador e presa.

---

[1] Projeto Carajás, implantado entre 1979 e 1986, para exploração mineral nos estados do Pará, Tocantins e Maranhão.

Hoje todos reconhecemos a importância do respeito à natureza e a necessidade de conservação do ambiente para o desenvolvimento sustentado de que é beneficiário o próprio homem. Essa posição envolveu um ato de suprema humildade: de "senhor" da natureza, ele teve de passar a ver a si mesmo como parte dela. Permanentemente, tenta ajustá-la às suas necessidades, mas tem de aceitar que os recursos naturais são finitos. Qualquer utilização impensada representará maior escassez futura, aumentando a entropia do sistema ecológico.

Tão insensata quanto o desconhecimento desses fatos é a negação ao homem de "ajustar" a natureza às suas necessidades, preservando tanto quanto é possível a "ordem do sistema ecológico". Essa parece ser a postura dos "verdes radicais", vítimas, como todos os radicais, dos mitos "das florestas".

O Brasil está em uma situação delicada. O conhecimento científico disputa palmo a palmo a primazia com o folclore. Assistimos espantados ao atraso de "outorga" de irrigação de hortifrutigranjeiros. Esse setor, cuja industrialização é imperiosa, produziu neste ano dois choques de oferta inflacionários. Assistimos horrorizados à volta da "teoria criacionista" no ensino secundário. Assistimos desanimados à resistência à "lei da gravidade" que é o uso de sementes geneticamente modificadas. Nada disso "protege" a natureza. Na melhor das hipóteses, nos empobrece material e espiritualmente...

6.10.2004

Potencial de crescimento

China, Índia, Rússia e Brasil estão na moda. A Goldman Sachs especulou sobre o futuro de cada um deles (simpaticamente chamando-os de BRICs), nomeados na ordem que parece linguisticamente mais palatável. Depois disso aumentou o número dos trabalhos em torno daquelas economias.

Deixando de lado estudos teóricos, o Fórum Econômico Mundial (sob a orientação do professor Michael Porter) tem procurado pesquisar, com potenciais investidores (e, particularmente, com os que já investiram), quais os fatores que os levam a escolher este ou aquele país. A amostragem é feita com grande amplitude e abrange milhares de empresas multinacionais. Um fato importante é que tais levantamentos são acompanhados por departamentos especializados da academia, por auditores e assessores independentes residentes no próprio país, o que lhes dá um grau maior de credibilidade.

Em um último levantamento, o Fórum comparou o Brasil com a China para saber quais eram os fatores diferenciais, isto é, quais os fatores que levariam o investidor potencial a escolher um dos dois países para instalar-se. Usou para isso uma lista de vinte fatores. Em quatro deles (infraestrutura geral, infraestrutura de estradas, infraestrutura de portos e infraestrutura de telecomunicações), os investidores não encontram diferença entre a China e o Brasil, o que está de acordo com a intuição geral. Os dois países têm deficiências comparáveis, que são resolvidas na margem, sem serem impedimento absoluto para o crescimento. Lembremos que a China está crescendo a 9,5% ao ano nos últimos treze anos!

Nos dezesseis fatores restantes, a China leva vantagem em nove, e o Brasil, em sete. O Brasil perde no fator mais importante e, de fato, decisivo: o potencial de crescimento. Quem investirá em um país que acredita que o limite superior de seu crescimento anual é de 3,5% do PIB quando tem à sua disposição um que cresce 9,5% ao ano? A China nos vence (e creio que corretamente) em outros sete itens: 1) no sistema tributário e sua carga; 2) na inovação tecnológica e na pesquisa, setor no qual despende enorme subsídio – que nossos "cientistas" creem pecaminosos; 3) na mão de obra barata; 4) na melhor escolaridade; 5) no potencial do mercado interno; 6) no número de profissionais de alta qualificação; e 7) na internacionalização da economia.

Há um fator sobre o qual temos sérias dúvidas: os investidores creem que a China tenha maior estabilidade política do que o Brasil, o que é duvidoso. O Brasil já resolveu os seus problemas políticos: é, hoje, uma democracia estável, coisa que a transição chinesa ainda vai ter de provar.

O Brasil leva vantagem em relação à China (na visão dos investidores potenciais) em sete fatores: 1) maior controle de corrupção; 2) melhor burocracia; 3) maior respeito à propriedade intelectual; 4) mais eficiente e mais hígido sistema financeiro; 5) maior capacidade gerencial; 6) maior acesso à internet; e, 7) mas não menos importante, maior disponibilidade de fornecedores e prestadores de serviços. Mas o que nos falta, mesmo, é a capacidade de acreditar que podemos crescer!

10.11.2004

"Poujadismo" em marcha?

As placas tectônicas que suportam nossas classes políticas e sociais ameaçam mover-se. É sempre arriscado ignorar os pequenos movimentos sísmicos na esperança de que eles não conseguirão somar-se para produzir um *tsunami*. Esse parágrafo pode parecer "fora do lugar" no momento em que o Brasil adquire músculos para um desenvolvimento sustentado, com equilíbrio fiscal e menor dependência externa. Mas não é assim. Dois fatores são graves ameaças àquele processo.

Primeiro, uma subliminar, mas poderosa, campanha nacional feita a partir de prefeitos recém-eleitos para obter mais recursos em lugar de economizar e aumentar a eficiência de suas máquinas administrativas. Ela é ainda mais preocupante no momento em que nos aproximamos das eleições de 2006. Todos sabem que bom número de deputados estaduais e federais depende, para sua reeleição, de certo apoio de prefeitos e governadores. Infelizmente, todos querem uma acomodação da Lei de Responsabilidade Fiscal. O problema é que ela é a última garantia da relativa ordem financeira em que vivemos: se cedermos, tudo estará perdido! Cabe aos Tribunais de Contas dos Municípios, dos Estados e da União aumentarem o rigor do julgamento das violações àquela lei. A maior contribuição que o Ministério Público pode dar à ordem financeira é processar os infratores, com a maior rapidez possível, para que os novos eleitos saibam, desde o início, o que lhes reserva se violarem a Lei de Responsabilidade Fiscal. Só a condenação na Justiça dos que não a cumpriram encerrará de vez essa campanha.

Segundo, o governo federal deveria prestar mais atenção à reação violenta e inusitada que está despertando a medida provisória 232.[1] É claro que

---

[1] Editada em dezembro de 2004, a MP 232 visava aumentar a carga tributária dos prestadores de serviços, mas acabou diluída em seus efeitos por pressão de vários setores da sociedade.

ela encontrará resistência no Congresso. O mais importante, entretanto, é notar a organização espontânea do movimento social de repulsa a qualquer aumento de impostos. A sociedade cansou e sabe que eles estimulam ainda mais a trágica informalidade em que vivemos. Essa campanha começou há alguns meses quando, em todo o Brasil, se mostrou aos contribuintes o valor dos impostos que pagavam incorporado ao preço de cada produto. E ganhou corpo quando se demonstrou que eles representam 170 dias por ano de trabalho de cada brasileiro médio! Generalizou-se a consciência de que o Brasil é o país de mais alta carga tributária do mundo (no seu nível de renda média) e, o que é pior, a devolve na forma de péssimos serviços.

Esse movimento lembra o *poujadisme*, um grave e violento movimento de desobediência civil que abalou a França. Tratou-se de um movimento criado por Pierre Poujade, um livreiro de Saint-Céré, que fundou em 1953 a Union de Défense des Commerçants et Artisans (UDCA), para combater a fiscalização corrupta e a voracidade tributária. O sucesso do projeto foi espetacular e em poucos meses tomou conta do país: em três anos, colocou em grave risco as finanças francesas, com o boicote aos impostos e a discussão sobre a moralidade do governo. Em janeiro de 1956, elegeu, surpreendentemente, 11% da Assembleia Nacional (52 deputados) com o slogan "*Sortez les sortants*", que pode ser livremente traduzido como "não reelejam a canalha que apoiou o governo". O movimento se desfez quando seus deputados ajudaram a eleger o general De Gaulle, não sem antes terem pregado um enorme susto nas autoridades francesas e verem parte de suas reivindicações de moralidade e de contenção da ganância tributária atendidas na Quinta República.

2.2.2005

Traição

No último fim de semana assistimos a um programa de televisão no qual se discutiu "a traição de Lula aos ideais do Partido dos Trabalhadores". O fato interessante é que dois "petistas" (da corporação dos altos educadores que engordou originalmente o partido) revelaram um singular desconhecimento dos princípios mais elementares da economia (de fato, do princípio lógico de que a soma das partes não pode ser maior do que o todo). Tiveram, portanto, enorme dificuldade de entender os argumentos de um terceiro participante, um profissional altamente treinado, temente à aritmética e conhecedor dos princípios que regem qualquer economia.

Qual a traição? Segundo eles, Lula deixou de implementar o programa "social" (que, de fato, se pretendia "socialista") que foi a tônica do PT "original". Como é notório, o programa do PT incorporava uma espécie de marxismo de pé quebrado e escondia quais os mecanismos difusos de administração da escassez que o partido utilizaria quando no poder. Defendia romanticamente, como uma possibilidade, a administração voluntarista orientada para o "social". O aspecto ridículo da discussão é que os petistas, que antes supunham ter o monopólio da ética política, continuam com a pretensão de que têm o monopólio das preocupações sociais! Professores de história, ignoram – ou fingem ignorar – o desenrolar da história, que tem sido madrasta com seu voluntarismo...

Mas o que aconteceu? Lula é realmente um traidor das esperanças que todos os generosos petistas cultivaram? É pouco provável!

O PT cresceu bastante desde a sua fundação e foi conquistando lentamente administrações municipais e, depois, estaduais. Essas administrações foram relativamente medíocres, e algumas repetições (um petista eleger outro petista) apoiadas na ideia de "que faltou tempo para cumprirmos a prometida solução dos problemas sociais" esgotaram-se pelo "cansaço" da espera...

Lula foi candidato à Presidência várias vezes com o programa original do PT e sempre perdeu (em 1989 para Collor, e em 1994 e 1998 para Fernando Henrique), não apenas porque o programa só convencia a seus próprios militantes mas porque o partido impedia qualquer aliança com os "impuros". Em 2002 ele só foi candidato com a condição – que ele impôs – de poder fazer alianças e apresentar um novo programa. Fez a aliança com o Partido Liberal e apresentou a "Carta ao povo brasileiro", em que resumiu o seu compromisso com a nação.

A verdade é que, mostrando disposição de administrar ampliando a sua base original e eliminando os resquícios de voluntarismo romântico-idealista do "velho" programa, para torná-lo palatável a dois terços da sociedade, Lula foi eleito. É com esses dois terços, e não apenas com os 20% do PT, que ele tem compromisso. Obviamente Lula foi muito maior do que o PT. Pode-se mesmo dizer que o PT cresceu arrastado por Lula. O PT teria direito, portanto, a apenas 20% da administração. O verdadeiro erro de Lula foi dar-lhe 80% do governo!

Lula, portanto, não traiu seus eleitores majoritários. Traí-los-ia se adotasse o velho programa petista, como sugeriram os ilustres professores...

20.7.2005

Política e economia

2005 será lembrado como o *annus luctus* (o ano do luto) da política e, ao mesmo tempo, o *annus mirabilis* (admirável, mas não "uma Brastemp") da economia nacional! A possibilidade concreta dessa separação reside no comportamento (nunca desmentido) da integridade do presidente Luiz Inácio Lula da Silva com relação ao cumprimento do programa com o qual ele foi eleito: a famosa "Carta ao povo brasileiro". Esta, por sua vez, resultou de um "filtro" feito pelo então deputado Palocci no velho programa do PT, escoimando-o dos resquícios que haviam perdido toda a graça depois do desfazimento da União Soviética. O novo programa colocava a centralidade do combate à fome e do esforço de inclusão social. E isso o governo vem fazendo, obviamente, no nível limitado de sua competência administrativa.

Foi a habilidade do programa e a credibilidade do velho líder operário que o propôs que tornaram possível a sua eleição. O resultado das urnas prova de maneira inequívoca que foi o "carro-chefe Lula" o combustível que forneceu ao PT a energia para o seu enorme crescimento. Como é evidente pela constituição da Câmara dos Deputados, o partido nunca chegou aos 20% do total de votos. Os outros trinta e poucos por cento que o levaram à vitória vieram dos eleitores dos outros partidos (de esquerda e de direita), seduzidos pela possibilidade de uma nova experiência, pelo novo programa e pela integridade e respeito que Lula foi adquirindo ao longo de sua carreira de líder sindical hábil e paciente. Não pode existir, portanto, a menor dúvida sobre um fato: foi Lula quem elegeu o PT; não foi o PT que elegeu Lula. Com qualquer outra liderança (de fato inexistente nos quadros do PT) ou sem a "mudança" do programa, o partido teria amargado mais uma formidável derrota nas urnas e nunca teria feito noventa deputados federais.

O equívoco cometido por alguns petistas foi não ter acreditado na "Carta ao povo brasileiro", confundindo-a com um "expediente eleitoral para enganar a burguesia" cansada do marasmo da octaetéride fernandista. Esta transformara o brilhante sonho do Plano Real no pesadelo da imensa carga tributária e do enorme endividamento que nos esmagam. A formação do governo deu, inicialmente, razão aos que consideraram a "Carta" uma "concessão oportunista" para conquistar o poder: aumentou-se o número de ministérios para "acomodar" os "companheiros sacrificados na luta" e aparelhou-se o Estado com a ocupação de "cargos de confiança" com pessoal de qualificação duvidosa. A rigor, Lula deveria ter reservado para si, no máximo, a Casa Civil, a Fazenda, as Relações Exteriores e o Planejamento, que controlam a "filosofia" do governo. Os ministérios fins deveriam ter sido utilizados, como é normal em um regime pluripartidário, para cooptar o apoio político necessário para a implantação do seu programa, o que só se tentou na última "reforma ministerial".

A possibilidade de separação do *annus luctus* do *mirabilis* se deve exatamente à obediência do presidente às próprias promessas, que, aliás, ele reafirmou na última reunião do Conselho de Desenvolvimento Econômico e Social.

31.8.2005

Arte política e ciência econômica

Temos sempre insistido que a teoria econômica não é uma "ciência dura", na qual o universo observável é relativamente estável e pode ser explorado através de experiências de laboratório largamente controláveis e perfeitamente reproduzíveis. A teoria econômica tem que enfrentar uma "natureza" que se altera (as instituições) e um objeto (o homem) que reflete, reage e se defende das intervenções das políticas econômicas executadas por governos que se supõem a si mesmos como neutros e benevolentes.

As chamadas "leis econômicas" são, necessariamente, de natureza "empírica"; verificam-se em dado contexto institucional e histórico garantido pela ordem jurídica construída na Constituição. A "experiência histórica" mostra, por exemplo, que as sociedades mais tolerantes com o funcionamento dos mercados, e que garantem a livre apropriação por seus agentes econômicos dos benefícios resultantes de suas atividades (desde que sejam consideradas "legais"), acabam construindo instituições (propriedade privada) que estimulam a explicitação do "espírito animal" dos agentes (os empresários) que mobilizam os fatores de produção e promovem o desenvolvimento econômico.

O processo produtivo propriamente dito é regulado pela tecnologia disponível e pelos interesses dos agentes e condicionado por relações objetivas. Mas Stuart Mill[1] (antes de Marx) já sabia que a distribuição do produzido não é, propriamente, uma questão "técnica", mas uma questão política regulada pela norma constitucional.

Dessa forma, a realização dos dois valores, 1) máxima eficiência produtiva e 2) certa justiça distributiva, precisa ser politicamente compatibilizada. Outro elemento da maior importância é que um terceiro valor desejado pelos homens, a liberdade individual plena, é compatível com a máxima eficiência

---

1 John Stuart Mill (1806-1873), filósofo e economista britânico defensor do liberalismo político.

(os dois apoiam-se na exploração máxima das diferenças individuais), mas certamente incompatível com uma relativa justiça social.

O neoliberalismo falha de maneira irremediável, porém, na sua prioridade máxima ao individualismo e ao livre funcionamento dos "mercados", que, por "definição" e com tempo suficiente, produziriam a "melhor compatibilização" dos três valores: 1) máxima eficiência produtiva; 2) relativa justiça social; e 3) ampla liberdade individual. Os problemas enfrentados por quase todas as economias do mundo refletem a rejeição de tais proposições. As desigualdades criadas pela ênfase irrestrita no processo competitivo estão destruindo o "Estado do bem-estar" nos países desenvolvidos e vão levantando uma onda de "irracionalidade" nos países emergentes. Esta traz consigo o risco de perder-se o objetivo de maximizar a taxa de crescimento econômico com políticas compensatórias bem focadas para reduzir a desigualdade e que resistam à tentação de restringir a liberdade.

A compatibilização daqueles objetivos só pode ser feita pelo exercício da "arte política" que respeite as restrições tecnológicas impostas pela "teoria econômica". Só o exercício da "boa política" pode salvar a "boa teoria econômica"...

26.10.2005

Contra os militantes

Estamos terminando três quartos do primeiro mandato do presidente Luiz Inácio Lula da Silva. Como é natural, há sérias dúvidas se ele terá a oportunidade de exercer um segundo. A despeito da razoável performance econômica, o espantoso imbróglio financeiro criado pelo partido e seus aliados no processo eleitoral e o terrível incesto entre o partido e o governo depois da posse deixaram muitas dúvidas sobre a eficácia de uma administração pública penetrada por quadros tecnicamente despreparados e corrompidos por uma ideologia salvacionista primitiva e confusa.

Como temos sempre insistido, ao contrário do que pensam os "militantes", foi Lula quem elegeu o PT, não foi o PT que o elegeu. A prova disso é que o partido detém menos de 20% da Câmara e menos de 15% do Senado. E com o que se elegeu Lula? Não com o arcaico e insensato programa do PT, mas com a promessa contida na "Carta ao povo brasileiro" que ele vem tentando realizar "sem mágicas". Um pouco mais de 30% de cidadãos (não "militantes" do PT), que acreditaram em Lula e estavam desiludidos com a pasmaceira do governo FHC, o elegeram para cumprir o programa da "Carta".

Nada mais natural, portanto, do que compartilhar a administração com partidos políticos "aliados" em torno de pequenos ajustamentos programáticos. Essa é a forma de construir a maioria necessária à administração em um regime pluripartidário. Em lugar desse arranjo, construiu-se o governo na base dos "companheiros" perdedores como compensação por um suposto "auxílio" eleitoral, que, obviamente, não existiu. É claro que os "militantes" votaram em Lula porque são "militantes", e não porque foram induzidos pelos "companheiros" perdedores. Quem elegeu Lula foram os "não companheiros" e os "não militantes" que acreditaram na sua honestidade e no seu novo programa.

A principal acusação que os "militantes" fazem a Lula é a de que ele abandonou o seu programa social – o que não é verdade. Ele colocou toda a ênfase inicial no "problema da fome", que não funcionou, porque o projeto original do PT era desfocado e mal concebido. Hoje (depois de reconhecidas as deficiências originais e corrigidos seus problemas), o programa Fome Zero (que inclui múltiplas ações), conduzido pelo Ministério do Desenvolvimento Social, atingiu todos os municípios brasileiros. O Bolsa Família está melhorando as condições de vida (e a distribuição de renda) das camadas mais vulneráveis da população. Os "militantes" renitentes às verdades estatísticas continuam dando ênfase à política do salário mínimo, que praticamente já não tem nenhum efeito sobre a distribuição de renda.

Na área econômica, Lula cumpriu a sua palavra. Entendeu que a armadilha deixada pelo governo FHC (carga tributária bruta de 35,53% em 2002 contra 27,9% em 1994; dívida líquida/PIB de 56,5% em 2002 contra 28% em 1994) não lhe deixava outra alternativa que não a de aumentar o superávit primário. Foi o que, acertadamente, fez, contra a opinião dos "militantes", que continuam a sonhar com a escola risonha e franca do déficit orçamentário. Esse é o caminho mais curto para o "populismo" e a rejeição nas urnas em 2006.

2.11.2005

PT, a frustração

Há praticamente 130 anos, o grande Karl Marx deu uma famosa entrevista a um correspondente em Londres do jornal *The Chicago Tribune*, publicada no dia 5 de janeiro de 1879. Quem mais perdeu foi o entrevistador, que ficou anônimo. Se tivesse se identificado, seria mais um cidadão canonizado pelo simples fato de ter dado a mão ao doutor Karl.

Àquela altura, Marx já tinha 61 anos (morreu quatro anos depois). Com seu fogo revolucionário diminuído, mantinha ainda uma razoável esperança de que o socialismo poderia afinal produzir a emancipação dos trabalhadores dentro de um mundo que já engrenava um feroz capitalismo e flertava com o regime democrático.

A resposta mais interessante da entrevista (na minha opinião) é a que Marx formula à pergunta do entrevistador de "como seria a derrubada da ordem social dominante"? Depois de mostrar o antagonismo irreconciliável (para ele) entre os empresários que detêm o capital e alugam a força de trabalho e os trabalhadores que não dispõem de outra coisa a não ser a sua força de trabalho para alugar, ele não explicita nenhuma revolução violenta. Pelo contrário, apela para uma solução política: "Do ponto de vista socialista", diz Marx,

> os meios para transformar revolucionariamente a fase histórica presente já existem. Em numerosos países, organizações políticas tomaram impulso a partir dos sindicatos. Na América, é evidente, hoje, a necessidade de um partido operário independente (*sic*). Os trabalhadores não podem mais confiar nos políticos. Os especuladores e as "claques" se apoderaram dos órgãos legislativos, e a política tornou-se uma profissão. Não é somente o caso da América. Mas ali o povo é mais resoluto do que na

Europa: as coisas amadurecem mais rápido, não se fazem rodeios e se vai direto aos fatos.[1]

Nos EUA, um "partido operário" independente nunca prosperou. Há exemplos diferentes (como a Polônia), mas o caso brasileiro é muito importante. A atuação dos sindicatos sob o comando de um líder carismático de inteligência e habilidade política superiores – Luiz Inácio Lula da Silva – deu nascimento a um partido da natureza do sugerido pelo doutor Karl – o Partido dos Trabalhadores, que foi capaz de atrair para o seu seio, como militantes ativos, um bom número de líderes sindicais e uma expressiva parte da "inteligência" universitária brasileira. A adesão de intelectuais a programas que prometem a "emancipação dos trabalhadores" é comum, como provam a adesão escondida (antes de Segunda Guerra) de parte da sisuda inteligência britânica e a maciça adesão da alegre intelectualidade francesa aos seus respectivos partidos comunistas.

Depois dos estudos de Robert Michels[2] sobre a tendência à oligarquia das organizações e da prática corrupta e violenta do sindicalismo americano (e outros...), não é possível ver nessas instituições qualquer futuro politicamente aceitável. A esperança de ver a emancipação dos trabalhadores por um partido operário foi mais uma vez posta em séria dúvida com a ida do PT ao poder, pela rapidez com que absorveu e ampliou pecados veniais do parlamento "burguês", transformando-os em pecados capitais, e pelos resquícios de autoritarismo que não consegue esconder.

Morta a esperança de emancipar o homem por obra de uma classe, talvez só reste fazê-lo, pouco a pouco, com um sistema democrático pluripartidário e com partidos abertos.

30.11.2005

---

1 A entrevista na íntegra está na revista *Ensaio*, ano 5, n. 11/12, 1983.
2 Robert Michels (1876-1936) foi um sociólogo alemão radicado na Itália e autor de *Sociologia dos partidos políticos*.

Empreendedores e rentistas

Temos insistido que o desenvolvimento é um "estado de espírito". Ele depende fortemente de uma liderança política capaz de acender o "espírito animal" dos empresários. É isso que os leva a assumir os riscos de novos investimentos físicos que maturam em cinco ou seis anos sem nenhuma garantia de retorno a não ser a sua própria crença no comportamento futuro da economia. No caso brasileiro, é fácil entender a diferença entre esse "empreendedor" e o "investidor financeiro", o "rentista", que tem aversão ao risco e não produz crescimento diretamente.

O "empreendedor" move-se, basicamente, pela necessidade interna de "construir alguma coisa" e, certamente, espera também um resultado econômico positivo da sua atividade. Seus projetos dependem menos de um cuidadoso cálculo econômico do que de sua "intuição". Boa parte da remuneração que recebe é a satisfação da obra concluída. Este é o espelho mágico que transforma "sonhos" em realidade. Ele aparentemente viola as "leis da economia", como prova o seguinte: a taxa de retorno do capital financeiro no Brasil é hoje da ordem de 13% de juros anuais para aplicações de trinta dias, sem nenhum risco. Pois bem: não existe projeto industrial ou agrícola que sustente tal taxa de retorno no longo prazo. Por outro lado, no Brasil, a taxa de juro real de curto prazo é maior do que a de longo prazo, o que deveria levar o agente "racional" a retardar o seu investimento, assumindo provisoriamente o papel do "rentista".

O "rentista" tem ainda outras vantagens, porque vive da necessidade do governo de sustentar uma dívida pública que representa 52% do PIB. A administração tem que tratar essa dívida com o maior carinho, pois o seu financiamento é feito pela intermediação bancária das poupanças de milhões de indivíduos. Qualquer extravagância regulamentar do governo é paga com a resistência ao financiamento, que tem de ser contornada pelo aumento da taxa de juros. O mesmo acontece se houver um desequilíbrio fiscal permanente. Os interesses dos verdadeiros "rentistas" (que somos todos nós, os depositantes nos bancos) são defendidos por imensas entidades financeiras, que, obviamente, cobram, e bem, por seus serviços, apropriando-se de parte da diferença entre juro ativo e juro passivo.

Paradoxalmente, o verdadeiro criador de riqueza, o "empreendedor", aquele para quem parte da remuneração é psicológica (satisfação decorrente do seu poder criador), é muito maltratado pelo governo. Enquanto o "rentista" nada pede, a não ser uma taxa de juro compatível com a relação dívida/PIB, o "empreendedor" quer maior mobilidade para o mercado de trabalho, maior disciplina fiscal, moderação nos impostos, salário real, taxa de juro real e taxa de câmbio real que lhe dará a isonomia competitiva. Enfim, ele é um "perturbador da ordem"!

Não é por outro motivo que o sonho de longo prazo de todos os governos parece ser o de eliminar os "empreendedores" e convencê-los a serem "rentistas"...

Pena para o desenvolvimento!

7.12.2005

Inflação e eleição

Dois economistas do Banco Interamericano de Desenvolvimento fizeram um estudo detalhado dos resultados de 66 eleições presidenciais e 81 eleições legislativas em países latino-americanos de 1985 a 2003. Foi o período em que os governos deram grande ênfase "retórica" às reformas sugeridas pelo Consenso de Washington (sem tê-las realizado). Ao longo dessa vintena de anos, o Consenso foi se dissolvendo até aceitar a qualificação mais recente de "entulho neoliberal".[1]

A grande verdade é que nenhum dos países latino-americanos (com a possível exceção do Chile) aplicou o receituário do Consenso, a começar pelas diversas brincadeiras que fizeram com a taxa cambial e com os duvidosos expedientes fiscais que nunca produziram o equilíbrio duradouro das contas públicas, dos quais o Brasil é um exemplo. Misteriosamente, do Consenso, os países apressaram-se a aplicar apenas a recomendação de "privatizar o setor público", o que, certamente, aumentou a produtividade dos setores privatizados. Em todos os países, entretanto, as privatizações envolveram tenebrosas transações, a ponto de serem chamadas de "privatarias", e desmoralizaram os seus executores.

Este pequeno *suelto* destina-se a divulgar as conclusões daquele excelente artigo para ampliar o debate a respeito do assunto. Quais são elas?

1) o suporte eleitoral para o presidente incumbente é tanto maior quanto melhores forem os resultados econômicos agregados de sua administração. Nas eleições presidenciais, o presidente é mais beneficiado pela redução da inflação do que qualquer outro resultado. Nas eleições legislativas, parece (mas o resultado não é estatisticamente robusto) que o fato mais importante é a taxa de crescimento;

---

[1] Lora, Eduardo; Oliveira, Maurício. "The Electoral Consequences of the Washington Consensus". *Economía*, v. 5, n. 2, 2005.

2) a sensibilidade do suporte eleitoral dos resultados econômicos depende das características institucionais do regime político e do sistema partidário. A redução da inflação continua a ser o fator mais importante para a vitória do incumbente, principalmente quando há uma forte polarização;

3) o suporte eleitoral do incumbente depende da política econômica adotada, uma vez que essas políticas implicam custo eleitoral mesmo quando produzem bons resultados econômicos agregados; mas...

4) a tolerância do eleitorado com políticas impopulares depende da ideologia revelada do incumbente e do estado da economia.

Logo, se o mundo continuar o mesmo, se a inferência estatística for correta e se o governo permitir ao Brasil crescer entre 4,5% e 5% com inflação menor do que 5%, Lula terá alguma vantagem eleitoral. A esta se somará o fato de ser beneficiário do indecente processo de reeleição sem desincompatibilização inventado por FHC. Nos países sem controle social, como o Brasil, ele desequilibra o processo eleitoral a favor do incumbente.

Mas não se alegrem prematuramente, gregos e troianos! Ainda vale a primeira lei de Tancredo: "Quanto maior e mais sangrenta a polarização, tanto mais vantagem tem quem corre por fora"...

25.1.2006

Trindade maldita

Uma das coisas que mais impressionam quem se interessa pela escolha profissional dos economistas estrangeiros nascidos entre 1930 e 1950, e que, posteriormente, ganharam notoriedade pelo calibre de sua contribuição teórica e rigor na investigação empírica, é a quase unanimidade da resposta: sofreram, junto com suas famílias, as consequências da destruidora crise de 1930. Decidiram, então, tentar entender e melhorar o funcionamento do sistema econômico. Como foi possível isso ocorrer se a teoria econômica "garantia" o pleno emprego?

A crise dos anos 1930 havia sido precedida por muitas outras, mas nenhuma com a sua virulência e profundidade. Ela apenas confirmava, de maneira trágica, a famosa "trindade maldita" que acompanhara a economia desde a Revolução Industrial. O registro das primeiras crises data do fim do século XVIII, na Inglaterra. A organização produtiva chamada de "capitalista" revelou desde cedo a "trindade maldita": 1) apesar de relativamente eficiente, o sistema deixado a si mesmo tem dificuldade de eliminar a pobreza; 2) o seu funcionamento altamente competitivo tem a tendência de acentuar as desigualdades entre os indivíduos; e 3) em determinados momentos, ele se ajusta mais fortemente, produzindo desemprego de caráter patológico.

Foi a constatação prática dessa "trindade" que inspirou as críticas, do ponto de vista moral, dos diversos "socialismos utópicos" e, do ponto de vista moral e prático, do "socialismo científico" de Marx e Engels. Marx, a partir de uma brilhante antropologia, propôs uma outra "explicação do mundo" e uma outra organização social da produção, que superaria a "trindade maldita". Infelizmente, os que, no poder, reivindicaram o "marxismo" tentaram eliminar a "trindade", suprimindo a liberdade, o que apenas acentuou a miséria moral e material.

A recessão dos anos 1930 marca um ponto decisivo na história econômica e no pensamento econômico. Hoje sabemos que a teoria monetária e a política do FED, inspiradas na realidade dos anos 1930, em lugar de minorarem, provavelmente aprofundaram a crise. Havia muita dissensão entre os economistas, mas nenhum com peso suficiente para ser ouvido. Lembremo-nos de que a teoria econômica de então "garantia emprego a todos os que pudessem e se dispusessem a trabalhar em troca do salário real de equilíbrio". Essa mesma "garantia" é dada hoje pela teoria neoclássica incorporada pela grande maioria de nossos atuais economistas. Aliás, um grande Prêmio Nobel (antes de se apaixonar pela teoria do desenvolvimento) dizia que todo desemprego é "voluntário", produto do ataque de "preguiça" que de tempos em tempos se abate sobre os trabalhadores...

John Maynard Keynes (com suas virtudes e defeitos, o maior economista do século XX) foi quem primeiro enfrentou a discrepância monstruosa entre a realidade do desemprego e a hipótese do "pleno emprego", até hoje incorporada na racionalidade abstrata dos neoclássicos. É por isso que um pouco menos de ênfase na teoria do equilíbrio geral (uma realidade fora do tempo histórico), um pouco mais de ênfase na teoria monetária da produção (uma realidade no tempo histórico), uma compreensão maior de que o futuro não está escrito no passado (processos não ergóticos) e o reconhecimento de que o futuro é imperscrutável melhorariam – e muito – a visão dos nossos excelentes neoclássicos.

8.2.2006

Abertura comercial e inflação

Uma pergunta simples, mas de resposta complexa: "Por que alguém se dispõe a exportar?". Por definição, nenhum agente individual precisa exportar. Ele se acomodará em seu "nicho" tentando maximizar o resultado de sua ação, que será condicionado pelo sistema de preços estabelecido internamente pelo nível existente de "proteção". O seguro é que tal economia será muito ineficiente.

Um dos poucos teoremas relevantes da teoria do comércio internacional é que se pode demonstrar, em condições muito gerais, que "algum comércio é sempre melhor do que nenhum comércio". Quando um país abdica de suas "vantagens comparativas", ele está comprometendo a sua produtividade e cultivando a pobreza. Estamos, pois, diante de um caso da famosa falácia da composição: o que vale para cada um dos agentes não vale para todos, ou seja, para a nação.

É a nação, isto é, o conjunto de todos os agentes, que necessita da exportação. Por quê? Simplesmente porque a exportação é a moeda de troca no grande "supermercado" mundial de bens e serviços. A exportação é importante geradora de renda interna, mas é ainda mais importante como instrumento de apropriação do "estado da arte" da tecnologia mundial pelo país.

Com o valor obtido com a exportação do mais simples produto (uma sandália Havaianas ou um biquíni), podemos comprar o mais sofisticado computador ou a licença para usar um produto cujo desenvolvimento custou bilhões de dólares – e também o mais inútil lápis, com uma pequena lâmpada no lugar da velha borracha, o que os chineses produzem com tanta eficiência. Tudo se encontra abundantemente disponível no grande supermercado mundial.

A estreita ligação estatística entre o crescimento das exportações e o crescimento do PIB esconde um fato importante. O que acelera o crescimento é o aumento da produtividade do trabalho, que se realiza pela incorporação de novas tecnologias embutidas nos bens de capital, nos novos materiais, nos novos conhecimentos, nas novas técnicas produtivas que podem ser importadas. Mas só podemos ter acesso a elas através das exportações. É o *quantum* das exportações, corrigido pela relação de troca, que determina nosso poder de compra do *quantum* das importações.

O poder de compra das exportações e o valor das importações devem andar em relativo equilíbrio para que o desenvolvimento se realize sem problemas externos e possa ser sustentável no longo prazo. As crises que se abateram sobre as economias "emergentes" (mesmo quando não havia liberdade de movimento de capitais) foram frequentemente produzidas pelo descompasso entre aquelas duas variáveis.

Mas isso não é tudo. A grande revolução globalizadora das economias dos anos 1990 foi misteriosamente acompanhada por uma diminuição das taxas de inflação. No início da década, o economista David H. Romer sugeriu que foi exatamente a generalizada abertura para o comércio exterior que reduziu a inflação no mundo. Um recentíssimo trabalho de dois competentes economistas do Ipea,[1] usando dados de 152 países no período 1950-92, confirma, com método mais sofisticado e apropriado, a conjectura de Romer: o grau de abertura comercial é fator decisivo no controle da inflação.

Logo, a maior abertura comercial feita com inteligência e paciência ajuda tanto o crescimento como o controle da inflação.

8.3.2006

1 Sachsida, A.; Mendonça, M. J. C. "Inflation and Trade Openness", Texto para Discussão n. 1.148, jan. 2006.

Duplo estelionato eleitoral

O último surto de desenvolvimento brasileiro ocorreu no governo Itamar Franco (1993-94), quando crescemos 5,4% ao ano, com equilíbrio externo. A carga tributária bruta era de 27% do PIB, e a dívida líquida do setor público, 31% – graças ao vigoroso superávit primário de 3,7% ao ano, em média, no período. As reservas internacionais eram de 40 bilhões de dólares, correspondentes a um ano de importação.

Restava um problema grave: a imensa taxa de inflação, da ordem de 1.700% ao ano. Depois de uma tentativa fracassada (Plano Cruzado), os mesmos economistas produziram um programa realmente admirável, o Plano Real. Criou-se uma moeda que se autocorrigia, a Unidade Real de Valor (URV). Todos os preços foram liberados e congelou-se a distribuição de renda mais ou menos no nível da disputa que se equilibrava em 1.700% de inflação. Mimetizou-se, assim, uma hiperinflação sem que o país tivesse que sofrê-la. Quando os preços relativos se ajustaram à distribuição de renda (congelada) em um nível em que seria pequena a disputa distributiva, bastou repetir o que se fez na Europa depois da Primeira Guerra Mundial: pendurar o equilíbrio durante algum tempo em uma taxa de câmbio fortemente administrada até que todos os novos preços relativos e as remunerações se acomodassem.

O Plano Real foi um enorme sucesso no combate à inflação. Quais eram, entretanto, as condições de permanência do sucesso? A construção do absoluto equilíbrio fiscal, com corte de despesas e sem aumento excessivo da carga tributária e do endividamento líquido/PIB. Sem isso, era claro que o custo de reduzir a inflação seria a permanente estagnação, porque a sustentação da taxa de câmbio valorizada exigiria uma enorme taxa de juro real.

FHC surfou sobre o Plano Real. Elegeu-se. Imediatamente procurou, com métodos absolutamente heterodoxos, a sua reeleição sem desincompatibilização, o que seria o segundo "estelionato eleitoral". O primeiro residiu no fato de que, uma vez eleito, esqueceu a condição essencial: o equilíbrio fiscal. Elevou para 29% a carga tributária bruta e aumentou de 31% para 49% do PIB o endividamento. Não fez o menor esforço para controlar as despesas, reduzindo o superávit primário a zero no primeiro quatriênio. Em apenas quatro anos, acumulamos um déficit em conta-corrente da ordem de 100 bilhões de dólares! O resultado final foi trágico. Em 1998 (às vésperas da reeleição), o Brasil "quebrou": tivemos de ir correndo ao FMI e, com o chapéu na mão, pedir um socorro de 40 bilhões de dólares!

No segundo mandato, as coisas foram um pouco melhores, porque o FMI exigiu um esforço fiscal. Este foi espertamente contornado por FHC, que descarregou o problema sobre o setor privado, aumentando a carga tributária bruta para 32% já em 1999. Puxado pelo nariz, o governo perdeu o controle do câmbio para o "mercado". Instalou-se depois uma nova e melhor política monetária. Mas o fim foi melancólico. Terminamos 2002 com uma inflação de 12,5% e um crescimento de 1,9%. Acumulamos mais 80 bilhões de dólares de déficit em conta-corrente. Com reservas de 16 bilhões de dólares, e o Brasil "quebrado" pela segunda vez, tivemos de voltar ao FMI...

O problema da inflação acabou mal resolvido na octaetéride fernandista pela sua indisposição de fazer as reformas microeconômicas. Em compensação, deixou dois problemas robustos que têm inviabilizado o crescimento econômico: uma carga tributária bruta de 36% e uma dívida líquida/PIB de 56%...

29.3.2006

Economia política

Para Adam Smith, a economia política era (como na escolástica medieval) uma ciência moral. Ela deveria ajudar os homens a encontrar formas de organização econômica que lhes permitissem uma sobrevivência decente. À economia política propõem-se dois objetos distintos: 1) proporcionar ao povo um bom rendimento e subsistência abundante, ou melhor, proporcionar ao povo as condições para que ele mesmo possa fazê-lo; e 2) proporcionar ao Estado as condições de apropriar-se dos recursos necessários para cobrir as despesas com os bens públicos que só ele pode produzir.

Essa sociedade "razoável" deveria, portanto, dar oportunidade a todos os que podem e querem trabalhar de obter, com seu próprio esforço e capacidade, a subsistência digna para si e para suas famílias. Como em Keynes, a prioridade da sociedade "razoável" é o emprego para todos e a subsistência com dignidade.

A hipótese genial de Smith, de que, "na sua ação, os homens procuram maximizar os seus interesses", mostrou-se extremamente frutífera e ajustava-se como uma luva a ser explorada pelo cálculo diferencial criado por Newton e Leibniz. A sugestão foi tão poderosa que transformou lentamente a "economia política" em "teoria econômica". Ela deixou de ser uma ciência moral, que privilegiava a condição humana, para "cientificamente" enfatizar a eficiência produtiva: o "mercado de trabalho" (no qual os homens de carne e osso vivem e buscam seu sustento) é tratado da mesma forma que o "mercado de parafusos" e o "mercado financeiro", transformando o "desemprego" em um ato de mera "vagabundagem". É claro que a eficiência produtiva é para o "homem", mas é mais claro ainda que a "sociedade razoável" tem a ver não apenas com ela, mas com a natureza da distribuição do que foi produzido. Um mínimo de bem-estar para todos não é um problema técnico, solúvel pelo cálculo diferencial, mas essencialmente político, como enfatizaram, no mesmo tempo (1848), Stuart Mill e Karl Marx.

Na "sociedade razoável", os homens desejam não apenas a oportunidade de trabalho para ganhar a subsistência, mas também a liberdade individual e uma "relativa" igualdade. A liberdade é perfeitamente compatível com a eficiência produzida no mercado pela competição. Mas a competição é capaz de produzir as maiores desigualdades. É por isso que temos de reintroduzir a "política" na "ciência econômica" antes que o "sufrágio universal" ponha a perder a própria eficiência!

31.5.2006

O quase bem público essencial

Damos o nome de "bem público" a um bem físico ou um serviço necessário a todos os cidadãos que, uma vez produzido, não pode ser subtraído de quem não queira pagá-lo e cujo "consumo" por um não limita o "consumo" dos outros. Os exemplos típicos são a segurança interna e a iluminação pública. Quando existe iluminação em uma rua, ela é "consumida" por todos os cidadãos que ali trafegam, mesmo os que não estariam dispostos a pagá-la, e o "consumo" da iluminação por um não restringe o "consumo" dos outros. Os economistas têm construído sofisticadas teorias relativas à oferta de tais bens, que, obviamente, não podem ser fornecidos pelo "mercado" e têm de ser financiados coletivamente pela tributação efetuada pelo Estado.

Há, hoje, um reconhecimento geral que o sistema de "mercados" competitivos é um mecanismo eficiente para atender às demandas dos consumidores porque ele leva à oferta (produção) desses bens e serviços, atendendo aos seus desejos, selecionando a melhor tecnologia e o uso mais econômico dos fatores de produção escassos.

Normalmente o "consumidor" é, também, um produtor. No caso do trabalhador, o fator de produção é sua "força de trabalho", que aluga para o empresário. Há aqui três problemas, pelo menos: sendo os dois primeiros que o "mercado" só funciona quando existe o reconhecimento da propriedade privada e quando cada participante pode apropriar-se livremente dos benefícios de sua atividade. Os dois exigem a presença do Estado. O terceiro problema é o seguinte: o "mercado" é um mecanismo de feroz competição. Todos sabem que qualquer corrida só é honesta se todos os participantes saem do mesmo ponto de partida. Mas o fato é que os indivíduos têm pontos de partida diferentes: eles dependem da renda do lar em que nasceram, da oportunidade de educação, das discriminações sociais, étnicas, religiosas etc. Nivelar o "ponto de partida", isto é, proporcionar a todo o cidadão tanta igualdade de oportunidades quanto seja possível, é, assim, uma das tarefas insubstituíveis do Estado. Mais necessário ainda em uma sociedade em que a pobreza e o próprio "mercado", com seu processo competitivo, tendem a reforçar e ampliar as distâncias entre os indivíduos. É por isso que a saúde e a educação dos que não têm recursos para pagá-las são uma espécie de "bem público" que só o Estado pode suprir. Não é um "bem público" puro, apenas porque os que dispõem de recursos e podem pagá-lo deveriam ser excluídos para ajudar a financiar os demais.

9.8.2006

166 anos depois...

O Brasil saberá escolher o candidato à Presidência que tem melhores condições para reconquistar o crescimento econômico; que tem maior sensibilidade para prosseguir na difícil, ingente, mas imprescindível, tarefa de ir proporcionando a todo cidadão maior igualdade de oportunidade; que é capaz de preocupar-se com uma melhor distribuição pessoal de renda; que entende o papel do Estado na harmonização do desenvolvimento regional e no atendimento às necessidades mais prementes e imediatas daqueles a quem a velocidade da globalização retirou o emprego. Isso é necessário, não o suficiente! É preciso, também, manter o equilíbrio interno (baixa inflação) e o externo (pequeno saldo em conta-corrente).

Pois bem: a condição necessária e suficiente para o atendimento desses múltiplos objetivos é manter o absoluto controle sobre as despesas correntes do governo e ir reduzindo, paulatinamente, a inacreditável carga tributária (38% do PIB) e a fantástica dívida pública bruta muito mal financiada (72% do PIB) que acumulamos nos últimos doze anos. Ao contrário do que se pensa, isso não exigirá, necessariamente, o sacrifício dos chamados "gastos sociais". Exigirá, sim, inteligência, convicção, persistência e paciência!

O Brasil espera esse momento desde 1840, quando dom Pedro II foi declarado "maior" (com menos de quinze anos de idade) para salvar a integridade física nacional e eliminar os desmandos financeiros da Regência, que, em seu último orçamento (1838-39), apresentou um déficit da ordem de 50% da receita e um endividamento externo respeitável! Dom Pedro II, ao aceitar sua maioridade, prometeu: "Procurarei corresponder à vossa solicitude, fazendo que a despesa pública seja administrada, em todos os seus ramos, com a mais severa economia".

Em 1889 é proclamada a República, e o "cidadão" ministro da Fazenda, Ruy Barbosa, descreve "a situação dramática" a que haviam chegado as finanças públicas da Monarquia: uma preocupante sucessão de déficits e um endividamento assustador! E recomenda à República nascente:

> Cortemos energicamente nas despesas. Eliminemos as repartições inúteis. Estreitemos o âmbito ao funcionalismo, reduzindo o pessoal e remunerando-lhe melhor os serviços. Fortaleçamos e moralizemos a administração, norteando escrupulosamente o provimento dos cargos do Estado pela competência, pelo merecimento, pela capacidade.

Ai de nós, a história é conhecida: 166 anos de triunfo da esperança sobre a experiência. Agora é preciso realizá-la não por virtude, mas por absoluta necessidade!

25.10.2006

Somos todos marxistas

Marc Bloch, o grande historiador, disse a um amigo pouco antes de ser fuzilado pelos nazistas em junho de 1944: "Eu também sou marxista, mas não tenho nenhuma necessidade de dizê-lo; sou marxista como sou cartesiano". Este é o ponto. Hoje (62 anos depois de Bloch), somos todos "marxistas", exatamente como somos cartesianos, como somos humeanos, como somos espinosianos, como somos kantianos, como somos weberianos, como somos neoliberais, como somos keynesianos, como somos freudianos, como somos einsteinianos, como fingimos saber do que trata a física quântica e assim por diante...

Para qualquer animal inteligente, Marx continua necessário, ainda que não seja suficiente. Os dois gigantes que o habitavam, o teórico e o revolucionário, foram pouco a pouco tomando distância entre si. O pensamento do velho Karl é uma máquina diabólica: sequestra o leitor, que não encontra saída fácil. Precisa de muito esforço para livrar-se das suas engrenagens lógicas e não o faz sem levar marcas indeléveis. De sua obra teórica ficaram sólidos resíduos, incorporados definitivamente à consciência da humanidade, mas que vão perdendo a sua identidade ao submergirem no que se supõe ser o estoque das "verdades" que conhecemos. O seu "socialismo científico", ao contrário, empalidecerá cada vez mais. As tentativas de implementá-lo (justificadas ou não pelas condições materiais) terminaram, invariavelmente, em enormes desastres econômicos e sociais.

O grande potencial da hipótese do materialismo histórico acabou aprisionando em uma órbita em torno de Marx quase todos os construtores da sociologia (Weber, Durkheim e Pareto). Estes tentaram fugir à força de atração de Mefisto negociando com ele. E como se pode entender de outra forma a obra de Aron, de Mannheim, de Wright Mills ou de Schumpeter? A obra de Marx só não conheceu ainda a mais completa absorção pela corrente do pensamento universal porque, falsificada, transformou-se em uma espécie de religião oficial do império soviético. Em lugar de uma sociedade sem classes e livre, construíram um mundo fantástico de opressão e de obscurantismo, como só intelectuais são capazes de fazer. A "Igreja" matriz faliu. Seus altos sacerdotes, que, no Brasil, faziam "charme" com a carteirinha escondida do Partidão, perderam o encanto: são agora pobres "social-democratas"! Portanto, ainda que alguns lamentem, hoje todos podemos ser marxistas "sem medo de ser feliz"...

17.1.2007

Justiça social

Entre os economistas que têm a ilusão de possuir um conhecimento objetivo do "que é", sem nenhuma perversa valoração do que "deveria ser", a ideia de uma sociedade "justa" é um corpo estranho.

O grande economista e filósofo Friedrich Hayek revolucionou o entendimento do papel desempenhado pelo "mercado" e desmontou a ingênua noção de equilíbrio que ainda circula por aí. Suas ideias exercem enorme – e justificada – influência sobre o pensamento de alguns de nossos economistas. Hayek caracterizava como quimera, um mero resíduo antropomórfico, a ideia de justiça social, uma vez que, sendo o mercado produto de uma ordem natural, impessoal, espontânea, que se auto-organiza, é-lhe completamente estranha a ideia de "justiça".

Longos anos de pesquisas feitas em 24 países europeus por psicólogos sociais descobriram que os homens comuns nunca ouviram falar de Hayek. Insistem, portanto, na quimera do que consideram como "justiça" na repartição dos bens produzidos. E mais, concluíram que tais ideias têm consequência quando existe o sufrágio universal: elas determinam o seu comportamento nas urnas.

Três critérios parecem dominar o conceito de justiça nas múltiplas relações sociais: 1) nas relações de cooperação, cujo principal objetivo é a produção de bens e serviços, o mérito ou a equidade é o critério dominante da justiça distributiva; 2) nas relações de pura interação social, a igualdade é o critério dominante; e 3) quando a cooperação é destinada ao bem-estar social, passa a dominar a satisfação das necessidades básicas.

Descobriu-se, empiricamente, um pouco mais: que esses critérios são hierarquizados. A sociedade "justa" deve: 1) garantir as necessidades básicas de todos (alimentação, habitação, vestuário, educação e saúde); 2) dar a cada um a mesma oportunidade de realizar-se de acordo com seus méritos e qualidades pessoais; 3) reduzir as extremas desigualdades de rendimento entre os cidadãos.

Verificou-se também que essa hierarquia é a mesma nos 24 países analisados e que ela independe da cor, do sexo, da educação e da religião – e até da orientação política (direita, esquerda) – de quase 30 mil europeus entrevistados.

Dar a todo cidadão a oportunidade de realizar-se por seus próprios méritos garante a moralidade da competição no mercado.

E, com o sufrágio universal, o que estabiliza a democracia é a garantia de que as necessidades básicas de todos os cidadãos vão sendo atendidas.

7.3.2007

Requiescat in pace

Para alguns economistas a maior surpresa revelada pelas novas estimativas de crescimento do PIB foi o aparente aumento da Produtividade Total dos Fatores (PTF – mão de obra e capital). Trata-se de um *requiescat in pace* para essa misteriosa componente calculada como resíduo na contabilidade do crescimento.

O problema com o conceito de "produto potencial" é que ele é resultado de uma curva de oferta (de uma função de produção) produzida por um estoque fixo de capital (que a rigor ninguém sabe direito o que é) e por uma quantidade de mão de obra determinada, no mercado de trabalho, pelo encontro da oferta de mão de obra (os que podem e desejam trabalhar para cada nível de salário) com a demanda de mão de obra (determinada pela produtividade marginal do trabalho). Não há, no produto potencial, papel para o fator de produção decisivo: o empresário, como já sabia em 1725 o velho Cantillon.[1] O empresário, mesmo no curto prazo, move-se por incentivos (perspectiva de lucro) e faz mover, com incentivos, a oferta e a demanda de trabalho, além de usar mais ou menos intensivamente o estoque de capital.

Oferta global e demanda global não são totalmente independentes, mesmo quando o estoque de mão de obra e o estoque de capital parecem fixos. Se houver "expectativa" de lucro (ou seja, de mais demanda), o empresário mobiliza a força de trabalho oferecendo novos estímulos que aumentam o seu esforço, aumentam a participação feminina e aumentam a oferta dos "desacorçoados" (diminuindo o nível de desemprego). O mesmo acontece com o uso do estoque de capital que é mobilizado em novos turnos juntamente com a mão de obra, desde que haja "expectativa" de lucro. É claro que esse movimento tem um limite no estresse que vai produzindo na utilização do

---

[1] Richard Cantillon (c. 1680-1734), economista e banqueiro franco-irlandês, autor de *Ensaio sobre a natureza do comércio em geral*.

estoque dos fatores e que, na margem, pode elevar os custos. Mesmo estes serão, em parte, compensados pelo inevitável aumento da Produtividade Total dos Fatores quando aumenta o nível da produção, como mostra a velhíssima lição de Kaldor-Verdoorn.[2]

É por isso que a política monetária deve ser uma salada de "boa teoria" muito bem temperada com "arte" para não abortar a ação do empresário quando ele vê a possibilidade de expansão da demanda e de novos lucros. O uso abusivo de um metafísico "produto potencial" tornou-se um efeito constritor do "produto atual"! É inútil, mas indispensável dizer que isso está longe de sugerir transacionar um "pouquinho mais de inflação" por um "pouquinho mais de crescimento".

4.4.2007

---

[2] Referênciaa Nicholas Kaldor (1908-1986) e Petrus J. Verdoorn (1911-1982), que estabeleceram as bases teóricas para a relação positiva entre a taxa de crescimento da produção no setor industrial e o aumento da produtividade média do trabalho.

Lula e os cientistas

Através de uma amostra "não científica", feita por suas aparições nos programas de televisão, estima-se que duas em cada três pessoas que se classificam a si mesmas como "cientistas sociais" manifestam uma enorme resistência às ideias que o governo Lula colocou na agenda, sucessivamente: 1) um programa (inicialmente mal focado) de diminuição das desigualdades e redução da pobreza absoluta que, aperfeiçoado, o reelegeu; 2) devolveu à mesa a questão do crescimento, que esteve esquecida por 25 anos; 3) enfrentou pela primeira vez os verdadeiros problemas que explicam a precariedade do ensino fundamental público; e 4) o fez com respeito à política fiscal e plena autonomia do Banco Central.

Quando confrontados com a evidência empírica, os "cientistas" limitam-se a três objeções. A primeira é que nada disso é novidade. Todos esses problemas já tinham sido atacados antes, o que é verdade: Lula radicalizou as políticas fiscal e monetária de FHC porque estávamos perdendo o controle da inflação (em dezembro de 2002 ela estava rodando em torno de 3% ao mês, ou seja, 40% ao ano). As políticas sociais e de educação já existiam (muito antes de FHC), respectivamente ineficientes e procurando o seu caminho.

A segunda é que o governo Lula encontrou um ambiente externo com rara vitalidade, que lhe permitiu superar a vulnerabilidade externa, o que tem validade factual, mas é irrelevante como crítica. Ele tem podido até dar-se ao luxo de repetir o dramático erro do primeiro mandato de FHC, quando o câmbio valorizado (por uma taxa de juro real inimaginável) foi utilizado oportunisticamente para a redução da taxa de inflação. Agora, dado o ambiente externo, faz isso sem as trágicas consequências da aventura de 1995-98 no que se refere aos déficits em conta-corrente, mas não menor custo no que se refere à estrutura industrial de longo prazo, a única capaz de sustentar o mercado interno.

A terceira é que o engenho e a arte de Lula (é difícil saber se é um elogio ou uma crítica) cooptaram todo o sistema político. Não há oposição: o presidente teria se apropriado do programa "social-democrático", e o PSDB e o DEM (ex--PFL) perderam o "mapa" e a "bússola". A verdade é que eles não têm tido, até agora, como aliás acontece também com a maioria dos "cientistas sociais", a capacidade de formular novas ideias capazes de incendiar o imaginário popular e levá-los a uma nova aventura salvacionista. Trata-se, portanto, de uma crítica paradoxal que regride sobre o próprio crítico.

30.5.2007

Desenvolvimento e problemas

A física construiu a palavra *histerese* para designar o fenômeno exibido por sistemas cujo estado presente depende de sua história antecedente. Os economistas inventaram a expressão *path dependency*, que se acomoda muito mal na tradução para o português, mas que corresponde à mesma ideia. O processo de desenvolvimento econômico tem, pelo menos, duas características muito importantes: 1) possui histerese – seu curso depende, fundamentalmente, do que se fez no passado. A direção pode ser corrigida pela ação contemporânea, mas o que foi feito não pode ser "não feito", de forma que é inútil lamentar as oportunidades perdidas; e 2) possui a diabólica capacidade de, ao resolver um problema, criar pelo menos outros dois. Trata-se de um mecanismo de gestação de novos problemas que desafiam e põem à prova, a cada momento, a qualidade de antecipação e de sua solução pela boa governança pública e privada.

É ilusão, portanto, pensar em "equilíbrio". Os desequilíbrios e os problemas são a forma natural que assumem os obstáculos que se opõem ao uso eficiente dos fatores de produção (trabalho e capital). O desenvolvimento econômico é apenas outro nome para um persistente aumento da produtividade do trabalho. Mas não é qualquer aumento da produtividade. Ele é condicionado a dois outros valores: uma razoável distribuição dos seus benefícios, o que implica políticas públicas que aumentem de forma persistente a igualdade de oportunidade para todos, e a compatibilidade com a plena liberdade individual. Esses valores, altamente desejados por todas as sociedades modernas, não são inteiramente compatíveis entre si.

Sua conciliação, sempre imperfeita, exige um Estado constitucionalmente forte, dirigido por períodos fixos bem determinados, por governos escolhidos diretamente pelo sufrágio universal em processos eleitorais competitivos. Trata-se de uma ordem política que exige dos governos competência e paciência para acomodar as contradições naturais abrigadas naqueles objetivos, sem manifestar comportamentos idiossincráticos. O Estado e os objetivos são permanentes. Os governos são passageiros, não são proprietários do Estado. Por isso é sua obrigação cumpri-los com competência e honestidade. O Estado, que é permanente, não tem problemas. Os problemas são dos governos eleitos para resolvê-los e, no processo, criar novos desequilíbrios, que serão resolvidos por seus sucessores... Quanto mais problemas e mais competência para resolvê-los, mais rápido será o desenvolvimento com qualidade.

27.6.2007

Economia e civilização

Para entender por que a economia é uma ciência social (e moral!), e não uma ciência da natureza como a física ou a química, basta considerar um exemplo simples que todos aprendemos no antigo curso secundário. Foi o grande professor Luiz Ferlante quem me ensinou, em 1939, que a "misteriosa" fórmula H_2O é o símbolo que representa a água. Trata-se de uma combinação adequada, em circunstâncias adequadas, de hidrogênio (H) e oxigênio (O), que produz um líquido indispensável à vida e que, em condições normais, não tem cor, gosto ou cheiro.

O grande paradoxo que encantou os economistas é que ela tem o maior valor para a humanidade, mas até há algum tempo não tinha preço, devido à sua abundância.

Os químicos continuam a pesquisar as propriedades do indispensável líquido. Sempre que desejam, fazem os obedientes hidrogênio e oxigênio se combinarem para produzi-lo.

Suponhamos que os átomos de oxigênio pensassem, aprendessem, pudessem comunicar-se, transmitir seus desejos e necessidades e organizar-se como "classe" (ou sindicato) do oxigênio. Um átomo mais esperto logo assumiria a liderança da "classe" e manifestaria o seu descontentamento com a superioridade do hidrogênio (ele tem dois e eu tenho apenas um) na formação da água. No limite, ele decretaria a "greve geral" do oxigênio, que se recusaria a assistir impassível à continuação da desigualdade humilhante. Imagine a surpresa dos químicos com a "resistência" do oxigênio. Imagine o que seria da já complexa química com os átomos pensando, organizando-se, comunicando-se, aprendendo, sentindo desconforto e procurando a felicidade. E imagine a dificuldade de explicar ao oxigênio pensante que a igualdade desejada (HO ou H_2O_2) não seria mais a água e que o seu infinito valor desapareceria.

Pois bem, essa é a complexidade das ciências sociais, em que não é possível repetir a experiência no laboratório e os átomos são agentes e pacientes das interações: pensam, aprendem, comunicam-se, têm interesses e, mais do que tudo, formam uma "concepção do mundo" com valores desejados, como a liberdade para realizar-se plenamente, organização social razoavelmente justa e razoavelmente igualitária, e se organizam para obtê-los. É por isso que precisam de um Estado forte e sob controle constitucional que garanta a eficiência produtiva. Esta, como disse Keynes, não é a civilização, mas apenas a preliminar para a possibilidade da civilização...

25.7.2007

Valor do trabalho

Gostemos ou não, há algumas ideias que foram sendo internalizadas pelos indivíduos, que, por sua própria ação, se transformaram lentamente em "cidadãos", quer dizer, exigentes de liberdade, de justiça e de um nível razoável de igualdade. A organização social foi incorporando instituições que, dinamicamente, levaram à construção daqueles valores, mas que, também, proviam a subsistência dos cidadãos. A maximização do bem-estar geral exige não apenas o exercício da liberdade, a sensação de segurança e justiça, o sentimento de inclusão produzido pela relativa igualdade, mas também, e significativamente, a eficiência da estrutura produtiva.

O processo histórico seletivo, quase biológico, que transformou o indivíduo em cidadão mostrou que o mais eficiente sistema produtivo compatível com a liberdade individual é a economia de mercado, o que se chama de "capitalismo". Nela, movendo-se por sinais (preços) e incentivos adequados, os cidadãos acomodam a sua atividade. A maior virtude da "economia de mercado" é que ela não foi inventada. Foi "descoberta" na atividade prática exigida pela necessidade de sobrevivência, muito antes de o indivíduo transformar-se em "cidadão". Está na origem dessa construção o papel que se espera do Estado constitucional nos dias de hoje:

Que 1) estabeleça tributação leve e a utilize de forma eficiente para cumprir as tarefas que só ele pode fazer (proporcionar bens públicos fundamentais, como segurança interna e externa, justiça razoável e estabilidade do valor da moeda, e construir a infraestrutura, quando a taxa de retorno social do investimento for incapaz de atrair o setor privado) e que 2) priorize, na sua ação, as necessidades dos mais pobres, provendo-lhes recursos temporários para uma subsistência digna, simultaneamente com a criação de mecanismos que lhes deem a oportunidade de se libertarem desse constrangimento. O imperativo ético da ação do Estado começa na "assistência", mas termina na "libertação".

Devemos ao velho Karl duas ideias fundamentais que ajudam a entender o nosso problema: que o "capitalismo" está longe de ser uma organização natural, como supõem alguns de nossos economistas, e que o trabalho não é apenas uma atividade para atender às necessidades do homem, mas a sua primeira necessidade, a "condição natural de sua vida"! É isso que inspira o pensamento keynesiano: todos têm o direito (não o "favor") de exercer um trabalho decente, o que, infelizmente, a "mão invisível" não pode garantir.

19.9.2007

Moral e Mercúrio

No Império Romano, a divindade protetora dos mercados, do comércio e dos comerciantes-viajantes era Mercúrio, cuja imagem, com suas asas nos pés e no capacete, ainda simboliza as atividades econômicas. Um deus que tem 2.500 anos é forte. Merece a adoração que lhe dispensam alguns economistas que creem na "virtude" absoluta do mercado. O que pode causar-lhes algum incômodo é que, já naquele tempo, o comércio era associado à decepção de compradores desavisados diante de vendedores desonestos. Talvez explique por que Mercúrio era também a divindade protetora dos ladrões...

Estamos vivendo momentos angustiantes, que transcendem às flutuações normais que ao longo dos últimos duzentos anos têm acompanhado as atividades do setor real da economia. Estas flutuam com ciclos que a teoria econômica tem ajudado a compreender. A crise atual é resultado da maligna combinação de dois fatos: a má qualidade das instituições criadas para submeter o sistema financeiro aos interesses do sistema produtivo real e a natureza potencialmente destrutiva dos incentivos que movem os agentes econômicos. No fundo, tudo se reduz à falta de uma ética que deve impor-se naturalmente aos agentes (no setor real e no financeiro) para que as "virtudes" do mercado produzam o bem comum. Antes mesmo de ter fundado a economia política, Adam Smith havia sugerido isso com o seu "espectador imparcial", que, "dentro do peito dos agentes", fiscalizava a moralidade da sua ação. Pois não é que um dos ilustres adoradores de Mercúrio que nos cercam "descobriu" outro dia que o mercado é tão virtuoso que produz sua própria moralidade! O ridículo argumento é tão simples como o seguinte: o processo competitivo se encarrega de expulsar o agente desonesto, porque ele será preterido no longo prazo pela ação do honesto!

O mercado, isto é, a organização da atividade econômica exercida livremente pelos indivíduos, sob a coordenação produzida por um sistema de preços que se formam espontaneamente, mostrou ser um eficiente mecanismo produtivo. Ele não foi inventado por nenhum "engenheiro social". Foi descoberto no processo de seleção histórica dos últimos 10 mil anos. Os adoradores de Mercúrio recusam-se a aceitar, entretanto, que a existência do "mercado" depende de duas condições: 1) um Estado capaz de garantir a propriedade privada para que funcionem os incentivos dos agentes e 2) agentes cuja ação seja condicionada a uma moralidade autoimposta, seja o "espectador imparcial" de Smith, seja o "imperativo categórico" de Kant.

27.2.2008

Três autonomias

Em princípio, quando há liberdade de movimento de capitais, as taxas de juros interna e externa devem ser iguais (a menos que se leve em conta o fator chamado "risco país"). Define-se, então, a taxa de câmbio real de "equilíbrio", aquela que, com a economia crescendo robustamente (baixa taxa de desemprego), anula o déficit em conta-corrente no médio prazo. No modelo, a taxa de "equilíbrio" não é uma constante: ela é determinada endogenamente pelo mercado em coordenação com a taxa de juro real e o nível do salário real, de maneira que não haja acumulação de superávits ou déficits permanentes nas contas externas. O diferencial entre a taxa de juro interna e a externa (também determinado pelo mercado) tem o importante papel de reduzir as flutuações da taxa de câmbio através do movimento de capitais e de reduzir as flutuações do PIB e do consumo.

Neste mundo idealizado (onde não há geografia nem história), de completa integração de todos os países, onde eficientes mecanismos estabelecem a melhor situação para cada um (maior crescimento, maior emprego e equilíbrio externo), a livre movimentação de bens, serviços e capitais ainda traz como bônus a mesma taxa de inflação para todos. A pequena dificuldade com essa construção de plena racionalidade, eficiência e bem-estar para todos é que esse mundo não existe. As sociedades humanas organizam-se em "nações", que criam seu Estado, pensam egoisticamente, comportam-se agressivamente e tratam de maximizar o seu bem-estar, não importa se à custa da diminuição do bem-estar das outras. Toda sociedade organizada em Estado procura estabelecer três autonomias: a alimentar, a energética – para não depender de eventuais interrupções do comércio produzidas por sua própria agressividade – e a militar, para pacificamente defender-se ou agressivamente impor sua vontade às outras.

Os Estados introduzem uma assimetria fundamental que destrói aquele mundo idealizado que ingenuamente usamos para julgar as suas intervenções.

Há uma desastrosa inversão de perspectiva: imaginamos que nosso modelo é a realidade e que a intervenção do Estado a perturba. O problema, obviamente, não é o Estado, mas a natureza – o *ethos* – das sociedades que o organizam e que são, elas mesmas, sujeitas às leis da evolução.

Esqueçamos a bobagem da moda que afirma que a globalização eliminou o poder dos Estados. Eles estão aí, mais fortes do que nunca, como mostram EUA, Rússia, China, Índia e Irã, em disputas que disfarçam mal a busca das três autonomias. O Brasil não é exceção: apenas não sabe, mas também está atrás delas...

19.3.2008

Câmbio e Confúcio

Vamos hoje tentar responder a duas interessantes questões colocadas por um leitor, com referência a um artigo anterior: 1) como uma "super" valorização cambial passageira pode levar à destruição de um setor até então competitivo? e 2) como a poupança pode preceder o investimento?

Com relação à primeira, é preciso considerar que a "competitividade" internacional de um setor depende de dois fatores: 1) de sua produtividade física interna, que é associada ao seu nível tecnológico e à dimensão do seu mercado, e 2) das condições macroeconômicas em que está imerso (política econômica e qualidade da infraestrutura). A atualização tecnológica é muito rápida (talvez menos de três anos), o que significa que, quando os lucros decrescem (pela "super" valorização cambial) e o custo de capital de terceiros cresce (pelo aumento da taxa de juro real que sustenta a "super" valorização), se torna mais difícil a sua concretização.

Por outro lado, a "super" valorização não reduz apenas a sua exportação ("competitividade externa"), mas permite à concorrência disputar-lhe o mercado interno. Esse movimento, que não tem nada a ver com as "vantagens comparativas", produz dois efeitos: atrasa a capacidade de atualização tecnológica (pela falta de lucro) e aumenta o custo médio do produto (pela redução da escala de produção), arruinando sua capacidade de recuperação. É assim que, com um período de "super" valorização da relação salário/câmbio, destroem-se setores reais eficientes e acumulam-se déficits em conta-corrente que, lentamente, tornam o passivo externo líquido insustentável.

Quanto à segunda questão, devemos considerar que dois terços do financiamento dos novos investimentos nas empresas são feitos com recursos internos (aumento da taxa de lucro), ou seja, com a "poupança" acumulada depois que a produção encontrou sua realização (demanda!). Em lugar de continuar crendo em lorotas bem construídas por uma ideologia hegemônica

– que, como outras no passado, pretende-se "ciência" –, quem tiver interesse no assunto não deve deixar de ler o artigo "Rebalancing China's Growth", de Bert Hofman e Louis Kuijs, publicado no excelente volume *Debating China's Exchange Rate Policy* (2008). Vai entender as causas das variações e do crescimento da invejável "poupança" da China, à qual se atribui o seu crescimento virtuoso. Verificará que ela é, basicamente, resultado da espantosa taxa de lucro da própria indústria e não da filosofia de Confúcio...

2.7.2008

Estado-indutor

Vivemos a geração perdida com a fórmula do Consenso de Washington para estimular o desenvolvimento. Ela foi pobremente simplificada entre nós na receita: "Estabilize, privatize e liberalize". Dele não aproveitamos sequer as boas receitas, como "manter uma taxa de câmbio real competitiva". E, das que aproveitamos, como a privatização absolutamente necessária, fizemos mal e às pressas, para não ir ao *default*, deixando um problema do qual vamos continuar a nos arrepender: precificamos os serviços não comercializáveis e a dívida dos Estados e municípios por indicadores que refletem os preços dos comercializáveis! A receita do Consenso não era ruim em si mesma. Pelo contrário, boa parte dela (inclusive a sua dúvida sobre as vantagens da liberalização do movimento de capitais) faz sentido. É preciso reconhecer, entretanto, que ela era, na melhor hipótese, apenas condição necessária para o crescimento. Estava longe de ser também suficiente.

A ideia de que "estabilizar, privatizar e liberalizar" criaria por si só e por gravidade as condições para um desenvolvimento acelerado e sustentável foi uma das mais cruéis ilusões impostas a governantes bisonhos pelo pensamento hegemônico gerado por uma pseudo-"ciência econômica". Há 250 anos a economia política mostra que o desenvolvimento é um fenômeno complexo condicionado pela cultura, pela história, pela geografia, pela antropologia etc., e que depende, para realizar-se, de um Estado-indutor capaz de cooptar a sociedade para realizá-lo.

É isso que reconheceu, afinal, um interessante e pragmático documento produzido no Banco Mundial sobre o crescimento e desenvolvimento dos países. Ele chegou à óbvia conclusão de que são necessárias boas políticas macroeconômicas, adequadas condições microeconômicas e um Estado-indutor capaz de produzir a ignição explosiva do "estado de espírito" que mobiliza a sociedade. O Estado-indutor é a enzima catalisadora daquela mobilização.

O Estado-produtor deve reservar sua intervenção prática a gerar os bens públicos que só ele pode produzir: a paz, uma tolerável administração da Justiça (inclusive a proteção à propriedade privada), a educação e a saúde para os cidadãos em estado de necessidade, substancial melhora da igualdade de oportunidades e a estabilidade da moeda. Tudo eficientemente, ou seja, com uma carga tributária leve. Nunca houve um processo de desenvolvimento sem a intervenção do Estado-indutor.

23.7.2008

Fidúcia

Os equilíbrios na economia podem ser instáveis e diferem dos que ocorrem no mundo químico, por exemplo, no qual duas moléculas de hidrogênio adequadamente combinadas com uma de oxigênio produzem uma molécula de água em São Paulo ou em Londres, no verão ou no inverno. Na economia, as "moléculas" pensam, escolhem e, no limite, se suicidam!

Todo o maravilhoso mecanismo de coordenação que os homens descobriram e a economia política aperfeiçoou, que são os "mercados", repousa sobre um ingrediente catalítico invisível: a confiança. Os homens aprenderam que "confiando" uns nos outros podiam tornar mais eficiente a sua atividade. A "confiança" repousa na certeza de um comportamento apoiado em normas morais reciprocamente aceitáveis. Já em Adam Smith, na *Teoria dos sentimentos morais* (1759), o homem trazia no peito o "espectador imparcial". Quando, por qualquer motivo, se destrói a "confiança" entre os participantes do mercado, desaparece instantaneamente a trama invisível de coordenação produzida por ela. O valor relativo dos ativos de cada um (que só existe porque ele reconhece o valor relativo dos outros) desaparece. Consequentemente, deixam de funcionar os mercados e estiola-se a atividade econômica.

Foi isso o que aconteceu com a crise que se convencionou chamar "dos *subprimes*". Ela revelou ser apenas a ponta de um enorme *iceberg* construído em um mercado financeiro sem moralidade ínsita e estimulado por incentivos perversos. No fundo, a confiança do "principal" (o poupador) foi traída pelo seu "agente" (o sistema financeiro), que lhe garantia ter "modelos" científicos para estimar retornos e riscos na aplicação de suas poupanças. Usando uma complicada alquimia e expedientes contábeis (e explorando, também, a cupidez do aplicador), construiu-se, sob os olhos fechados e o nariz insensível dos bancos centrais, uma pirâmide de papel que se queimaria ao menor sintoma da falta de confiança. Não houve nem o controle da moralidade implícita no "espectador imparcial" nem a explícita imposta pelos bancos centrais.

Restabelecer a confiança e construir as condições para a reprecificação dos ativos – como se propõe na medida heroica do Tesouro americano – é condição necessária (mas não suficiente) para reiniciar a volta à normalidade. Terá um custo gigantesco, mas certamente muito menor (em termos de PIB, emprego e bem-estar) do que permitir que a crise siga o seu caminho e destrua a economia real.

24.9.2008

Pânico inútil

É cada vez mais evidente que Paulson e Bernanke[1] cometeram um erro catastrófico na sua avaliação das consequências da quebra do Lehman Brothers.[2]

Supondo que a violação do princípio do "grande demais para falir" interromperia a cadeia de desconfiança que se instalara nos mercados, eles puseram em marcha um processo que está longe de poderem controlar. Sua propagação está cobrando um preço gigantesco, que será pago pela economia real de todos os países do mundo. Graças aos abusos, à fértil imaginação que dispensa a moralidade e aos equívocos da política monetária (que durante longos anos não teve a humildade de conformar-se com a teoria), o sistema financeiro, que deveria servir à economia real (a do PIB e do emprego), ameaça destruí-la.

Os agentes financeiros estavam desconfiados com a crise do *subprime*. E os cidadãos estavam assustados com a queda dos preços dos imóveis (que representam um terço de sua "riqueza"). Nesse quadro de profunda ansiedade, a quebra do Lehman promovida pela autoridade foi o epicentro de um terremoto financeiro mundial que, na escala logarítmica Richter, foi superior a 9, ou seja, altamente destrutivo.

A história vai julgar duramente a competência de Bernanke, um excelente economista e historiador da crise de 1929, e a argúcia de Paulson, um profissional treinado que presidiu durante anos a Goldman Sachs. Vai ser muito difícil entender como a "boa" teoria, somada à "boa" prática, terminou em tal desastre.

---

1 Henry Paulson, secretário do Tesouro dos Estados Unidos no governo de George W. Bush (2001-09), e Benjamin Bernanke, ex-presidente do banco central americano. Ambos estiveram à frente da economia americana durante a crise financeira de 2008.

2 Ao não ter sido socorrido pelo governo dos Estados Unidos e pedir falência em setembro de 2008, o banco Lehman Brothers desencadeou a maior crise econômica (conhecida como Grande Recessão) desde 1929.

Por outro lado, é fácil entender o comportamento aleatório (não irracional, como dizem alguns economistas) dos aplicadores. Ele lembra os estouros das boiadas quando assustadas por um estalo. O mesmo acontece com os violentos terremotos: não sabendo onde encontrar abrigo, corre-se em qualquer direção. Trata-se pura e simplesmente de um estado de pânico. Todos querem sair e descobrem que a ampla porta de entrada (a ilusão vendida pela "ciência" dos bancos de investimento, que haviam descoberto como medir o risco e oferecer retorno garantido) é agora uma minúscula abertura de saída, onde vão amargar o custo de terem acreditado no milagre do máximo lucro com o mínimo de risco.

Não existe abrigo seguro. Todos vão pagar um preço pela irresponsabilidade de poucos, e uns poucos, de sangue-frio e financeiramente líquidos, vão ficar ainda mais ricos.

Se você não tem nem sangue-frio nem liquidez, fique quieto e espere. Um dia a confiança voltará, como voltou depois das dezenas de crises do passado. Não fuja de casa para morrer na rua...

15.10.2008

As crises

Há pelo menos dois fatos empiricamente verificáveis que não podem (ou não deveriam) ser esquecidos neste momento de crise: 1) as vantagens insuperáveis da organização da atividade econômica através dos mercados (cujo bom funcionamento depende de instituições garantidas pelo Estado), à qual se dá o nome impreciso de "capitalismo". Permitindo aos homens apropriarem-se dos benefícios de sua liberdade de iniciativa e criatividade na ciência e na tecnologia, ele, nos últimos 250 anos, depois de quase dez séculos de prática estagnação, deixou que a população mundial se multiplicasse por seis, acompanhada de um enorme aumento de seu bem-estar material, cujo indicador definitivo foi a duplicação de sua expectativa de vida ao nascer, de trinta para sessenta anos; e 2) todas as organizações alternativas inventadas por cérebros peregrinos nestes 250 anos revelaram-se tragicamente ineficientes do ponto de vista econômico e supressoras da liberdade individual, sem a qual o homem não realiza o seu potencial.

A organização da atividade econômica pelos mercados tem também seus defeitos. Eles precisam ser mitigados para acomodar outras necessidades do homem, como seu desejo de relativa igualdade e sua busca incessante de um mínimo de segurança.

Os mercados criam um ambiente de intensa competição entre os homens, cujo resultado final depende, obviamente, do ponto de partida de cada um (do lar em que nasceu, das oportunidades de manter sua higidez física e de apropriar-se do conhecimento etc.). A experiência histórica mostra que, deixada a si mesma, ela tende a produzir uma desigualdade econômica moralmente inaceitável. Nos regimes politicamente abertos, a cidadania tenta corrigi-la pelas urnas. É preciso ter presente, portanto, que a busca da estrita eficiência produtiva que não leva em conta as desigualdades dela resultantes não sobrevive ao sufrágio universal livre.

Outro fato historicamente verificável é que, mesmo quando a ação do Estado corrige parte das desigualdades, a organização econômica pelos mercados deixada a si mesma produz uma variação das atividades (do nível de emprego) que gera uma insegurança custosa em termos do bem-estar dos cidadãos. Nos últimos 250 anos, o crescimento do PIB *per capita* se fez em torno de uma tendência exponencial com 46 ciclos irregulares de flutuação, o último dos quais estamos vivendo.

É por isso que, muito mais do que tentar "refundar o capitalismo" em resposta à crise, é melhor continuar a aperfeiçoá-lo para que a próxima crise tenha menos virulência que a atual...

5.11.2008

Cuidado

Não deixa de ser um pouco assustadora a facilidade com que se fala em "refundar" o capitalismo como resposta à crise que o laxismo dos bancos centrais e a imoralidade de agentes do sistema financeiro depositaram sobre a economia real.

"Capitalismo" é o codinome de um sistema de organização econômica apoiado no livre funcionamento dos mercados. Nele há uma clara separação entre os detentores do capital (os empresários) que correm os riscos da produção e os trabalhadores que eles empregam com o pagamento de salários fixados pelo mercado. É possível (e até necessário) discutir a qualidade dessa organização e sugerir-lhe alternativas. O difícil é negar a sua eficiência, a sua convivência com a liberdade individual e os dramáticos resultados que desta última emergiram a partir dos meados do século XVIII.

Depois de uma estagnação milenar, nos últimos 250 anos ela permitiu a multiplicação por seis da população mundial, multiplicou por dez a sua produção *per capita* e elevou de trinta para sessenta anos a expectativa de vida do homem, o que não é pouco.

Certamente ela não é perfeita. Tem, por exemplo, uma tendência a produzir uma detestável desigualdade. Mas o seu problema mais grave – conhecido desde sempre – é a sua ínsita tendência à flutuação (em períodos e amplitudes variáveis), com repercussões sobre o emprego e a segurança econômica dos cidadãos. Quando se trata das flutuações macroeconômicas e da desigualdade, os economistas se dividem em duas tribos: uma crê que o sistema de economia de mercado, deixado a si mesmo e com tempo suficiente, resolve os dois problemas. Logo, ela dá ênfase à estabilidade monetária, fundamental para o bom funcionamento dos mercados. A outra crê que a solução exige uma intervenção inteligente, cuidadosa e firme do Estado, que corrija a desigualdade de oportunidades e mantenha a demanda global. Logo, ela dá ênfase à estabilidade do emprego no nível mais alto possível.

A tentativa (de falsa inspiração keynesiana) patrocinada pelo Partido Trabalhista inglês depois da Segunda Guerra, de produzir simultaneamente a estabilidade monetária e o pleno emprego, terminou, como todos sabemos, em um Estado-corporativo ineficiente, cuja desmontagem foi iniciada por Thatcher. As implicações políticas (na organização do Estado) e econômicas (na limitação da liberdade de iniciativa produtora das inovações) da "refundação" do capitalismo para eliminar as "crises" são muito mais sérias do que supõe a vã filosofia de alguns trêfegos passageiros do G20.[1]

Como diriam os romanos: cuidado, o cachorro é perigoso!

17.12.2008

---

[1] Grupo formado pelos ministros de Finanças e chefes dos bancos centrais das dezenove maiores economias do mundo mais o representante da União Europeia.

Defesa nacional

O preâmbulo da Constituição informa que o povo brasileiro (por seus representantes livremente eleitos) se reuniu para instituir um Estado democrático destinado a assegurar a sua liberdade, a sua segurança, o seu bem-estar e o seu desenvolvimento com igualdade e justiça... Comprometido, na ordem interna e internacional, com a solução pacífica das controvérsias.

Como é evidente, essa magnífica coleção de valores a serem realizados e de objetivos a serem atingidos depende não apenas de nossa vontade, mas também do ambiente em que, como nação, estamos inseridos. Em um mundo política e economicamente dinâmico, onde a única certeza de hoje é que ela esconde a incerteza de amanhã, isso exige muito mais do que aquela disposição pacifista e de cooperação internacional.

Os últimos vinte anos mostraram: 1) a desaparição da bipolaridade criada pela Guerra Fria entre EUA e URSS e o grave descumprimento por parte das potências atômicas da promessa de desmontagem de seus arsenais; 2) a deplorável ineficiência do controle da proliferação atômica, o que tornou incômoda a situação dos países que, como o Brasil, acreditaram nela e a respeitaram. Sob a hipótese de "racionalidade", não sabemos com certeza se a proliferação aumenta ou reduz a probabilidade de conflito (teorema de Brito-Intriligator); 3) o surpreendente retorno do barbarismo – temos hoje dez disputas armadas graves no mundo; e 4) os riscos produzidos pela "inovação" financeira internacional desregulada, o que prova que há armas de destruição em massa tão sutis quanto as atômicas...

Aceitem ou não nossos estruturais pessimistas, o Brasil já é, com seus defeitos e virtudes, importante protagonista deste mundo incerto. É tempo, portanto, de construir – tanto quanto seja possível – pelo menos três autonomias: a alimentar, a energética e a militar. E construí-las harmonizando-as com os valores e objetivos constitucionais. Como deve ser claro, eles não são independentes. A ligá-los está um fator que transcende a política internacional e é fortemente condicionado pelo desenvolvimento econômico interno estimulado pelas ciências e pela tecnologia.

É a compreensão dessa profunda interação entre as três autonomias que dá singular importância à Estratégia Nacional de Defesa, que o governo acaba de apresentar à nação. Ela merece ser cuidadosamente escrutinada. A ligação entre ciência, tecnologia e indústria e a defesa nacional que ela propõe será fator importante e decisivo para o Brasil cumprir bem o seu destino.

7.1.2009

Investimento + flexibilidade

A confiança entre os indivíduos está na base de todo o sistema produtivo em que os colaboradores conservam a sua liberdade. Ela permite a "divisão do trabalho" que, pela especialização, aumenta a produtividade de todos. E foi a liberdade, somada ao fato de que cada um poderia apropriar-se dos benefícios de sua iniciativa (a propriedade privada garantida pelo Estado), que permitiu a expansão da divisão do trabalho e a incorporação da inventividade do homem ao processo produtivo. Ele "descobriu" esse caminho ao longo da sua dolorosa busca de eficiência produtiva combinada com sua liberdade. É a esse conjunto de instituições, em permanente mutação adaptativa produzida por uma seleção quase natural, que se dá o nome impreciso de "capitalismo". E é por isso que não há miopia histórica maior do que afirmar solenemente que "nesta crise o capitalismo morreu"!

Todos sabemos que quando, por qualquer motivo, o "circuito econômico" é interrompido de forma dramática (por exemplo, uma quebra de confiança entre os agentes econômicos) e se destrói a expectativa de que ele volte a ser restabelecido no curto prazo, o nível de atividade econômica pode encolher para níveis intoleráveis e pode estimular aventuras políticas, como demonstram os regimes totalitários dos anos 1930.

No momento em que a morte da confiança leva cada um a encolher-se sobre si mesmo para tentar salvar-se da tormenta (o consumidor não compra, o industrial não fabrica, os bancos não emprestam), a única racionalidade possível é a derivada do ente que sustenta o sistema, o Estado, que deve prover as condições necessárias para ressuscitá-lo. Mas, infelizmente, só o tempo pode produzir a condição suficiente para fazê-lo.

O que ele deve fazer no entretempo? Manter sua política social e utilizar o único instrumento à sua disposição: cortar e diferir despesas de custeio (os funcionários não correm o risco do desemprego e têm sua aposentadoria garantida), ampliar os investimentos diretos e estimular toda sorte de concessão de serviços públicos. Isso aumentará o emprego do setor privado e preparará a retomada com maior produtividade.

Por outro lado, o Estado deve abster-se de tomar medidas falsamente "protetoras" que engessam os mercados (de bens e de trabalho). Deve estimular a maior liberdade de negociação e o aumento da competição.

Com isso, diminuirá o tempo do ajuste e preparará a retomada com maior vigor.

14.1.2009

Por que Keynes?

Os economistas dão o nome de "bem público" aos bens ou serviços que gozam de duas propriedades: 1) ninguém pode ser excluído de seu uso e 2) o uso que cada um faz dele não diminui a quantidade disponível para os outros, como é o caso da defesa nacional.

Existem pessoas cujo pensamento tem um vigor e uma originalidade (mas não clareza) que gozam das propriedades dos bens públicos: transformam-se em instituições. Alguns economistas de várias tribos (essa expressão já está em *A riqueza das nações*), Adam Smith (1723-1790), Karl Marx (1819-1883), Léon Walras (1834-1910), Alfred Marshall (1842-1924) e John Maynard Keynes (1883-1946), assumiram esse *status*. Existe um Smith, um Marx, um Walras, um Marshall e um Keynes para cada um de nós. Seus pensamentos são tão vigorosos e originais que depois de nos atingirem nunca mais nos livramos completamente deles. Felizmente não são claros. É essa ambiguidade que permite que cada um deles possa ser o "nosso" sem que isso impeça que seja também dos "outros", cada um à sua maneira.

Nenhum deles produziu uma "explicação" definitiva do "universo econômico". Todos, entretanto, viram alguns aspectos fundamentais da vida econômica (e de sua influência sobre a condição humana) que um dia, talvez, integrarão uma compreensão da contínua e crescente complexidade que a domina. É por isso que hoje todos podemos ser um pouco smithianos, marxistas, walrasianos, marshallianos e keynesianos, sem arrependimento, sem vexame e sem contradição.

O que parece inegável é que a crise que estamos vivendo, produzida pela maléfica "autonomização" do sistema financeiro, encontra a sua melhor explicação em Keynes. Afinal isso não deveria ser surpresa: ele enxergou mais longe porque subiu nos ombros dos antecessores que, às vezes, finge ignorar. Com a sua teoria monetária da produção, ele colocou a moeda, o crédito, a demanda e a incerteza no coração do sistema. Os macroeconomistas, em lugar de continuarem a cultivar uma teoria monetária obviamente estéril, e os economistas "financeiros", em lugar de procurarem distribuições "gordas" para justificar os "desastres" nos preços dos ativos, deveriam procurar desenvolver a intuição keynesiana sobre como funciona a economia tocada a crédito quando o futuro é rigorosamente opaco e imprevisível.

É hora de aceitar que entre os modelos de equilíbrio geral (que fazem a "ciência" de alguns de nossos bons economistas) e a economia monetária da produção existe uma distância intransponível. Naqueles, a moeda e o crédito sempre serão fatores essencialmente estranhos.

28.1.2009

Keynes e Marx

Marx e Keynes têm pelo menos três curiosos paralelismos.

Primeiro, um bando de fanáticos dogmáticos que pretendem ter o monopólio do entendimento de suas teorias transformou-se em sacerdotes de suas igrejas. Dizem (e, quando têm poder, fazem!) as maiores barbaridades em nome dos seus deuses, comprometendo as suas memórias.

Segundo, a relação dos dois com economistas que os precederam envolve um considerável cinismo e a sutil apropriação de ideias que reconhecem muito mal. Os dois foram, obviamente, fatos novos. O problema é que se pretendem sem raízes.

A relação de Keynes com Marx é das mais ambíguas. As referências a Marx em *A teoria geral do emprego, do juro e da moeda* (1936) ou são inócuas ou depreciativas. Ainda em 1934, ele diz a Bernard Shaw que "meus sentimentos em relação a *O capital* são os mesmos que tenho em relação ao Alcorão [...]", reafirmando o que já havia dito em 1925: que não podia aceitar uma doutrina fundada em uma "bíblia acima e além de qualquer crítica, um livro-texto obsoleto de economia que eu sei que é cientificamente errado e sem interesse de aplicação no mundo moderno".

O enigma (o *conundrum*, como diria um velho ex-quase "maestro" do FED que ajudou a meter o mundo na confusão em que se encontra) é que em 1933 Keynes estava elaborando a sua revolucionária Teoria Monetária da Produção. Nela, a moeda produz efeitos reais sobre a produção e o emprego, ao contrário do que supõe, até hoje, a maioria dos economistas, para os quais a moeda é neutra no longo prazo.

De acordo com notas publicadas por alguns alunos, ele se referia nas aulas ao famoso problema da "realização", isto é, a possibilidade de vender a produção para "realizar" o seu valor em moeda, e dizia que "em Marx há um núcleo de verdade"!

Chegou a utilizar a conhecida fórmula de Marx em que este havia mudado a ênfase de uma economia de trocas: trocar bens (*commodities*, em inglês) por moeda, para comprar bens (C-M-C), para uma economia da produção, onde a moeda compra bens para a produção e esta é vendida por moeda (M-C-M). Essa mudança na forma de ver o mundo é uma das bases da construção keynesiana.

O terceiro ponto é que a conclusão da obra de ambos não deixa de ser paradoxal e frustrante.

Marx comprometeu sua vida estudando o capitalismo e, por isso, não teve tempo de nos ensinar como construir o socialismo; Keynes construiu uma teoria para salvar o capitalismo e terminou com uma receita ("a coordenação estatal dos investimentos para manter o pleno emprego") que não conseguiu explicar como realizar sem levar a alguma forma de socialismo...

29.4.2009

Lulismo?

Surpreendida com a recuperação da economia brasileira e o imenso protagonismo de Lula no cenário internacional, cuja visibilidade interna é a aprovação de sua administração por três de cada quatro brasileiros, a oposição parece presa a um quadro de catalepsia.

Isso certamente não ajuda a continuidade do progresso institucional que conseguimos desde a Constituição de 1988 e que começa a nos distinguir claramente de alguns de nossos parceiros da América Latina. Estes insistem em repetir velhos erros do passado. Tentam curtos-circuitos que a história mostrou levar a incêndios, mas não ao crescimento econômico sustentável.

A tragédia da discussão é que, em lugar de um programa que reforce as linhas corretas do governo Lula e leve à superação dos problemas que ele deixará, propõe-se retroagir ao caminho já percorrido. Não deixa de ser patético continuar a confundir um necessário Estado-indutor forte com a fantasia de que o "mercado", por si mesmo, produz o "equilíbrio" mais conveniente para a sociedade.

É claramente possível criticar o "lulismo" por sua simpatia sindical, por seu aparelhamento e por muitos motivos. Mas qual governo não "aparelha" quando a administração pública não é profissionalizada e o número de "cargos de confiança" (sem vinculação à competência) é gigantesco?

O "aparelhamento" do Estado tem sido permanente e ligado não apenas a problemas geográficos, partidários ou ideológicos. Quem conhece Brasília sabe que se trata de um fenômeno "geológico". Cada presidente levou para lá e fixou (às vezes com duvidosos "concursos seletivos") um estrato de seus conterrâneos. Um corte do terreno mostra as "camadas" (os mineiros, os maranhenses, os alagoanos, os paulistas, os sindicalistas...) sobre as quais cada governo acrescentou a sua, respeitando cuidadosamente as anteriores...

É preciso reconhecer que a rápida recuperação se deve a pelo menos dois pontos que dependeram do próprio comportamento de Lula. Primeiro, com sua inteligência e perspicácia, rejeitou o terceiro mandato, que destruiria toda a obra institucional constituída em 1988; segundo, com sua intuição, assumiu o risco de minimizar a crise, afastando o "pânico", e reforçou as políticas públicas que deram sustentação ao consumo interno. Isso não é pouca coisa, e é por isso que ele tem o apoio de três quartos da população!

A eleição de 2010 não pode se fazer em torno das pobres alternativas de, ou voltar ao passado, ou dar continuidade a Lula. A discussão precisa incorporar os horizontes do século XXI e a superação dos problemas que certamente restarão do seu governo.

11.11.2009

Atenção à demografia

A qualidade do futuro da sociedade brasileira está presa à sua demografia. As últimas projeções mostram que em 2030 (que para a nação é amanhã!) seremos qualquer coisa como 216 milhões de habitantes, 151 milhões entre 15 e 65 anos. A tabela abaixo deixa isso mais claro:

POPULAÇÃO BRASILEIRA		
	2009	2030
Total (em milhões)	191	216
Porcentagem por idade		
0 a 14 anos	26,3	17,0
15 a 65 anos	67,0	69,7
Mais de 65 anos	6,7	13,3

Fonte: IBGE

Esses números mostram que, se o Brasil não for capaz de pensar os próximos vinte anos, corre o risco de ficar velho antes de ficar rico. Há dois graves problemas colocados por essa evolução demográfica.

Primeiro, temos de acertar nossas contas com o setor da Previdência Social (principalmente a do setor público). Nas condições atuais de pressão e temperatura (que ameaçam piorar pela miopia do Congresso), isso coloca um problema insolúvel de equilíbrio fiscal.

Sua simples expectativa ameaça o equilíbrio monetário, o que torna mais difícil a redução da taxa real de juros. Esse é um problema ainda mais sério quando sofisticados economistas, usando sofisticadas técnicas econométricas, afirmam que a taxa de juro real de equilíbrio no Brasil é de "7% a 8%"! Só mesmo essa dupla sofisticação poderia produzir um resultado teratológico como esse!

Em segundo lugar, é preciso manter no nosso radar que teremos de dar emprego de boa qualidade a 151 milhões de brasileiros em 2030. Isso não será feito apenas com a atividade agrícola e mineradora ou com a economia de baixo carbono, as duas primeiras certamente poupadoras de mão de obra devido ao desenvolvimento tecnológico. Precisamos expandir a produção industrial e a de serviços, complementando o mercado interno com as exportações. Isso seguramente não será feito com o "câmbio mais valorizado do mundo"! Qual é a razão econômica para uma aplicação, no Brasil, ter rendido em 2009, na Bovespa, de 7% a 8% ao mês em dólares? Não me venham com a explicação de que isso se deve "à oferta e à procura", porque, no Brasil, é a formação do câmbio futuro que determina o presente... Como disse o sábio Thomas Carlyle, basta ensinar um papagaio a dizer "oferta" e "procura" e teremos um economista...

A excessiva valorização do real está destruindo as cadeias produtivas e levando as empresas a se transferirem para o exterior, transformando-se de exportadoras (que criavam emprego) em importadoras (que dispensam empregos).

Se tudo continuar como está, em 2030 seremos um grande exportador de alimentos e minérios e um grande e miserável repositório de desempregados!

16.12.2009

O dólar ou a Babel

O irrequieto presidente francês Nicolas Sarkozy afirmou que, "se fabricamos em euros e vendemos em dólares, com o dólar que cai e o euro que sobe, como vamos compensar o déficit de competitividade?". Qual é a sua solução para o dilema? Como "o mundo tornou-se multipolar, o sistema monetário também deve tornar-se multipolar", proposta que apresentará na próxima reunião dos G20.

Deixando de lado a ambiguidade da sugestão, é claro que ele não pensou seriamente no assunto. Em primeiro lugar porque as operações comerciais de bens e serviços não chegam a 5% do movimento de câmbio mundial. O resto é movimento de capitais em tempo real (diariamente equivalente ao PIB brasileiro anual) realizado por agentes especializados em mercados que funcionam 24 horas por dia, sete dias por semana...

Em segundo lugar (e se estou lembrado do meu cálculo combinatório), se cada país tentasse realizar as operações de bens e serviços em sua própria moeda, com vinte países, seria necessário que existissem mercados capazes de estabelecer simultaneamente 190 taxas de câmbio que obedeçam a 3.420 taxas cruzadas de equilíbrio. Com 170 países (mais ou menos o que existe no mundo), seria preciso construir mercados capazes de estabelecer 14.365 taxas de câmbio, que obedecessem a nada menos do que 2.413.320 taxas cruzadas de equilíbrio! Seria a Babel e o paraíso dos arbitradores.

Por que não vamos diretamente ao problema, que é: 1) exigir que o organismo internacional, a OMC, obrigue os seus membros a obedecer a seus compromissos (o que não ocorre com relação à China); e 2) desestimular o livre movimento de capitais especulativos? Por que temos de continuar poetizando sobre a substituição do dólar como moeda de referência internacional? Isso um dia vai acontecer naturalmente (ou artificialmente com uma "moeda fictícia"). Por definição essa nova moeda deverá: 1) ter poder liberatório (ser universalmente aceita); 2) ter a confiança dos operadores (que devem manter nela suas posições futuras); e 3) ser a moeda em que se realizam as operações de Bolsa (à vista e futuro) que estabelecem os preços internacionais. Em uma palavra: deverá ter a confiança irrestrita dos agentes econômicos.

A coisa mais ridícula é supor que a moeda chinesa possa, em um horizonte visível, substituir o dólar. Logo a China, que viola todas as regras do comércio internacional e cujas instituições obedecem ao arbítrio do PC chinês. A moeda é uma instituição social apoiada na confiança. Não pode ser criada por um ato de vontade!

27.1.2010

Força constitucional

A eterna discussão sobre o papel do Estado no processo de desenvolvimento não é uma questão de princípio ou de "filosofia". Trata-se de um problema empírico que só pode ser resolvido por cuidadoso estudo da história, auxiliado por modelos muito gerais.

O desenvolvimento é, essencialmente, um processo termodinâmico: a sociedade captura a energia dispersa em seu *habitat* e a dissipa no consumo e na produção de bens e serviços. Esse modelo é tão geral que "explica", de um lado, a organização social de pequenos bandos sob o comando de sobas no período neolítico, quando o homem caçava e recolhia alimentos e o mundo econômico era inteiramente "verde".

E, de outro, o comportamento dos imensos conglomerados nacionais que, em 250 anos, graças à organização dos Estados e ao uso da ciência, da tecnologia e da energia fóssil (carvão e depois petróleo), o transformaram em quase "vermelho", ameaçando a sobrevivência da própria espécie humana.

A história escrita dos últimos 4 mil anos revela como a organização econômica das sociedades para atender a mais elementar de suas funções (suprir um nível de alimentação razoável) foi adquirindo imensa complexidade.

O homem só ganha "humanidade" quando – alimentado – pode exercer sua imaginação criativa. Quando pode se apropriar, livremente, dos resultados de sua atividade natural: o trabalho. Ao longo do processo evolutivo, ele foi procurando uma organização que lhe propiciasse, simultaneamente, eficácia produtiva (para satisfazer seu estômago) e liberdade individual (para alimentar sua imaginação criadora). Essa organização é o que se chama "economia de mercado" ou, de uma forma difusa, de "capitalismo".

Este não é uma coisa, mas um processo. Tem duas vantagens: não é eterno e não foi inventado. E um problema: precisa de um Estado constitucionalmente forte para garantir o funcionamento da instituição a que se dá o nome de "mercados".

A "humanidade" do homem não lhe sugere apenas a "liberdade individual" e a "eficácia" produtiva. Ela lhe dá um sentimento difuso de moralidade: ele se sente mais confortável em um ambiente de relativa igualdade. É isso que os "mercados" por si mesmos não podem garantir. Aqui, de novo, é o mesmo Estado forte, controlado por um freio constitucional seguro, que deve satisfazê-lo.

A "humanidade" do homem não é produto do Estado. Este é que é produto dela.

24.3.2010

Aperfeiçoar os mercados

A confusão gerada pela crise do sistema financeiro dos EUA e a sua recidiva na Eurolândia sugerem um aperfeiçoamento da organização dos "mercados", o que limitará também a ação do Estado no sistema financeiro.

Creio que hoje haja um razoável consenso sobre as seguintes proposições:

1) não há, à vista, um sistema econômico mais conveniente do que o que se organiza em torno dos mercados. Ele compatibiliza a eficácia produtiva com a liberdade de iniciativa e é capaz de evoluir na direção de corrigir seus inconvenientes: sua tendência ínsita à flutuação e o alto nível de desigualdade de renda;

2) essa forma de organização exige um Estado constitucionalmente forte para garantir as condições de seu funcionamento: garantia da propriedade privada, garantia de que cada agente pode apropriar-se dos benefícios de sua imaginação e trabalho, e garantia do cumprimento dos contratos;

3) o papel desse Estado é: produzir bens públicos, como segurança e acesso à Justiça e a estabilidade do valor da moeda, que não podem ser providos pelos mercados; aumentar a igualdade de oportunidades; reforçar o "espírito animal" dos empresários e estimular o uso das inovações; premiar a poupança privada e estimular os investimentos públicos na construção de uma rede logística que integre o espaço geográfico (energia, transporte, portos etc.); e estimular a criação de um sistema de financiamento (para si mesmo e para o setor privado) hígido, estável e sujeito a adequada competição;

4) ele mesmo, o Estado, tem de ser sujeito a limitações constitucionais que estabeleçam uma convivência amigável com o setor privado e que o obriguem a ser eficiente – realizar sua missão de prestador de serviços de qualidade aos cidadãos com o menor nível de tributos e endividamento.

A grande lição que a crise iniciada nos EUA – e a recidiva na Eurolândia – permite lembrar é que a garantia da estabilidade social e econômica exige pouco mais do que isto:

1) o controle fiscal do Estado deve ser elevado para o nível constitucional. Ali se fixarão os níveis máximos do déficit fiscal e do endividamento em relação ao PIB. A violação eventual desses limites, exigida em condições de crise, precisará de justificativa aprovada no Congresso;

2) o sistema financeiro deve ser sujeito a uma cuidadosa, ampla e segura regulamentação, que, sem inibir o uso de "inovações", eliminará os riscos inerentes à construção de "redes" com instituições "grandes demais para falir" e punirá fortemente o "risco de conduta" (*moral hazard*) dos agentes ativos do sistema.

26.5.2010

A "outra China"

O Partido Comunista Chinês desenvolve uma política de acomodação para manter o controle interno. E pensa quarenta anos à frente para prosseguir no seu bem-sucedido programa de desenvolvimento.

Testemunhas verazes mostram que na China o debate de ideias em ambiente fechado (na academia) é relativamente livre. A situação muda radicalmente quando a contestação é pública ou organiza o pensamento dissidente. Até quando esse mecanismo vai funcionar em uma sociedade cuja afluência cresce a olhos vistos, é uma questão em aberto.

Sobre o que se tem certeza é que os recursos naturais da China não serão capazes de sustentar a produção de bens e serviços necessários para uma população de 1,7 bilhão em 2050 (se a população crescer à taxa de 0,5% ao ano) com uma renda *per capita* da ordem de 71 mil dólares – em dólares de 2009 (se o crescimento *per capita* for de apenas 6%).

Isso, grosseiramente, representa quase 1,7 vez o PIB mundial de 2009! Sua simples menção mostra que, com sua população e seu "projetado" crescimento, a China não caberá na China! Não há água, não há solo, não há energia no território chinês para sustentá-lo. Ela precisará de outra China!

É exatamente isto o que ela está fazendo: transformando as suas extraordinárias reservas de dólares (mais de 2,5 trilhões de dólares) em ativos reais. Compra na América Latina e na África terras para cultivar cereais (e eventualmente biocombustíveis) e explorar recursos minerais (minério de ferro, cobre etc.). Empresta a empresas petrolíferas com garantia de suprimento. O mesmo que fizeram as velhas metrópoles nas suas colônias e no mundo emergente. Mas há uma diferença importante: a exploração colonial era intermediada por empresas privadas sob a tutela soberana.

No caso da China, é o próprio Estado soberano que, por intermédio de empresas estatais, se apropria (pela compra ou por empréstimo) de ativos reais em outros países soberanos. É a isso que assistimos diariamente no Brasil!

Mas por que essa preocupação? Primeiro, porque é duvidoso que isso não viole a nossa Constituição. Segundo, porque poderá vir a tornar-se uma limitação ao exercício de nossa política econômica, o que, eventualmente, poderá gerar graves contenciosos diplomáticos.

E, terceiro, porque, no longo prazo, oferecerá vantagem comparativa à China, que, sem intermediação dos mercados, fará uma ligação direta entre o suprimento e a sua demanda, certamente abaixo dos preços internacionais e em prejuízo do país fornecedor colonizado.

2.6.2010

Sessenta anos de crescimento

Nos últimos sessenta anos, o crescimento brasileiro pode ser dividido em dois períodos distintos. No primeiro (1948-80), com crises políticas importantes, uma grave crise cambial e um choque do petróleo que levou a uma excessiva, mas incontornável, acumulação de dívida externa, crescemos à taxa média de 7,5% ao ano.

O segundo (1981-2010), com um crescimento iniciado com o alto endividamento, um fantástico aumento dos preços do petróleo e a supressão do financiamento externo, exigiu um ajuste que em dois anos eliminou o déficit em conta-corrente à custa de uma queda acumulada do PIB da ordem de 2,9% e da desintegração das finanças públicas.

Voltamos a crescer 5,4% em 1984, com uma taxa de inflação muito alta – 211% ao ano. Após a desordem produzida pelo abandono desajeitado do Plano Cruzado, o crescimento nunca mais foi o mesmo.

Com a Constituição de 1988, fizemos avanços institucionais muito importantes, complementados com o Plano Real e com a Lei de Responsabilidade Fiscal. Fomos, entretanto, acompanhados por políticas cambiais deploráveis, que quebraram o Brasil duas vezes (1998 e 2002). Nesses trinta anos, crescemos à taxa média de 2,6%.

A diferença entre os períodos pode ser assim sintetizada: a taxa de crescimento do PIB foi reduzida a pouco mais de um terço, e a sua variabilidade cresceu em cerca de 210%.

Temos que comemorar que nos últimos quinze anos conseguimos o que parecia impossível: organizar as finanças públicas dos três níveis de governo, melhorar a qualidade da política monetária e colocar um ponto final aos desequilíbrios inflacionários que vivemos nos 45 anos iniciais.

Houve uma mudança importante a partir de 2006, com a reeleição do presidente Lula e a "invenção" do PAC.[1]

Com ele reconheceu-se que sem a cooptação do setor privado seria impossível voltar ao crescimento. Foi a ousadia do presidente, reafirmada na crise importada de 2008, que reacendeu o "espírito animal" do empresariado.

Isso foi possível com as finanças públicas em ordem, relação dívida pública/PIB em declínio, expectativa de inflação bem ancorada, sistema bancário hígido e, tão importante como tudo, uma política redistributiva que ampliou a demanda interna. A prova foi a vigorosa resposta do setor privado aos estímulos do governo para superar a quebra de confiança gerada na crise.

Cresceremos em 2010 cerca de 7%. É evidente que podemos crescer no futuro 5% ou 6%, sem desequilíbrios internos ou externos, desde que calibremos bem as políticas fiscal, monetária e cambial e selecionemos os investimentos induzidos pelo governo com base nas suas taxas de retorno, e não no efeito "vitrine".

18.8.2010

[1] Programa de Aceleração do Crescimento, lançado em 2007 no governo Lula (2003-10), que previa obras planejadas para os anos seguintes.

O mercado é instrumento

Estamos todos envolvidos em uma rede de relações sociais que permite uma introspecção para tentar entender como agimos e extrapolá-la para entender como agem os nossos parceiros.

Cada um de nós tem em si uma certa dose de altruísmo, simpatia e solidariedade naturais em relação a eles. Entretanto, em larga medida, nosso comportamento almeja liberdade de ação, com a consequente apropriação dos seus benefícios, e obedece a incentivos que estimulam o nosso próprio interesse.

Ao longo da história, os homens foram selecionando mecanismos de organização econômica capazes de garantir a sua própria sobrevivência, condicionada às três restrições apontadas acima. Trata-se de processo em contínuo aperfeiçoamento, que combina os "mercados" com um Estado amigável, capaz de sustentar o seu funcionamento.

Foi com ele – com suas virtudes e carências –, e com a incorporação da ciência e da tecnologia, que nos últimos 250 anos a humanidade multiplicou seu número por seis, e por onze a sua disponibilidade *per capita* de bens e serviços. Sempre houve e haverá uma dúvida moral em relação ao funcionamento dos mercados quando se refere a bens críticos, como saúde.

É preciso entender que o "mercado" é apenas um instrumento, um método eficiente, mas dramático, de seleção de quem pode ou não ter acesso aos bens: quem pode pagar leva; quem pode pagar mais leva na frente...

Esse dilema é explorado com competência no livro *When Altruism Isn't Enough* (2008), organizado pela professora Sally Satel, da School of Medicine de Yale, que teve a felicidade de receber um transplante entre 100 mil americanos que estão esperando doações de rins, fígados, corações e pulmões!

Como resolver esse problema? Pode o "mercado" fazer isso? Talvez sim, como mostram no livro os economistas J. J. Elías e Gary Becker (Nobel de

Economia). Um mercado aberto e livre de órgãos eliminaria a diferença entre "oferta" (os doadores) e "procura" (os necessitados), ao preço estimado de 15 mil dólares!

A imaginosa e competente aritmetização do problema é incapaz de esconder a indignação moral que ela produz! Talvez seja possível sugerir solução menos repugnante centralizada na ação do Estado.

Não parece, porém, factível fazê-lo apenas apoiado no altruísmo. Talvez seja mesmo necessário um "estímulo adequado" para os "doadores".

Por mais indecentes que sejam do ponto de vista moral tais soluções, será que é moralmente justificável deixar morrer anualmente milhares de pessoas por falta de doadores? O ridículo é culpar o mercado. Ele é apenas o mensageiro dos doadores!

22.9.2010

Diferença

O discurso de posse da presidente Dilma Rousseff revelou a distância que o Brasil vai tomando das aventuras sociais e econômicas que continuam a frequentar a América Latina. Sereno, firme e abrangente, mostrou que vamos continuar a longa construção de uma sociedade democrática e republicana capaz de acomodar o crescimento econômico robusto com razoável e progressivo aumento da igualdade de oportunidades.

O grande avanço é a consolidação de um Estado-indutor, constitucionalmente limitado, que reconhece as restrições impostas pela escassez física dos recursos humanos e naturais no curto prazo que só podem ser superadas com mais capital humano e físico; que reconhece que a liberdade de iniciativa e a esperança no futuro são os ingredientes fundamentais para libertar o "espírito animal" dos nossos empresários; que reconhece que o entusiasmo e a perspectiva de ascensão social dos trabalhadores são ingredientes fundamentais para a absorção, cooptação e cooperação dos que ainda não tiveram a oportunidade de ser incorporados ao processo de desenvolvimento; que reconhece, enfim, o papel importante do Estado-indutor na arbitragem, para conciliar crescimento econômico com a redução da desigualdade.

É sempre arriscado formular contrafactuais, mas o que teria acontecido se Lula tivesse ganhado em 1994 com o desastroso programa do PT? Olhando para Cuba, Venezuela e Bolívia, entretanto, podemos ter uma ideia do que teria produzido aquele insensato programa. A situação de Cuba é paradigmática.

Depois de meio século de tentativas de construir o "homem novo", a pobreza é visível e não apenas por conta do bloqueio americano. Sem dúvida, melhoraram a saúde e a educação. Entretanto o recente fracasso de brasileiros formados em medicina em Cuba ao tentar validar seus diplomas no Brasil (menos de 1% foram aprovados) exalta o valor da propaganda enganosa.

A *libreta* (a cesta básica que os cubanos recebem desde 1959) está encolhendo. No Ano-Novo perdeu a pasta de dente, o sabão e o detergente. Para "ajustar" a economia, o Estado dispensará 500 mil trabalhadores!

Na Venezuela, as estrepolias de Chávez para construir o "socialismo do século XXI" estão destruindo a economia de um dos mais ricos países do mundo. Ele acaba de decretar mais uma "reforma cambial", eliminando o sistema de câmbio duplo e desvalorizando em 65% a taxa de câmbio que beneficiava os mais pobres.

Na Bolívia, o presidente Evo Morales enfrentou, amarelou e perdeu a batalha para eliminar os subsídios dos combustíveis (80%) por conta da "revolta dos amigos", o Sindicato dos Cocaleiros...

19.1.2011

A pergunta

A grande pergunta a ser feita à sociedade brasileira (e, em particular, ao poder incumbente de plantão) é: como vamos proporcionar empregos de boa qualidade a cerca de 150 milhões de cidadãos com idade entre 15 e 65 anos que viverão em 2030?

Talvez seja bom recordar algumas preliminares:

1) nossa memória é curta e nosso entusiasmo é grande. Esquecemos que "quebramos" duas vezes nos últimos dezesseis anos (1998 e 2002) e fomos socorridos pelo FMI para honrar nossos compromissos externos, o que garantiu a continuidade de nossa democracia;

2) todas as crises que abortaram o crescimento do Brasil nos últimos cinquenta anos foram produzidas por dificuldades no financiamento do déficit em conta-corrente ou por uma crise de energia;

3) a grande mudança da situação externa não foi resultado de particular melhoria na política macroeconômica. Foi consequência da expansão mundial (da China, especialmente), que aumentou a demanda dos produtos que estávamos preparados para exportar (alimentos e minérios), cujos preços beneficiaram-se, adicionalmente, de um fantástico aumento.

Parte importante de tal aumento deve-se à desvalorização do dólar promovida pela política monetária americana. Tais setores são poupadores de mão de obra. Suas cadeias de serviços são suscetíveis de serem ampliadas, mas absolutamente incapazes de dar resposta à grande pergunta.

É uma grave ilusão supor que nada vai mudar nos próximos vinte anos. A "oferta" de alimentos e minérios está sendo estimulada em quase todos os países, inclusive pela própria China. Não existe, portanto, razão para acreditar que o nosso modelo agromineral exportador induzido seja bem-sucedido no longo prazo.

Além do mais, quem pode garantir que a China manterá, por mais vinte anos, a estrutura política atual (que já dá alguns sinais de fadiga)?

A alegre aceitação dessa "nova" divisão internacional do trabalho (para a China a indústria, para a Índia os serviços e para o Brasil alimentos e minérios) põe em risco o futuro da economia brasileira como necessário instrumento de construção de uma sociedade mais justa, com pequeno desemprego e suficiente emprego de boa qualidade em 2030.

Precisamos aproveitar a oportunidade (os bônus!) dos setores agrícola e mineral (o pré-sal) para nos livrar da trágica dependência externa e impedir que o pré-sal nos leve a outra dependência.

O que precisamos mesmo para responder à grande pergunta é continuar a aproveitar com inteligência os dois "bônus" e dar condições isonômicas a nossos empresários e trabalhadores para que construam o mercado interno que vai assegurar os bons empregos para nossos filhos e netos.

29.6.2011

Vento contra

O futuro é opaco e se nega a ser decifrado. Mesmo quando explorado pelas melhores inteligências, apoiadas nos mais recentes modelos, e torturado com as mais recentes técnicas econométricas, ele se recusa a confessar qual o caminho que tomará. Essa realidade e a prudência levam a comportamentos defensivos.

As autoridades responsáveis pela política econômica devem pesar cuidadosamente os riscos alternativos sem deixar-se imobilizar, mesmo porque não há caminho de custo zero. Os analistas, para preservar a credibilidade, procurarão acertar (ou errar!) juntos.

Estamos em um momento grave. Com a conivência dos governos, construíram-se "inovações" financeiras cujas consequências foram ignoradas. Alguns economistas foram ridicularizados pelos que detinham o poder político porque apontaram, inadvertidamente, os perigos que as "inovações" embutiam.

O resultado dessa aventura explodiu quando a miopia dos bancos centrais dos EUA (o FED), da Inglaterra e da Comunidade Econômica Europeia permitiu a liquidação desordenada do Lehman Brothers.

Ignoraram a rede construída pelas "inovações" e seus abusos. De fato, como confessou Alan Greenspan, que durante dezoito anos foi *el maestro* e agora é demonizado, "ninguém sabia o que estava acontecendo".

A chamada "grande moderação" (alto crescimento e baixa inflação), na qual surfaram os bancos centrais, nada tinha a ver com eles. O mundo vive o rescaldo da crise financeira que ainda não terminou.

O grave é que os instrumentos disponíveis (a política fiscal e a monetária) esgotaram os seus efeitos no mundo desenvolvido sem restabelecer o "circuito econômico", cujo funcionamento depende da confiança dos trabalhadores, dos empresários e do sistema financeiro.

Paradoxalmente, o mundo precisa agora do ritmo de crescimento dos países emergentes. As notícias não são boas. Vencidos dois terços de 2011, a perspectiva de crescimento no ano dos países desenvolvidos é da ordem de 1,4% (contra 2,6% em 2010) e dos emergentes da ordem de 5,4% (contra 7,3% em 2010), o que sugere um crescimento global da ordem de 2,5%, com viés de baixa (contra 3,9% em 2010). Mesmo a China e a Índia começam a dar sinais de fadiga.

Toda essa tragédia sugere que o vento de cauda que ajudou o crescimento do Brasil, com o modelo exportador agromineral induzido pela China, está terminando.

Se quisermos crescer à taxa de 4,5% a 5% nos próximos anos, devemos complementá-lo e dar especial atenção ao nosso mercado, com um programa que fortaleça a poupança e a competitividade internas e dê inteligente proteção externa, como luta para realizar o governo Dilma.

31.8.2011

Origem da crise

Para entender os movimentos dos "indignados" americanos e da "ocupação de Wall Street", é preciso considerar alguns fatos:

1) a renda *per capita* não cresce desde 1996;
2) a distribuição dessa renda tem piorado há duas décadas;
3) o nível de desemprego em abril de 2008 era de 4,8% da população economicamente ativa, o que, em parte, compensava aqueles efeitos;
4) em janeiro de 2010, o desemprego andava em torno de 10,6% e, desde então, permanece quase igual (9,2%);
5) o colapso da Bolsa cortou pelo menos 40% da riqueza que os agentes "pensavam" que possuíam;
6) a combinação da queda da Bolsa com a queda do valor dos imóveis residenciais fez boa parte do patrimônio das famílias evaporar-se;
7) ao menos 25% das famílias têm hoje menos da metade do que "supunham" ter em 2008.

O grande problema é que a maioria dos cidadãos não entende como isso pode ter acontecido. Sentem que foram assaltados à luz do dia, sob os olhos complacentes das instituições em que confiavam: o Poder Executivo e o Banco Central. Assistem confusos ao comportamento do Legislativo. Pequenos grupos mais exaltados tentam reviver, com passeatas festivas de fim de semana, o espírito "revolucionário" de 1968, que deu no que deu...

É pouco provável que essa pressão leve a alguma mudança séria em Washington. Talvez algum efeito nos resultados da eleição de 2012. Isso não deixa de ser preocupante e assustador, dado o reacionarismo do influente Tea Party[1] no Partido Republicano e a pobreza intelectual dos seus atuais candidatos.

---

1 Ala radical e ultraconservadora, identificada com o Partido Republicano norte-americano, que ganhou relevo a partir de 2009.

A história não opera em linha reta. Nada garante que, mesmo com as suas fortes instituições, o atual disfuncionalismo político americano não possa produzir algo ainda pior do que o que estamos vendo.

O último levantamento do Gallup (15 e 16 de outubro de 2011) perguntou a quem o consultado atribuía a crise que estava vivendo. As respostas foram: 64% ao governo federal; 30% ao comportamento das instituições financeiras e 5% não tinham opinião formada.

Modelos de previsão eleitoral como os de Ray Fair, da Universidade Yale (adaptados no Brasil pelo competente analista político Alexandre Marinis), ainda dão uma probabilidade maior à reeleição de Obama – apesar de quase dois terços dos americanos acreditarem que ele é o responsável pela crise.

Injustamente, porque a crise é produto dos governos Clinton (democrata) e Bush (republicano), que se esmeraram em demolir, com a desculpa ideológica de que os mercados financeiros eram eficientes e se autocontrolavam, a regulação do sistema bancário construída por Roosevelt (democrata) depois da crise de 1929.

26.10.2011

Moderação

A dramática situação econômica da Eurolândia está produzindo efeitos políticos surpreendentes. De um lado, a queda em cascata dos poderes incumbentes. Todos são culpados por terem ficado inertes diante dos desarranjos fiscais que se praticavam. De outro, traz mais uma vez a demanda secular de "substituir o capitalismo", como se este não fosse sempre diferente devido ao seu dinamismo interno.

A oposição "oportunista" e os "indignados" tentam trazer de volta sugestões de cérebros que "inventaram" outros mecanismos de organização social. Os mesmos que rechearam de tragédias o século XX.

Para que o sistema de economia de mercado (que é compatível com a liberdade individual) funcione adequadamente, ele precisa de um Estado constitucionalmente limitado que seja fiscalmente responsável, tenha poder para mitigar os defeitos do mercado (a flutuação que lhe é incitada e a redução das desigualdades que ele produz) e seja capaz de controlar o sistema financeiro. Deixado a si mesmo, este tem a tendência de servir-se do setor real e de controlar o poder incumbente, pondo em risco, ao mesmo tempo, o "mercado" e a "urna".

É preciso reconhecer que o "mercado", como instrumento alocativo eficiente, não encontrou, ainda, nenhum substituto, como mostram o fracasso soviético e o sucesso chinês, e que o seu bom funcionamento não depende do irrestrito movimento internacional de capitais e, muito menos, de mistificações "científicas" de "inovações" financeiras.

Pelo contrário, a história mostra que um de seus defeitos (a flutuação do emprego), produzido, em parte, pelo próprio comportamento humano, é ampliado quando o sistema financeiro não é submetido a um permanente controle.

A tragédia da Eurolândia revela com clareza que o jogo dialético (apoiado no sufrágio universal) entre o "mercado" e a "urna" – que, no longo prazo, tem levado ao processo civilizatório que combina a liberdade de iniciativa com o aumento da eficiência produtiva e a construção de uma sociedade mais "justa" – não é uma linha reta, podendo sofrer graves e custosos desvios.

O fato, porém, é que não há sistema que resista à irresponsabilidade fiscal. Quando ela leva as lideranças políticas à completa predominância do curto prazo sobre o longo, para aproveitarem-se de passageiras situações econômicas favoráveis que lhes permitam permanecer no poder, o "mercado" (isto é, a realidade fática) acaba cobrando seu preço.

O Brasil pagou esse preço no passado. É por isso que a presidente deve ser fortemente apoiada quando corta na carne do Executivo e pede moderação aos poderes Legislativo e Judiciário e aos sindicatos. Ela está certa: nunca a solidez fiscal foi tão necessária para proteger-nos da crise.

16.11.2011

O mundo como ele é

O observador desprevenido do caótico panorama mundial e das incertezas que este introduziu no que ele supunha ser a "ciência econômica" tem a tendência de fazer desta tábula rasa e procurar a salvação no pragmatismo irresponsável.

A crise que estamos vivendo não é uma daquelas ínsitas no particular sistema de economia de mercado, cujo codinome de guerra é "capitalismo". Foi produzida por uma avalanche do pensamento único, cujo codinome de guerra é "neoliberalismo", apoiado por Estados corrompidos pelo sistema financeiro internacional.

Quebrou-se, assim, o importante equilíbrio entre a urna e o mercado, que conduz, não linearmente, ao aperfeiçoamento civilizatório da "economia de mercado" – processo este que se renova e se civiliza um pouco mais a cada crise.

A economia tem a seu favor o fato de que muitas das suas "escolas" nunca aceitaram a hipótese dos mercados "perfeitos e capazes de se autorregularem", hipótese esta que produziu a tragédia em que vivemos. E mais. Um punhado de economistas antecipou e chamou a atenção para o que se armava em nome das "inovações financeiras" que iriam "facilitar o desenvolvimento e diminuir os custos de transação".

É hora, portanto, de reafirmar que existem mesmo princípios econômicos e realidades insuperáveis. Por exemplo, que há uma troca permanente e incontornável entre o consumo maior e o investimento menor no presente em contraposição a um consumo menor e a um emprego menor no futuro. Ou que é uma grande tolice tentar violar as identidades da contabilidade nacional.

É preciso reconhecer que não há um modelo de equilíbrio geral do qual se possam extrair recomendações normativas que permitam classificar, *a priori*, como prejudicial ao desenvolvimento econômico qualquer política governamental.

É evidente, por outro lado, que não há nenhuma razão para supor que o Estado tenha sempre – e necessariamente – um conhecimento superior da realidade e, logo, que seja dotado da "onisciência" que recomenda sua "onipotência" e "onipresença" na economia.

Porém, quando se trata de política de desenvolvimento industrial, o Estado pode "contabilizar" melhor os efeitos diretos e indiretos de suas compras.

Ele pode "ver" (porque teoricamente pode agregar) os resultados sociais de uma produção industrial que o setor privado não pode internalizar em seus preços, mas a sociedade recebe como aumento de renda.

Não há nada de errado, "em princípio" e *a priori*, com o benefício ao produtor, desde que seja compensado – no custo das empresas compradoras – com créditos do Tesouro gerados pela alta da receita criada pelo valor adicionado da produção interna.

11.1.2012

Desenvolvimento

Desde Adam Smith, os economistas têm se dedicado a encontrar a fórmula que revelaria a condição "suficiente" para a realização do desenvolvimento econômico. Após o término da Segunda Guerra Mundial, o progresso tem sido lento e, de fato, ainda não sabemos se a fórmula existe e se seria de aplicação universal.

Mesmo com o aperfeiçoamento das estatísticas, a construção de infindáveis modelos – muita matemática e econometria (às vezes com uma pitada de história) –, depois de dois séculos e meio na busca do graal cuidadosamente escondido (ou talvez apenas sonhado!), temos resultados práticos pífios.

Talvez tenhamos encontrado algumas condições "necessárias", mas não muito mais do que Adam Smith já conhecia...

Trata-se do mais importante problema a ser esclarecido pela economia. Afinal, por que, na longa caminhada desde o neolítico até a segunda metade do século XVIII, a produção *per capita* cresceu em um ritmo extremamente baixo? Talvez uma armadilha malthusiana. E por que sofreu uma rápida transformação depois de 1750?

Porque, a partir daí, pelo menos uma economia, a britânica, foi capaz de capturar a energia dispersa em seu território (água, madeira e carvão), auto--organizar-se com instituições convenientes e dissipá-la na produção de itens e serviços consumidos por uma população crescente.

Há alguns anos, Gregory Clark, em *A Farewell to Alms* (2007), propôs uma interessante hipótese que continua gerando uma enorme literatura. A causa eficiente do desenvolvimento da Inglaterra teria sido a emergência de uma classe média, com seus valores de prudência, poupança e disposição para o trabalho.

Clark reduz o foco do desenvolvimento da "qualidade das instituições" ou, pelo menos, sugere que diferentes "instituições" podem produzir o desenvolvimento econômico.

A hipótese de Clark é compatível com a pesquisa de Acemoglu et alii[1] quando afirma que os ganhos do comércio exterior apropriados pelas classes médias da Holanda e da Inglaterra foram a causa eficiente do seu desenvolvimento. A contraprova desse fato foi a estagnação de Portugal e Espanha, onde os mesmos efeitos foram apropriados por uma pequena elite.

Infelizmente, não existe (e provavelmente nunca existirá) a receita que nos diga qual é a condição "suficiente" para garantir o desenvolvimento econômico.

Mas existem, sim, condições "necessárias" observadas na história e racionalizadas na economia, sem as quais não se prosperará.

Para o Brasil, é muito bom saber que uma forte classe média é uma delas.

1º.2.2012

---

[1] Acemoglu, Daron et alii. "The Rise of Europe: Atlantic Trade, Institutional Change and Economic Growth". *American Economic Review*, v. 95, n. 3, jun. 2005, pp. 546-79. Daron Acemoglu, economista do Massachusetts Institute of Technology (MIT), é coautor de *Por que as nações fracassam*.

Economia

O conjunto de conhecimentos que, nos últimos trezentos anos, os observadores do funcionamento do sistema econômico organizaram sob o nome de "economia política" foi, no fim do século XIX, chamado de "economia", talvez na busca dissimulada de sua promoção a ciência.

A despeito da crise em que vivemos, tal conjunto de conhecimentos passa bem e continua sendo útil às administrações pública e privada:

1) na conscientização da sociedade de que, apesar dos fatores de produção terem usos múltiplos, cada unidade deles não pode geralmente ser utilizada, ao mesmo tempo, para múltiplos fins. O carvão usado na produção do aço não pode, simultaneamente, produzir energia elétrica. Só podemos distribuir o que já foi produzido. A maior distribuição de renda e o consequente aumento do consumo no presente implicam menor investimento e podem levar a um menor aumento do consumo no futuro;

2) na busca do uso eficiente dos recursos sempre limitados da sociedade para a satisfação aceleradamente crescente das "necessidades" criadas pelo próprio processo civilizatório;

3) no reconhecimento da existência de restrições físicas determinadas pelas identidades da contabilidade nacional e de que não há artifício, mágica ou "vontade política" que permitam violá-las. Quando, inadvertidamente, o poder incumbente tenta fazê-lo, paga um amargo custo sem consegui-lo;

4) no reconhecimento de que instituições adequadas que proporcionem os incentivos corretos usando o sistema de preços estimulem os agentes econômicos a atender simultaneamente os seus interesses e os da sociedade, o que sugere um papel importante para as políticas econômicas e sociais.

A economia não é uma ciência "dura" como a física, por exemplo, mas também tem uma "lei universal". Da mesma forma que há nesta a "lei da conservação da energia", naquela existe a lei aparentemente simplória de que "não existe almoço grátis!".

A economia esconde uma verdade essencial, às vezes não percebida, mas que comparece inexoravelmente na hora da prestação de contas.

É claro que a distinção da natureza, da qualidade e da precisão entre os dois conhecimentos é abissal.

Nas últimas semanas, corrigiu-se um erro de estimativa de 60 milionésimos de segundo na velocidade dos neutrinos, enquanto, no Brasil, discutíamos, sem conclusão, se a "taxa de juros neutra" (mais difícil de detectar do que o neutrino) é alguma coisa entre 4,5% e 6%!

Pois bem, para o bolso dos brasileiros, a eventual correção de Einstein seria infinitamente menos importante que um erro de 1% na estimativa da taxa de juro "neutra" pelo Banco Central...

21.3.2012

Imitação

Em uma extraordinária entrevista ao *Spiegel Online* no dia 25 de maio de 2012, o grande psicólogo Daniel Kahneman, Prêmio Nobel de Economia em 2002, sintetizou os resultados de suas longas e exaustivas pesquisas sobre a capacidade de previsão dos operadores de mercado, mesmo quando auxiliados por sofisticados métodos da chamada econofísica.

Trata-se de uma espécie de alquimia, último refúgio de físicos que não tiveram sucesso em suas carreiras e que decidiram ganhar dinheiro como analistas nas Bolsas de Valores. Eles dão conselhos altamente remunerados a investidores à procura da fórmula mágica que maximiza os lucros e minimiza os riscos.

Teriam "descoberto" a dinâmica de comportamento da "roleta" e, portanto, seriam capazes de prever os seus resultados futuros. O ponto interessante é que, quanto mais incompreensível o instrumento matemático utilizado, maior é a confiança que ele desperta nos incautos...

Kahneman não tem papas na língua. Afirma que, "nas Bolsas de Valores, por exemplo, a predição dos *experts* é praticamente sem nenhum valor. Qualquer indivíduo que desejasse investir seus recursos faria melhor se escolhesse o índice de um fundo de ações, sem a intervenção de um *expert*".

Como ele afirma,

> [...] ano após ano, eles foram melhores do que 80% dos fundos de investimento administrados pelos especialistas bem pagos. Entretanto, intuitivamente, desejamos investir nossos recursos com alguém que parece entender do assunto, mesmo quando as evidências estatísticas mostram claramente que isso não é verdade. Seguramente, há setores em que a *expertise* existe. Isso, entretanto, depende de dois fatores: se o setor é inerentemente previsível e se o *expert* tem experiência suficiente para ter apreendido suas regularidades. O problema é que o mundo das ações é inerentemente imprevisível.

Quando o entrevistador do *Spiegel* o interrompe com a indagação "então todas essas análises complexas não têm nenhum valor e não conseguem ser melhores do que a aposta no índice?", ele complementa: "Os *experts* são ainda piores, porque são custosos!".

A coisa está ficando mais opaca com os fundos que tentam perseguir, com sofisticados algoritmos, as "tendências" que se formam nos mercados (*trend-followers*), os Commodity Trading Advisors (CTAs). Estes reconhecem, explicitamente, que os mercados estão longe de serem perfeitos e que são tiranizados por modismos e liquidados pelo pânico. Tudo isso vai continuar.

Não importa a qualificação do investidor. Ele sempre terá mais conforto com o suporte da muleta de alguém reconhecido como *expert*. Não há nisso mal maior, porque melhora a distribuição de renda!

20.6.2012

Origem dos EUA

Um brilhante intelectual acaba de publicar uma extraordinária história econômica dos EUA. Merece ser lida por quem se interessa pelo papel do Estado e dos estadistas na construção de instituições que tendem a promover o desenvolvimento econômico de um país em um regime de liberdade de iniciativa dos seus cidadãos. O livro é *Land of Promise*. O autor é o considerado Michael Lind.

Trata-se da saga da quase inacreditável construção política que, a partir da segunda metade do século XIX, transformou uma coleção heterogênea de pequenas colônias inglesas na maior, mais eficiente, produtiva e democrática sociedade do mundo, com a enxuta e poderosa Constituição de 1787.

Essa construção exigia uma conveniente organização econômica, que foi entregue ao gênio Alexander Hamilton, secretário do Tesouro de 1789 a 1795.

A história revela que, desde o início, duas diferentes concepções dominaram a formação da sociedade americana. Uma, a hamiltoniana, que sugere que uma nação forte precisa de uma organização com um governo central estimulador da atividade privada e construtor da infraestrutura.

A outra, jeffersoniana, acredita que a prosperidade é produzida pelo trabalho de pequenos produtores independentes e competitivos. A situação ao longo dos últimos 220 anos não é muito clara, mas podemos, no nosso tempo, incluir na primeira Franklin Roosevelt[1] e, na segunda, Ronald Reagan.

Lind não deixa dúvida sobre o fato de que esse jogo entre as duas correntes foi fundamental para construir os EUA. Elas são visíveis na disputa Obama *versus* Romney.[2]

---

[1] Franklin Delano Roosevelt (1882-1945), presidente democrata dos Estados Unidos entre 1933 e 1945.

[2] Em 2012, o candidato republicano Mitt Romney perdeu para o democrata Barack Obama, cujo segundo mandato durou até 2017.

O autor chama a atenção para o movimento cíclico desse desenvolvimento. Fala, na verdade, em três Repúblicas: a dos fundadores, a estabelecida após a guerra civil, com Lincoln, e a construída depois da depressão de 1929.

A construção de Hamilton se fez apelando para um inteligente protecionismo que negava Adam Smith. O progresso da Inglaterra foi feito com o protecionismo. E só quando dominou a economia mundial ela passou a defender o livre funcionamento dos mercados.

Vale a pena acompanhar a construção de Hamilton nos seus relatórios ao Congresso: sobre o crédito público (janeiro de 1790), sobre a criação de um banco nacional dos EUA (dezembro de 1790) e sobre as manufaturas (janeiro de 1791).

É hora de lembrar que, do tamanho de Alexander Hamilton, tivemos um Silva. José Bonifácio de Andrada e Silva (1763-1838). A mediocridade política que nos persegue impediu que aproveitássemos seus projetos para terminar com a escravatura, desenvolver a siderurgia e tornar a educação primária obrigatória já nos anos 1820. O Brasil hoje seria outro.

22.8.2012

Confiança

O Estado e os mercados são instituições que precisam ser coordenadas para atingir o melhor nível de eficiência possível e para que os frutos econômicos produzidos sejam distribuídos da forma mais equânime. É isso que acelera, no longo prazo, o crescimento material com a inclusão social.

É preciso, portanto, cuidadosa calibragem entre as políticas econômica e social do governo e o crescimento do setor privado. Este depende de sua capacidade e disposição de financiar seus novos investimentos com o produto de sua taxa de retorno e sua capacidade de endividar-se.

Diante dessas circunstâncias, deveria saltar aos olhos o absurdo das seguintes proposições: 1) "crescer pelo consumo", uma vez que, sem novos investimentos, a tendência daquele é diminuir, e 2) "crescer pelo investimento", uma vez que, sem consumo, ele tende a desaparecer.

No prazo médio (a cada quatro anos), quem arbitra a expectativa de quanto se vai tentar aumentar o consumo e de quanto se vai aumentar o investimento é a própria sociedade, por meio do sufrágio universal. É na urna que se explicita se a sociedade quer crescimento mais rápido e, consequentemente, inserção social menos rápida, ou vice-versa, se prefere inserção mais rápida à custa de um crescimento menos rápido.

O que os economistas podem e devem fazer, porque a economia é uma ciência "moral", é mostrar quais os resultados de uma escolha inteligente e aceitável para o crescimento econômico (aumento do PIB) e para o crescimento social (aumento da inserção), uma vez que não há elemento objetivo para uma escolha "ótima" das duas variáveis.

O que torna o processo mais harmônico (crescimento + inserção) é o estabelecimento de um ambiente de confiança entre o poder incumbente eventual e os agentes do mercado. O que se chama de "ambiente de negócios" é o nível da desconfiança mútua entre o poder incumbente e os agentes econômicos do setor privado, criada pelo excesso de controle burocrático e dos agentes econômicos em relação ao poder incumbente, que não hesita em mudar as "regras do jogo" quando ele já está em andamento.

Não há dúvida de que, desde a Constituição de 1988, temos avançado na construção daquela "confiança", mas ainda estamos longe de tê-la em nível adequado. O ponto curioso é que os investidores estrangeiros parecem ter maior confiança no governo do que os nacionais.

A prova disso foi a última colocação dos títulos do Tesouro Nacional no mercado internacional com uma taxa de risco inferior a cem pontos em relação aos papéis americanos de mesmo prazo, ajudada, é verdade, pela excepcional liquidez mundial.

19.9.2012

Sutileza

Nas *Lectures on Jurisprudence* de 1766, Adam Smith afirma que todos os homens são iguais e têm um direito natural à vida, à liberdade e ao pleno gozo da sua propriedade, sem se preocupar com como ficará a igualdade no correr da vida.

Condorcet,[1] nas *Cinq mémoires sur l'instruction publique*, de 1791, reconhece a diferença natural dos homens e assegura que são direitos naturais de todos a liberdade, a segurança, a propriedade e a igualdade.

Na primeira metade do século XVIII, não havia um sistema de instrução pública organizado e a educação era, geralmente, feita por meio de preceptores privados aos quais só podiam ter acesso as famílias mais abastadas. Aliás, Smith era de uma delas.

O sistema de instrução pública (pago para Smith e gratuito para Condorcet) seria o caminho para o gozo dos direitos naturais, aperfeiçoaria a humanidade e aumentaria a solidariedade social.

Há uma divergência entre o papel da educação para Smith e para Condorcet. Para este, "a instrução pública destina-se a aperfeiçoar a espécie humana". Não se trata de promover a igualdade absoluta, mas de dar a todos a oportunidade de participar do progresso da humanidade e da ampliação do conhecimento.

É curioso ele já advertir para os riscos de uma educação pública gratuita, ao dizer claramente que "é preciso proteger o saber e seus agentes de possíveis controles do poder, seja ele civil, político, religioso ou econômico".

Para Smith, que postula a igualdade dos cidadãos ao nascer, os hábitos, os costumes e a educação são fundamentais na explicação das desigualdades dos talentos e no comportamento moral dos indivíduos.

---

[1] Marie Jean Antoine Nicolas de Caritat (1743-1794), conhecido como Marquês de Condorcet, filósofo e matemático francês.

Ele chega a dar um exemplo: a diferença entre um "filósofo" e um trabalhador comum. "Quando vieram ao mundo e durante os primeiros sete ou oito anos da vida deles, deviam ser muito parecidos. Depois, incorporaram-se ao mundo de formas diversas. Isso ampliou, pouco a pouco, a diferença de talentos, até que ao final a semelhança entre eles é irreconhecível."

Notemos que, para Smith, a coisa é mais sutil. Potencialmente, a simples ampliação da instrução não é, necessariamente, uma condição do progresso da humanidade, porque o aprendizado do conhecimento e do saber fazer corresponde ao papel desempenhado pelo indivíduo na divisão do trabalho, que gera o crescimento da riqueza.

Para Smith, um papel importante da educação é o de anular os males sobre os humanos produzidos pela condição do progresso material que é a divisão do trabalho.

17.10.2012

Imaginação

A imaginosa operação realizada pelo governo para fingir o cumprimento do superávit primário foi irritante.

Teria sido muito melhor para a sua credibilidade reconhecer que, com um crescimento do PIB de 1% e uma queda de 2% na produção industrial, recomenda-se um afrouxamento fiscal e monetário e um estímulo aos investimentos. O aspecto mais preocupante foi a revelação da má qualidade do portfólio do BNDESPar[1] empurrado para a Caixa Econômica Federal.

Tal evidência aconselha que se incluam na dívida líquida alguns dos empréstimos do Tesouro ao banco. Tem razão o TCU (Tribunal de Contas da União) quando insiste em tomar conhecimento das garantias oferecidas aos empréstimos do BNDES, o que não está protegido pelo "segredo bancário".

Entretanto, por mais desastrada que tenha sido a operação na essência e na oportunidade, ela está longe de sugerir, como se tem afirmado, que "o governo perdeu o controle fiscal, a última peça restante do tripé". Afinal, terminamos o ano com um déficit nominal em torno de 2,4% do PIB, com uma taxa de inflação de quase 5,8% e com uma relação dívida líquida/PIB em torno de 36%, o que não prenuncia nenhum descontrole. Mas o déficit em conta-corrente de quase 2,5% do PIB sugere algum cuidado.

Há uma angústia provocada pela repetição de "truques" contábeis que, às vezes, chegam à transmutação de dívida pública (chumbo) em receita pública (ouro) graças à obra e à arte de alquimistas na busca da pedra "filosofal" capaz de produzir o "ilusionismo geral". A preocupação é legítima. Eles ameaçam reconstruir relações incestuosas entre o Tesouro Nacional, o BNDES, o Banco do Brasil e a Caixa Econômica Federal.

---

[1] BNDES Participações, administradora de participações em empresas do Banco Nacional de Desenvolvimento Econômico e Social.

Estamos diante de uma sucessão de "espertezas" capazes de, desapercebidamente, destruir o esforço de transparência que vem sendo preparado desde 1983, que levou à eliminação da famosa "conta movimento" do BB e culminou na magnífica Lei de Responsabilidade Fiscal, até hoje duramente combatida pelo Partido dos Trabalhadores.

Agora mesmo, o governo introduziu de contrabando, em uma medida provisória, um dispositivo prejudicial ao equilíbrio fiscal, o que justifica a tal angústia.

É uma pena. Isso torna ainda mais difícil superar a desconfiança que hoje existe entre o setor privado capaz de produzir as obras de infraestrutura e a sua interface no governo. A experiência recente mostrou que esta tem mais "poder" do que "competência", evidenciado no fato de atacar os problemas certos, mas de tentar resolvê-los sempre com mais calor do que luz!

16.1.2013

Inflação

A taxa de inflação é como um "radiador" que dissipa o calor produzido pela inércia. Exemplificando sem exaurir:

1) por todos os atritos naturalmente produzidos pela demora necessária para ajustar as demandas setoriais (choques de oferta, mudança de hábitos) com as respectivas ofertas;

2) pela deficiência da infraestrutura;

3) pelos obstáculos institucionais e políticos que retardam os ajustes da oferta dos insumos básicos;

4) pelos exageros cometidos pelo poder incumbente quando perde o senso e se entrega ao voluntarismo populista, que ignora as restrições físicas impostas pelas identidades da contabilidade nacional;

5) pelo próprio governo quando tenta proteger sua receita, pela indexação automática de impostos, preços, tarifas ou salários, da própria inflação que está criando;

6) pelo estímulo ao crédito quando não há mais fatores de produção disponíveis em proporção adequada e a acumulação do déficit em conta-corrente não permite importá-los;

7) quando os salários reais crescem acima da produtividade física do trabalho.

A taxa de inflação é, portanto, um indicador duvidoso da demanda global. Ela é, simultaneamente, causa e efeito da redistribuição das rendas. No fundo, é a imagem invertida no espelho do nível de produtividade da economia, que cresce à medida que se reduzem os mesmos "atritos" que a produzem.

A redução da taxa de inflação brasileira – que, há oito anos, permanece em torno de 5,2% ao ano e que, como em todos os países com "metas inflacionárias" com bandas, namora o seu teto – não é, obviamente, uma tarefa apenas do BC. É uma missão de todo o governo, que envolve o aumento da sua eficiência apoiada em reformas microeconômicas bem "focadas" que precisam do apoio da sociedade.

Por exemplo, um mercado de trabalho bem organizado, que respeita os direitos constitucionais dos trabalhadores e no qual a livre negociação salarial dentro da empresa (e não do setor), sob as vistas de uma comissão de fábrica eleita e com representatividade, pretere os efeitos legais acumulados pelo corporativismo ao longo dos anos, é poderoso instrumento para o aumento da "produtividade" do trabalho e, ao mesmo tempo, para a redução dos atritos que se dissipam como pressões inflacionárias.

Por outro lado, quando há um desajuste entre a disponibilidade da mão de obra e suas habilidades em relação às necessidades da economia, é extremamente custoso corrigi-lo cortando a demanda global pela política monetária. São necessárias medidas estruturais que aumentem a oferta e a qualidade da mão de obra: rápida educação profissional e imigração!

23.1.2013

Pessimistas

Há um evidente exagero no pessimismo sobre a política econômica. Faz-se tábula rasa do claro progresso social que está gestando uma classe média mais educada e, consequentemente, mais exigente de qualidade dos serviços públicos, sem a qual não se consolidam as instituições democráticas que contribuem para o aumento paulatino da igualdade de oportunidades.

Pior, finge-se ignorar avanços importantes: a aprovação do sistema previdenciário do funcionalismo público; a bem-sucedida substituição dos juros reais de 6% na caderneta de poupança; o enfrentamento dos custos dos insumos básicos (energia e portos); o aprendizado nos leilões de concessão dos projetos de infraestrutura, que devem atrair o investimento privado; o controle do aumento de salários no serviço público por três anos; a redução ordenada da taxa de juros reais; a exoneração da folha de pagamentos para setores exportadores, que, combinada com uma relativa desvalorização da taxa cambial, começa a estimular a exportação industrial; a redução pontual da carga tributária; pequenos aperfeiçoamentos no sistema tributário etc.

E, por último, mas não menos importante, a melhora do entendimento entre o poder incumbente e o setor privado, que deve levar o empresário a introjetar o fato de que a política econômica é amigável e objetiva o aumento da competição e da produtividade. Isso pode nos levar a um PIB entre 3% e 4% em 2013.

A afirmação de que se abandonou o famoso tripé da política econômica canônica a que se apegam nossos sacerdotes é falsa. Do ponto de vista fiscal, reconheçamos a inutilidade das "manobras criativas", pecado venial expiado pela crítica severa de amigos e inimigos. Vamos à essência. Um crescimento do PIB de 1% não justifica uma política anticíclica? Um déficit nominal de 2,5% do PIB com uma relação dívida líquida/PIB de 36% representa o abandono da responsabilidade fiscal?

Do ponto de vista monetário, uma taxa de inflação de 6%, empurrada por um choque de oferta agrícola que, provavelmente, tenderá a amenizar-se em menos de seis meses, é sinal de que o Banco Central abandonou a meta de 4,5%? Ou que ele tenha perdido a "autonomia"? Não parece que esse seja o momento para um aumento da taxa Selic. Quando o dr. Tombini[1] diz que não se sente confortável com o comportamento da inflação, o que ele quer dizer senão que pode fazê-lo se for necessário?

Do ponto de vista cambial, a discussão beira o ridículo quando ouvimos François Hollande, Mario Draghi e Shinzo Abe.[2] Quem ainda acredita em taxa de câmbio livremente fixada pelo "mercado em função dos seus fundamentais"?

20.2.2013

---

1 Alexandre Tombini (1963), presidente do Banco Central entre 2011 e 2016.
2 Respectivamente, presidente da França entre 2012 e 2017, presidente do banco central europeu e primeiro-ministro do Japão.

Marx

Em 22 de fevereiro último, Cassiano Elek Machado publicou, na *Folha*, erudita nota sobre a nova tradução de *O capital*, realizada pelo competente marxólogo Rubens Enderle. Esta será publicada pela editora Boitempo, que já tem no seu catálogo outras obras em traduções muito bem cuidadas dos textos restabelecidos pelas edições críticas (Mega) das obras completas da dupla Marx-Engels.

Cassiano colocou uma mesma pergunta ("Por que ler Marx hoje?") a mim e a três brilhantes filósofos, seguramente mais conhecedores da obra de Marx do que eu. Eles deram respostas argumentadas e definitivas. Eu, um modesto economista, pensei em me livrar dela respondendo simplesmente: "Porque Marx não é moda. É eterno".

Ledo engano. Recebi a cobrança de alguns elegantes leitores para que explicitasse a minha resposta. Pois bem, os "marxismos" que continuam a infestar a história são modas: produtos de ocasião de pensadores menores. Há sérias dúvidas, aliás, de que Marx tenha alguma vez se reconhecido como "marxista".

Mas a problemática que ele colocou – o que é o homem e como pode realizar plenamente a sua humanidade diante dos constrangimentos que lhe impõe a organização da sociedade – é eterna. Ele teve muito cuidado em não explicitar a sua solução. Cuidado que não tiveram alguns que se pensaram como seus discípulos no século XX. Quando no poder, decidiram levar a sério a construção do "homem novo", o que terminou em tragédia.

Para dar um pequeno exemplo da intuição de Marx, basta lembrar que, no *Manifesto comunista* (1848), ele revelou a propensão do capitalismo financeiro emergente e avassalador de produzir uma crescente concentração do poder econômico que, se não fosse coibido pelo poder político, levaria ao desastre social.

A financeirização que ele previa continua forte e abrangente no século XXI. Por exemplo, nos últimos dez anos, as *commodities* tornaram-se ativos financeiros de fundos de investimento internacionais. Em 2000, estes não chegavam a 10 bilhões de dólares. Em 2012, passaram de 400 bilhões de dólares, um aumento de 40% ao ano! Há menos de vinte anos existiam mais de vinte *traders* de cada *commodity* (as oito mais importantes tinham mais de 160!). Houve a verticalização e a fusão antecipadas por Marx.

Hoje, não passam de quinze organizações que financiam, compram, armazenam, transportam, vendem e especulam com o resultado do trabalho de bilhões de agricultores que não têm o menor controle sobre sua produção. A maior delas, a Glencore, que comercializa tudo, de petróleo e metais a açúcar e trigo, acaba de aumentar sua integração. Comprou uma participação na Ferrous Resources, em Minas Gerais.

13.3.2013

Emergência

O movimento das ruas é uma daquelas "emergências" que levam a refletir sobre a qualidade da organização social em que vivemos. A história mostra o seguinte:

1) que a utilização dos "mercados" para organizar a produção é resultado de um mecanismo evolutivo. Eles foram gerados por uma seleção quase natural entre os muitos sistemas que os homens vêm experimentando desde que saímos da África há 150 mil anos, para combinar uma relativa eficiência na conquista de sua subsistência material com um aumento paulatino da liberdade para viver sua vida;

2) que, deixado a si mesmo, o mercado amplia as desigualdades e tende a gerar flutuações cíclicas no nível de emprego;

3) que um Estado forte, constitucionalmente limitado e de poder incumbente escolhido pelo sufrágio universal, é fundamental para regulá-lo e civilizá-lo;

4) que a crença ingênua na eficiência do mercado financeiro, essencial ao desenvolvimento produtivo, leva à submissão deste ao primeiro e, com tempo suficiente, ao controle do próprio Estado, como vimos em 1929 e em 2008, o que exige mudanças no paradigma.

O mecanismo de seleção a que nos referimos acima continua a trabalhar, como mostra a surpresa do "movimento das ruas", na direção do aumento da liberdade do homem para viver a sua humanidade, com a redução do trabalho necessário à sua subsistência material e dando-lhe segurança por meio do aperfeiçoamento da organização social, que busca combinar três objetivos não plenamente conciliáveis: maior liberdade individual, maior igualdade de oportunidade e maior eficiência produtiva. É importante lembrar que esses três valores estão implícitos na Constituição de 1988, que reforçou as instituições para realizá-los.

A história sugere que o processo de aproximações sucessivas do "socialismo fabiano", por meio do jogo interminável entre a "urna" e o "mercado", é, talvez, o caminho assintótico para produzi-los. As alternativas propostas de sua substituição voluntarista e apressada por cérebros peregrinos lotaram de tragédias o século XX.

A sociedade mundial está inserida em uma profunda revolução industrial apoiada em novas tecnologias e no aumento dramático de transmissão e acumulação de informação. Ela vai produzir uma redução do trabalho material e um aumento imenso da liberdade individual, no mesmo sentido da seleção "quase" natural que nos levou até aqui.

No Brasil que está ficando mais velho, as implicações desse novo passo civilizador têm que ser antecipadas com um dramático aumento da "qualidade" de nossa educação. O movimento das ruas está mostrando que esta é essencial para salvar a economia e, principalmente, a democracia.

26.6.2013

Primeiro passo

Não são os números econômicos, são as incertezas sobre o futuro que são desconfortáveis. O bom funcionamento da economia depende das expectativas dos agentes e da confiança que eles depositam entre si e no poder incumbente.

Se os empresários e trabalhadores tiverem muita dúvida sobre o futuro, sobre a natureza das políticas fiscal e monetária e sobre o ativismo regulatório que implicitamente desrespeita contratos, a tendência do crescimento é murchar.

Os empresários adiarão os seus investimentos porque não creem no governo. Os trabalhadores cuidarão, sob o risco do desemprego, de reduzir seu consumo e saldar suas dívidas, tentando fazer um seguro para ajudá-los a enfrentá-lo. Nas últimas semanas, a incerteza cresceu ainda mais: a "voz das ruas" levou a reações esquizofrênicas do Executivo e do Legislativo, que não tranquilizaram ninguém.

O fato mais enigmático a ser esclarecido no momento atual é: quais foram os sinais dados por uma administração pragmática e bem-intencionada que levaram o setor privado a tal perplexidade e, a partir dela, a uma profunda desconfiança sobre quais seriam os reais objetivos do governo?

A única explicação plausível é que isso tenha sido produzido pelo comportamento voluntarista dos burocratas portadores da "verdade" que fazem a interface das relações entre o governo e o setor privado, particularmente na infraestrutura.

A preliminar para a volta à normalidade do crescimento é a superação desse mal-estar. O governo e o setor privado têm de reconhecer e corrigir seus erros. O primeiro, deixando claro que é falsa a sua aversão à economia de mercado e ao papel dos preços relativos (e não do voluntarismo) na alocação dos fatores de produção; o segundo, penitenciando-se da sua crença infundada de que o que o governo quer mesmo é o "capitalismo sem lucro", sob seu controle.

A distância entre o governo e o setor privado cresceu a ponto de começar a comprometer as relações harmoniosas entre o Executivo e o Legislativo, o que aumenta ainda mais o grau de incerteza.

Não foram até agora bem analisados os possíveis inconvenientes da nova disposição do Congresso de votar em trinta dias os vetos do Executivo. Trata-se de um prazo muito curto para dissolver os entusiasmos irracionais que, às vezes, se apropriam do Legislativo quando pressionado pela "voz dos interesses privados".

Corremos o risco de ver o voto de cada veto transformar-se em um cabo de guerra e, no limite, na judicialização de alguns deles, o que, além de impedir o desenvolvimento do país, o tornará inadministrável.

Cabe ao Poder Executivo dar o primeiro passo.

31.7.2013

Rentistas

Desde tempos imemoriais sabe-se que grupos sociais com interesses comuns tendem a associar-se para, através do governo, extrair rendas imerecidas que geram ineficiência produtiva e têm seus custos diluídos por toda a sociedade. A diferença específica que as caracteriza é que elas não são obtidas nos mercados (onde há uma contrapartida do trabalho para obtê-las), mas no universo político, em troca de votos. Desde meados dos anos 1960 os economistas têm dedicado muita atenção a tal fenômeno. Em 1974 foi batizado como "caçada à renda", por Anne Krueger.[1]

Os "caçadores de renda" vivem comodamente entre nós sem serem percebidos. São os que obtêm: 1) proteção tarifária exagerada; 2) benefícios fiscais duvidosos; 3) empréstimos a taxas de juros negativas; 4) privilégios corporativos como servidores públicos dos três Poderes e das poderosas empresas estatais; 5) regulamentação duvidosa que finge proteger o consumidor, mas protege, de fato, o prestador de serviços; 6) contratos de concessão através de corrupção; 7) estranhos benefícios como os de "organizações não governamentais" ligadas a partidos políticos e financiadas pelo governo; 8) renda protegida pela correção monetária automática etc. A lista já é longa, mas está longe de ser exaustiva.

É preciso dizer que os beneficiários dos programas civilizatórios de combate à miséria e à desigualdade, que sempre podem ser aperfeiçoados, não se enquadram nessa categoria.

Pois bem, uma das hipóteses de causalidade mais fortes para explicar a queda do interesse dos governos de se engajarem seriamente em reformas estruturais, sem as quais não há desenvolvimento econômico no longo prazo, é que elas têm um custo elevado no curto prazo para os "caçadores de renda"

---

[1] Diretora-adjunta do Fundo Monetário Internacional entre 2001 e 2006.

bem-sucedidos, que conseguem apropriar-se de renda indevida graças à proteção do poder incumbente.

A hipótese causal é plausível. Por um lado, os benefícios das reformas estruturais se fazem sentir ao longo de alguns anos – período talvez maior que um mandato –, são difusos e não conseguem cooptar uma massa crítica para realizá-los. Por outro, os prejuízos para os "caçadores de renda" são concentrados e eles podem facilmente mobilizar, para defendê-los, as forças políticas que elegeram. É por isso que, para enfrentá-los, é preciso uma liderança firme, que exponha com coragem os "caçadores de renda" e acorde a sociedade para os efeitos dessa extração que, de forma quase invisível, consome indevidamente os recursos para o seu desenvolvimento.

Não se trata, como alguns ingênuos acreditam, de grande batalha "ideológica", mas de comezinho interesse material: apropriar-se de recursos que a sociedade desavisada lhes transferiu sem perceber!

23.10.2013

Caiu a ficha

A grande vantagem do calendário é que ele, psicologicamente, define um período ao qual damos significação. Temos a sensação de que 31 de dezembro encerra um período. Em 1º de janeiro inicia-se outro, novinho, como se houvesse uma descontinuidade física no tempo vivido.

Tudo se passa como se os fogos do Ano-Novo tivessem consumido consigo as alegrias e decepções, os erros e acertos de 2013. As contas são fechadas de forma inexorável e definitiva. É inútil ficar triste. É inútil blasfemar. É inútil arrepender-se. É inútil recorrer a contrafactuais que eram então oportunidades, mas foram perdidas. O tempo terminou: 2013 foi o que nossas escolhas (do governo e do setor privado) fizeram dele! O que está feito está feito. Não pode ser "não feito"! Talvez possa ser refeito!

O problema é que a realidade física do mundo de janeiro é a mesma de dezembro, à qual insistimos em dar nomes diferentes na busca de novas esperanças que não se concretizarão se não houver convergência mais rápida do entendimento da realidade (e das limitações que ela impõe) por parte do governo e do setor privado. Três anos de desconfianças, suspeitas e incompreensões do setor privado e de um longo aprendizado do governo no tempo contínuo de 1.095 dias produziram um resultado pobre: 1) taxa de crescimento do PIB de 6%; 2) taxa de inflação de 19%; e 3) déficit em conta-corrente de 187 bilhões de dólares.

Pobre, mas em relação a quê? Àquilo que era razoável esperar, descontado o efeito da menor expansão mundial: 1) crescimento de 3% ao ano (ou 9% no período) contra os 6% (2/3 do esperado); 2) uma taxa de inflação declinante, a partir dos 5,9% de 2010, de 0,5% ao ano, para entregar a "meta de 4,5%" em 2013. Algo como 16% contra os 19% verificados (20% acima do esperado); e 3) um déficit em conta-corrente de 2,7% do PIB, contra 1,8% do triênio anterior, o que o aumentou de 127 bilhões de dólares para 187 bilhões de dólares (47% acima do que ocorreu no triênio anterior, cujo PIB cresceu 13% contra os 6% atuais!).

Não adianta sofisticar os diagnósticos e as receitas que eles sugerem. Com a enorme desconfiança recíproca entre o governo e o setor privado empresarial, existente até há pouco, não havia política econômica que funcionasse. Felizmente "caiu a ficha": a Casa Civil e os ministérios da Fazenda e dos Transportes, que "escutavam, mas não ouviam", passaram a "ouvir". E o setor privado, por sua vez, entendeu que "modicidade tarifária" não era "socialismo". Os primeiros resultados são visíveis: os sucessos dos leilões de infraestrutura mostram que o diálogo está restabelecendo a confiança. Com ela virão os investimentos!

Talvez essa seja mesmo uma descontinuidade temporal que fará um 2014 melhor do que a média do triênio 2011-13.

8.1.2014

Política

Um voo rápido sobre as notícias que encerraram 2013 revela uma curiosa dicotomia. Aparentemente, nossos analistas não se distinguem pela objetividade, mas pelas crenças que cultivam e que insistem em apresentar como resultado de "suas ciências". Grosseiramente podemos reduzi-los a dois grupos.

De um lado, os que se consideram "certinhos" e que se creem neoliberais. No fundo, acreditam que há uma ordem "natural" na organização econômica da sociedade através de "mercados". Ela pode ser "revelada" pela análise da ação dos agentes em resposta aos incentivos que aqueles lhe proporcionam.

Caberia ao Estado apenas garantir o desimpedido funcionamento dos mercados (propriedade privada) e providenciar o fornecimento de bens públicos (segurança, justiça, valor da moeda etc.) que não podem ser eficientemente produzidos por ele. A combinação (de mercados com Estado) levaria à utilização "ótima" dos fatores de produção e à satisfação máxima dos agentes. E, naturalmente, ao nível "natural" do desemprego. A intervenção do Estado é, portanto, dispensável e, no limite, perturbadora do equilíbrio "natural".

Do outro lado, a fauna é mais interessante e se crê heterodoxa. Inclui toda sorte de contestadores da existência daquela "ordem": keynesianos e marxistas em todos os seus infinitos matizes, neodesenvolvimentistas, ecologistas, politicólogos, historiadores, geógrafos, niilistas, anarquistas e *tutti quanti*. Cada um deles com seu próprio diagnóstico dos problemas e, obviamente, com receita infalível para resolvê-los desde que lhes seja dado ilimitado "poder" para implementá-la. Felizmente eles não o têm. Quando o tiveram, produziram os desastres do século XX.

Se, de um lado, é evidente que não existe ordem "natural" no universo econômico, do outro é também evidente que não é possível superar impossibilidades físicas (como distribuir o que não foi produzido) com medidas que pareçam "politicamente corretas". O fracasso do "poder" é sempre justificado pela falta de "mais poder", até atingir o "poder absoluto".

O caminho mais custoso para enfrentar problemas é o de ruptura com o sistema vigente e de entrega a um ente "sobrenatural", portador da santíssima trindade: a onipotência, a onipresença e a onisciência do partido incontestável, como sugerem nas entrelinhas alguns dos nossos contestadores...

Um exemplo da divisão é o respeito sacrossanto do primeiro grupo e o desprezo do segundo pela opinião das agências de *ratings*. Nem uma coisa nem outra, mas é inútil ignorá-las, porque o "mercado" não as ignora...

Como insistiu o grande J. K. Galbraith,[1] "a política não é a arte do possível. É a escolha entre o desagradável e o desastre".

22.1.2014

---

[1] John Kenneth Galbraith (1908-2006): economista da Universidade Harvard e entusiasta do liberalismo americano. Colaborou com vários presidentes democratas.

Capitalismo

A *Folha* prestou mais um grande serviço traduzindo e publicando na semana passada longa e excelente resenha assinada por um competente provocador, o economista Paul Krugman, de um livro destinado a ser um clássico. Trata-se de *O capital no século XXI*, de Thomas Piketty, agora traduzido para o inglês. Krugman acredita que ele vai mudar duas coisas: como pensamos a sociedade e como fazemos teoria econômica.

Piketty está nos EUA, em uma espécie de *road show* de seu livro, em que expõe a indecente e quase inacreditável concentração da renda e da riqueza do 1% (e do 0,1%) dos americanos mais ricos. Em um auditório lotado, foi sabatinado e aplaudido por dois prêmios Nobel: Joseph Stiglitz e o próprio Krugman. Como de costume, a esquerda apressada viu nisso o espectro de Marx, e a direita retardada, apenas o resultado do mérito!

Os números de Piketty sugerem que o "capitalismo competitivo" está dando lugar a um "capitalismo patrimonialista". É importante insistir que ele rejeita toda grande história com suas leis determinísticas. A concentração da renda é, basicamente, resultado de decisões do sistema político. Em palavras que não são de Piketty, o processo civilizatório depende de um jogo paciente e dialético entre duas instituições fundamentais, a urna (em que cada cidadão tem apenas o seu voto) e o mercado (no qual cada cidadão tem votos proporcionais à sua riqueza), que exige que elas sejam independentes entre si, o que não é um problema trivial. Se o mercado se apropria da urna, o processo civilizatório entra em estagnação ou em regressão. Se a urna se apropria do mercado, temos o populismo, que termina no autoritarismo.

Nos EUA, Piketty afirmou: "Acredito na propriedade privada, mas o capitalismo e o mercado devem ser escravos da democracia, e não o oposto". Ao contrário do que pensam alguns economistas, o amadurecimento do capitalismo não leva, necessariamente, à maior igualdade ou à maior liberdade de iniciativa, duas componentes essenciais do processo civilizatório.

Não é trivial porque o controle político tem, por natureza, de procurar sua perpetuação e reprodução. Estamos diante de um problema que só pode ser resolvido por uma profunda reforma institucional. Por exemplo, o Senado, que é mais facilmente capturado pelo "mercado", deve ter apenas o poder revisor para equilibrar a Federação. O senador não deve ter iniciativa legislativa e, muito menos, suplente. E o deputado deve ser escolhido por uma forma de eleição distrital, para que o custo de campanha seja muito menor e visível aos eleitores.

Esperemos que alguma editora enfrente a tarefa de traduzir e publicar o livro de Piketty.

30.4.2014

Reacionários

Há pouco menos de 170 anos, John Stuart Mill, o último dos grandes economistas clássicos, mostrou, antes de Marx, que as leis que regem o sistema produtivo são determinadas por condições físicas e tecnológicas (que ele esqueceu em seu "modelo"), mas que a distribuição do que foi produzido pelo trabalho alugado pelo capital é regulada por instituições humanas geradas pelas leis e pelos costumes da sociedade. Estas, obviamente, podem ser alteradas, porque dependem do direito de propriedade, que é, ele mesmo, uma instituição humana muito útil para a garantia da liberdade. Tem sido fundamental e conveniente, mas não é divino.

A grande mensagem que podemos ler na obra de Mill *Princípios de economia política*, de 1848, é que cada momento da história é um instante da aventura humana no processo evolutivo selecionado de maneira oportuna, da longa busca civilizatória que o homem vem perseguindo e que não tem fim definido antecipadamente. Mill, aliás, não concordaria com essa interpretação, uma vez que imaginava, ao contrário de seu antecessor, David Ricardo, que ela terminaria em um "Estado estacionário" que harmonizaria o homem consigo mesmo e com a natureza.

Os últimos 170 anos mostraram como é difícil "inventar" uma organização social que respeite a liberdade individual, as leis físicas e o avanço tecnológico e, simultaneamente, gere uma distribuição mais equitativa do que foi produzido. O desenrolar histórico acrescentou outro polo à instituição antiquíssima, o mercado, que é um mecanismo relativamente eficiente para coordenar a atividade dos agentes econômicos. Sobre o mercado pesa a acusação nunca realmente provada de ter destruído uma primitiva solidariedade natural que um dia existiu entre os homens. O novo polo é a democracia com sufrágio universal, que empoderou a enorme maioria que aluga a sua força de trabalho aos proprietários do capital que foi acumulado sob a proteção das leis e dos costumes. Através da urna, ela expressa os seus desejos na escolha do poder incumbente.

É o longo e penoso jogo dinâmico entre as leis físicas e as limitações tecnológicas impostas pelo "mercado" no processo produtivo, contra a exigência de equidade distributiva maior do que a que foi produzida expressa na "urna", que vai sugerindo o caminho do processo civilizatório. Ele claramente não é linear, mas, todas as vezes que se tentou uma "via rápida" para substituí-lo, terminou-se na barbárie. Neste momento de grande confusão mental, em que "intelectuais superdemocratas" se apresentam como portadores da "via rápida", a melhor coisa a fazer é tomá-los pelo que verdadeiramente são: perigosos reacionários!

14.5.2014

Dilema

Quando políticas econômicas colonizadas pelo mercado financeiro (mercadismo) convivem com sistemas políticos democráticos, é preciso muita atenção para assegurar o equilíbrio social. As extravagâncias do mercadismo, apoiadas na sua "pretensão científica", acentuam as desigualdades e são lenientes com o desemprego e a pobreza. Serão corrigidas nas "urnas" depois de algum tempo. Infelizmente, a correção é, em geral, exagerada: os novos chegados ao poder tentam impor a sua "ciência", o voluntarismo. Como o mercadismo, ele termina em outro desequilíbrio social que, em algum momento, será também corrigido pelas "urnas", se a democracia sobreviver.

Para que esse mecanismo de autocorreção – o único descoberto até agora para construir uma sociedade civilizada – funcione é preciso que ela disponha de sólidas instituições políticas e sociais capazes de garantir a escolha do poder incumbente com absoluta liberdade, exercida em um ambiente de rigoroso equilíbrio competitivo.

Frédéric Bastiat (1801-1850) foi um economista francês dogmático e intransigente. Acreditava na harmonia entre as classes sociais e foi feroz inimigo do socialismo e da ação do Estado para proteger os cidadãos na pobreza, porque isso comprometeria sua independência e os desobrigaria de procurar, outras formas de superá-la. Ele firmava seu ultraliberalismo em uma lógica terrível, com a qual extraía de hipóteses simples todas as consequências possíveis. O problema – como o de alguns de nossos economistas – eram as suas hipóteses!

Em 1848 publicou um artigo memorável, "O que vemos e o que não vemos", no qual ataca algumas falácias (algumas ainda sobreviventes) e coloca claramente a absoluta necessidade de uma visão intertemporal da política econômica. Nele afirma:

Na esfera econômica, um ato, um hábito, uma instituição, uma lei não engendram apenas um efeito, mas uma série deles. Desses, só o primeiro é imediato, porque se manifesta junto com a causa (que se vê). Os outros se desenrolarão sucessivamente (não se veem). [...] Frequentemente a consequência imediata pode ser favorável, mas as futuras podem ser funestas, e vice-versa.

Conclui que "um mau economista perseguirá um pequeno bem atual (que se vê), que será seguido de um grande mal futuro (que não se vê), enquanto um bom economista perseguirá um grande bem futuro (que não se vê), mesmo à custa de um pequeno mal no presente (que se vê)".

Coloca-se, assim, o grande dilema: como é possível persuadir os eleitores que os "bons" economistas realmente são os portadores da "melhor" política econômica mesmo quando os inconvenientes de curto prazo (que se vê) serão superados pelo benefício de longo prazo (que não se vê)?

18.6.2014

Futebol

Terminou a orgia cívica do trintídio a que o mundo se entrega, a cada quatro anos, colonizado por uma instituição cujo poder transcendeu o saudável. Ela se aproxima perigosamente de uma organização inescrupulosa cujo objetivo é explorar a honesta paixão do homem pelo futebol. Trata-se da última lavanderia que ainda resiste ao controle de qualquer fiscalização. Como hospedeiro da diversão, o Brasil esforçou-se para fazer a sua parte, sob duras críticas internas e externas, algumas até procedentes. Fomos muito bem. Talvez menos do que gostaríamos, mas muito melhor do que supunham os censores.

Como era de se esperar, quando a "bola rolou" a emoção superou todas as dúvidas e reprimendas. O entusiasmo verde e amarelo tomou conta da sociedade. As esperanças foram crescendo a cada jogo. Nas vésperas de eleições, o governo tentou, imprudentemente, apropriar-se dos resultados e a oposição, desenxabida, fingiu alegria.

Infelizmente, tivemos um grave pânico quando internalizamos nossa inferioridade técnica coletiva, mas não terminamos tão mal. Afinal somos a quarta seleção no *ranking* mundial. A ideia divertida de que a seleção nacional é a "pátria de chuteiras" transformou a surpreendente derrota em "vergonha nacional", em lugar de vê-la como ela é: um acidente explicável em um jogo que deve ser puro divertimento. Sábios cronistas exigiram "ao menos um gol de honra" para consolar a pátria "humilhada"! E não faltaram análises filosóficas sérias, capazes de tudo explicar quando o futuro já era passado...

Tudo de um ridículo assustador! A exceção foi o espetáculo do hino nacional cantado a capela pelos cidadãos de cinco a noventa anos que ocuparam os estádios. Isso sugere que debaixo do lúdico verniz superficial transitório, desperto enquanto a "bola rola", há um forte, sólido e permanente sentimento de pertinência à pátria.

Essa é a condição inicial necessária para enfrentarmos nosso verdadeiro problema: continuar a construir a sociedade civilizada sugerida na Constituição de 1988: uma República, em que todos, até o Estado e o poder incumbente que o representa, obedecem à mesma lei, sob o controle de um Supremo Tribunal Federal independente e uma democracia competitiva com eleições livres regulares, em que as políticas públicas têm como foco principal o aumento da igualdade de oportunidades para todos os cidadãos.

Foi prudente a presidente Dilma ao conter a apressada "modernização da estrutura do futebol" com estímulo oficial, porque não foi isso que a Alemanha fez. A Copa acabou e, a despeito de toda filosofia, o Brasil é o mesmo, com suas virtudes e seus problemas. A segunda-feira chegou. É hora de voltar a trabalhar!

16.7.2014

Limite inferior

Aprendi muito com o economista-filósofo Roberto de Oliveira Campos, particularmente quando tive a honra e a oportunidade de conviver com ele durante anos na Câmara dos Deputados. Sentávamos juntos e assistíamos aos mesmos discursos, alguns muito bons e sábios.

Frequentemente, diante de alguns incontroláveis colegas que exerciam uma oratória de alta visibilidade com os dois braços agitados tentando encontrar uma ideia, Roberto me surpreendia com a afirmação: "Delfim, acabo de demonstrar um teorema". E sacava uma mordaz conclusão crítica contra o incauto orador.

Um belo dia, um falante e conhecido deputado pelo PDT ensurdeceu o plenário com uma gritaria que entupiu os ouvidos dos colegas. A quantidade de sandices ditas no longo discurso com o ar de quem estava inventando o mundo fez Roberto reagir com incontida indignação. Soltou de supetão: "Delfim, construí um axioma, uma afirmação preliminar que deve ser aceita pela fé, sem exigir prova: a ignorância não tem limite inferior". E completou, com a perversidade de sua imensa inteligência: "Com ele poderemos construir mundos maravilhosos".

É uma pena que ele não possa mais verificar a riqueza e o poder do seu axioma. Agora mesmo estamos diante de duas questões que cobrem os extremos de uma longa escala.

A primeira é a enorme confusão estabelecida em torno do Acordo Ortográfico, na Comissão de Educação do Senado, pelo ilustre senador Cyro Miranda, do PSDB de Goiás. Para parecer "politicamente correto" e "ouvir todos os lados" na solução do problema, criou-se um grupo de trabalho e convocou-se o ilustre e "esentrico" professor de português Ernani Pimentel, inventor de uma deplorável reforma ortográfica da qual se vê uma amostra acima.

A segunda é o evidente mau uso dos recursos dissipados na propaganda eleitoral "gratuita" (paga pela sociedade desapercebida), que, em lugar de educar o cidadão, deseduca-o em matérias cuja boa compreensão é fundamental para o voto consequente. Exacerba o voluntarismo como solução para nossos graves problemas.

Não deixa de ser tragicômico assistir à indecente desonestidade intelectual de um dos lados, acompanhada pela indigente ausência de boas ideias do outro. Competem à altura, com a triste figura de uma nanica e retrógrada "verdadeira esquerda nacional", que se classifica a si mesma "progressista" e "democrática". Progressista porque sugere a repetição de experiências fracassadas. Democrática porque acredita ser portadora de uma visão privilegiada do mundo...

17.9.2014

O perigo

Depois de um extraordinário e justificado entusiasmo nacional por termos reencontrado o caminho da construção de uma sociedade "civilizada": 1) com o "milagre" da Constituição de 1988; 2) com o movimento de reequilíbrio geral iniciado, mas nunca terminado, pelo Plano Real de 1994-95; e, afinal, 3) com a aceleração da inclusão social a partir de 2003, apoiada por um fantástico e passageiro donativo externo, terminamos 2010 com brilhante superação da maior crise econômica e social que o mundo conheceu depois da Segunda Guerra Mundial.

Com essa história, Dilma Rousseff elegeu-se com relativa facilidade. Os estresses internos estavam escondidos pela velocidade do crescimento e a condição externa estava mudando, o que exigiu um forte ajuste em 2011. O seu primeiro mandato foi testemunha do primeiro grito de desconforto da sociedade brasileira nos últimos trinta anos, e a sua reeleição marcada por um embate político de rara agressividade.

Nossa situação econômica é certamente delicada, mas claramente superável. O fenômeno mais grave que estamos vivendo, entretanto, é a generalização da recusa à política que está se apropriando de boa parte da juventude brasileira.

Sem perceber, ela tem sido vítima da mais incompetente história "engajada" ensinada há décadas nas escolas de todo nível (da base às universidades), sob os auspícios do MEC e de sindicatos de funcionários públicos que se acreditam "professores".

Com raras exceções, não aprenderam nada, nem da história pátria, nem da universal. Continuam comparando o socialismo "ideal" com o capitalismo "real", esquecendo o socialismo "real". Continuam ensinando que a "verdadeira" democracia é o sistema em que a "maioria" decide que a "minoria" não tem outro direito que não o de obedecer-lhes. É a matriz do pensamento autoritário que infecciona a sociedade e que sempre terminará em uma "verdadeira" democracia de direita que dura vinte anos, ou em uma "verdadeira" democracia de esquerda, em geral mais competente, que costuma durar pelo menos setenta...

Quando a maioria da sociedade empodera pelo sufrágio universal um governo para atender a todas as suas vontades, o mais provável é que inclusive a minoria que se negou a fazê-lo lhe entregue tudo, a começar por sua liberdade. Disso já sabiam os *founding fathers* da nação americana, que construíram, na sua Constituição, os mais altos obstáculos ao autoritarismo, sob o controle de um Supremo Tribunal cuja função básica é garantir os inalienáveis direitos das minorias.

Os fatos dão razão à história: quem a ignora – que é o caso das nossas "direita" boçalizada e "esquerda" imbecilizada – está mesmo destinado a repeti-la.

14.1.2015

Recuperar o normal

Deveria ser evidente a qualquer economista com algum contato com a história, não importa qual seja a igreja secreta a que pertence, "capitalistoide" ou "socialistoide", que existem limites para o voluntarismo econômico que não podem ser contornados sem graves consequências que, infelizmente, sempre chegam tarde demais, como:

1) a tentação de violar as identidades da contabilidade nacional, que leva a desequilíbrios cumulativos e cuja correção é sempre dolorosa;

2) a necessidade de calibrar permanentemente o crescimento econômico (produzido pelo investimento) com a imprescindível redução das desigualdades (aumento das oportunidades de consumo);

3) ignorar que só pode ser distribuído o que já foi produzido internamente, o que se ganhou de presente do exterior com a melhoria das relações de troca ou o que se tomou emprestado do exterior e que deverá ser devolvido no futuro;

4) desconhecer que o crescimento econômico é somente o codinome do aumento da produtividade dos trabalhadores, que depende, basicamente: a) da saúde, da educação e da experiência de cada um, bem como do volume e da qualidade tecnológica do capital a ele associado (investimento); b) de como se organiza o processo produtivo nas empresas e sua segurança jurídica, ou seja, da eficiência com que transformam os fatores de produção que usam (trabalho, capital físico, energia e importação) em produtos acabados para consumo interno e exportação, e em novos fatores de produção (investimento); c) da existência de mercados bem regulados que coordenam, por meio de preços relativos livremente estabelecidos, as expectativas de consumo interno e externo com as expectativas de oferta dos produtores; d) da organização do Estado para prover serviços públicos com eficiência e liberá-lo do controle dos monopólios naturais com suas concessões ao setor privado, por meio da

criação desses mercados e do estabelecimento da "modicidade tarifária" com leilões bem concebidos.

5) deixar de reconhecer que a "ordem" fiscal (déficits estruturais adequados e relação dívida pública bruta/PIB com espaço suficiente para fazer política anticíclica quando necessário) é a mãe de todas as "ordens" e a possibilidade de uma coordenação adequada entre a política fiscal e as políticas monetária, salarial e cambial, que produz os equilíbrios interno (baixa inflação) e externo (déficit em conta-corrente saudável).

Façamos apenas o "normal". Dá certo!

11.3.2015

Emergências

A economia nasceu com a busca de conhecimento empírico sobre os mecanismos da organização econômica da sociedade, apoiada na crença de que se encontrariam leis "naturais" que revelariam relações que nos permitiriam entendê-la e forneceriam instrumentos para controlá-la.

É fato conhecido a admiração de Adam Smith pelas simplificações sucessivas da ordem "natural" dos movimentos planetários que atingiu a sua explicação "final" na síntese de Newton: a matéria atrai a matéria na proporção direta de suas massas e na inversa do quadrado de sua distância (1687). A ela, Einstein acrescentou uma pequena correção da órbita de Mercúrio e uma interpretação para a força da gravidade.

Ao contrário de Smith, os economistas posteriores foram esquecendo a história e aceitando as instituições como dados, "estados da natureza" que não exigiam explicação, a ponto de terem que fingir ignorar Marx para não terem que enfrentar a sua crítica.

Lentamente substitui-se o enfoque empírico (indutivo) pelo dedutivo. Alguns "neoclássicos" fazem da economia um ramo bastardo da matemática. E alguns "marxistas" fazem dela, com suas dialetizações, uma economia que atribui vontades ectoplasmáticas a categorias abstratas. Ambos a transformaram em um *jeux d'esprit* cultivado confortavelmente entre os sacerdotes de igrejas secretas que respondem pelo nome de academia!

Felizmente, desde o final dos anos 1980, sob a inspiração do grande economista K. J. Arrow, no Santa Fe Institute, um grupo de economistas, biólogos, sociólogos, psicólogos e matemáticos iniciou o estudo da economia como um sistema complexo em que o comportamento independente dos indivíduos parece gerar uma ordem espontânea, como sugeriu Smith. Ela será fortemente matematizada. Mas será bem diferente do que disse o Nobel Robert Lucas: "Cheguei à conclusão de que a análise matemática não é uma das formas de se fazer teoria econômica. É a única. A teoria econômica é análise matemática. Todo o resto é apenas imaginação e conversa".[1]

Hoje está estabelecido empiricamente que o sistema econômico tem mesmo a complexidade gerada pela interação de agentes independentes que produzem uma certa auto-organização. O problema é que ele está sujeito a "emergências" insuspeitadas, imprevisíveis e destrutivas que o levam ao colapso. Quando, surpreendentemente, o ministro da "propaganda" confessa em documento reservado que "estamos no caos", é recomendável que o governo e o setor privado introjetem a ideia de que alguma "emergência" nos espreita. Talvez a forma de preveni-la seja acelerar o ajuste fiscal.

25.3.2015

---

[1] "Professional Memoir", 5/4/2001, p. 9. Disponível em: <http://coin.wne.uw.edu.pl/rkruszewski/memoir.pdf>.

Direita e esquerda

Há algum tempo tudo era simples e claro. De "direita" era o sujeito antiquado, pouco imaginativo, resistente ao "progresso", defensor da "ordem", que acreditava na produtividade do trabalho, e desconfiado da democracia. Estava preocupado com a sua "liberdade", que, a história mostra, costuma ser morta pelo excesso de "igualdade". Acreditava em Deus e que, no mundo que Ele criou, 2 + 2 = 4, o que ele comprovava, empírica e diariamente.

De "esquerda" era o sujeito "progressista", que defendia a "igualdade" da qual emergiria, naturalmente, a "liberdade". Supunha-se portador do futuro e, portanto, sabedor de para onde iria o mundo. Os intelectuais do século XX, inclusive no Brasil, lhe haviam ensinado a "verdade": o mundo caminha para o socialismo e ele está sendo construído por Lênin e Stálin no paraíso soviético...

O fantástico paradoxo é que os mesmos intelectuais, na mais plena ignorância das limitações sociais e físicas que sofriam a construção daquele paraíso, reforçavam a certeza de que Deus já tinha morrido e, consequentemente, a restrição 2 + 2 = 4 era apenas mais uma imposição autoritária da injustiça social construída pelos interesses do miserável "capitalismo".

A mensagem generosa e libertária da "esquerda" (o "eu posso" dos vinte anos sem ter sofrido a vida), aliada ao sentimento natural de solidariedade do ser humano, era um atrativo irresistível. Ainda mais quando apoiada na lógica implacável de Marx sobre as injustiças ínsitas na organização capitalista, principalmente na sua vulgata para consumo nas batalhas juvenis dos diretórios acadêmicos.

Hoje tudo é confuso e complicado. "Direita" e "esquerda" perderam o seu vigor e a sua graça. Estão mais para sinal de trânsito do que ferramentas na batalha para construir uma sociedade civilizada, na qual o lugar de cada cidadão não dependerá do acidente do seu nascimento e a transmissão geracional da riqueza acumulada, pelo mérito ou pelo acaso, será mitigada.

Um dos mais respeitados e insuspeitos intelectuais de esquerda, o economista e professor Robert Heilbroner reconheceu que, "a menos de 75 anos do começo da competição entre capitalismo e socialismo [o 'real', digo eu], ela terminou: o capitalismo venceu [...]. Tivemos a mais clara prova de que o capitalismo organiza os problemas materiais da humanidade mais satisfatoriamente do que o socialismo".[1]

Perdemos a clareza, mas aprendemos que quem civiliza o capitalismo é o sufrágio universal que os trabalhadores inventaram no século XIX para se defender do poder do capital que se exprime nos mercados.

15.4.2015

---

1 "The Triumph of Capitalism". *New Perspectives Quarterly*, outono de 1989.

Aritmética

O grande problema da sociedade brasileira é a sua indisposição com as restrições impostas pelo mundo físico em que vive.

Não aceita que seja impossível violar as identidades da contabilidade nacional e que todas as tentativas de fazê-lo sempre terminarão em uma dramática combinação: 1) redução do crescimento econômico; 2) dificuldade de prosseguir na necessária política de igualdade de oportunidades; 3) aceleração da taxa de inflação; e 4) déficits exagerados do balanço em conta-corrente. Tudo temperado por um bom desequilíbrio fiscal!

As consequências sempre chegam depois. Mais cedo ou mais tarde, uma correção será imposta por motivos internos (quando a visibilidade do desastre for incontornável) ou externos (quando a perda de confiança dos credores estancar o financiamento).

O grave é que ela começa com o pagamento do seu custo mais trágico: o aumento do desemprego do cidadão que confiou no poder incumbente e ganhava honestamente o seu sustento e o da sua família. O sofrimento é grande, mas não é terminal: o Brasil já passou por isso dezenas de vezes e está aqui, caminhando para ser a oitava economia do mundo em paridade do poder de compra. Vamos fazê-lo de novo.

Por outro lado, um grande número de nossos intelectuais recusa as lições de história.

Insiste na afirmação de que conhece um caminho alternativo para sair da crise "sem lágrimas". Acredito que eles nem sequer suspeitem dos problemas de coordenação de uma sociedade complexa, a despeito da tragédia em que terminou o generoso projeto inicial da construção do socialismo na URSS e em seus satélites.

Infelizmente, o socialismo "real" é muito inferior ao capitalismo "real", ao qual, aliás, não faltam defeitos...

Não há melhor prova do superficial entendimento da maioria dos deputados com relação ao "ajuste fiscal" (que é um instrumento, não um fim) do que o contrabando da emenda que restringiu o uso do "fator previdenciário". Ele revela a demagógica solidariedade eleitoral que despreza a aritmética elementar e que, no final do dia, acabará prejudicando àqueles a quem enganou enquanto fingia proteger.

É evidente que a Previdência Social é um fundo de solidariedade absolutamente necessário para dar alguma tranquilidade aos trabalhadores na sua velhice, com transferência de renda que mitiga as necessidades dos menos favorecidos. Mas é evidente, também, que o equilíbrio atuarial do seu valor presente tem que ser igual ao valor presente das aposentadorias futuras. E só há duas soluções para o desequilíbrio: 1) fixar uma idade mínima da aposentadoria ligada à expectativa de vida ou 2) aumentar a taxa de contribuição do trabalhador...

3.6.2015

É estrutural

O ano de 2014 foi horrível. Nele prevaleceu a "vontade" da reeleição a qualquer custo. Ela era necessária para fechar o ciclo de uma geração de domínio do Partido dos Trabalhadores, do qual emergiria, definitivamente, o "nosso Brasil", como diz o seu presidente. A "vontade política" preteriu, assim, as mínimas condições impostas pelas restrições físicas que mantêm um razoável equilíbrio econômico. Tivemos: um déficit fiscal de 6,2% do PIB (contra 3,1% em 2013); uma taxa de inflação de 6,4%, mas que escondeu os efeitos de preços controlados da ordem de 3% a 4%; a relação dívida bruta/PIB aumentou em 6% do PIB; um déficit em conta-corrente de 104 bilhões de dólares (4,4% do PIB) e, por fim, uma queda de 0,7% do PIB *per capita*.

Permanecendo no poder, o PT acreditava que teria tempo de sobra para dar a "volta por cima" e preparar-se para ganhar as eleições de 2018.

As provas materiais dessa hipótese são um relatório interno de 2013, da Secretaria de Política Econômica do Ministério da Fazenda, que já apontava que a velocidade de crescimento das despesas primárias do governo era maior do que a da receita, que vinha sendo coberta com receitas atípicas, isto é, não recorrentes. Chamava a atenção para a sua aleatoriedade.

Outro relatório interno da mesma origem, de 2014, propunha "exatamente" as medidas corretivas iniciais do "ajuste" fiscal que o governo só enviou ao Congresso depois de reeleito. O Ministério da Fazenda imolou-se no altar da fúria de poder do PT. Inventou a "nova matriz econômica" para dar cobertura à irresponsabilidade política. Como me ensinou meu velho avô, "quando alguém erra três vezes na mesma direção, preste atenção, porque provavelmente ele está acertando"...

Houve uma trágica subestimação dos efeitos deletérios dessa estratégia. Na tentativa de corrigir o estrago eleitoral, a presidente impôs-se uma conversão comparável à de São Paulo na estrada de Damasco. Teria funcionado se ela não tivesse, ao mesmo tempo, perdido a confiança dos seus eleitores, o que tornou pior o que já estava ruim. Somou à crise econômica uma crise política, como é frequente quando o Executivo perde o seu protagonismo.

O problema é que agora o furo é mais embaixo. No nível federal, o diferencial de crescimento entre a receita primária (que depende fundamentalmente do crescimento do PIB) e a despesa primária (que cresce endogenamente pelos "direitos adquiridos" pelos beneficiários do poder) chegou aonde todos sabiam que iria chegar: a um déficit estrutural.

Seu conserto exigirá muito mais do que um "ajuste" conjuntural.

29.7.2015

Autoengano

Não é fácil entender o que a presidente Dilma fez dos seus magníficos 93% de "aprovação" (Datafolha, abril de 2012: "ótimo/bom", 64%, e "regular", 29%), obtidos depois do excelente comportamento da economia ao longo de 2011. No início do ano, Dilma corrigiu alguns exageros da política anticíclica conduzida por Lula em 2009 e terminou muito bem.

Toda comparação é sujeita a críticas e exige a concordância sobre uma métrica adequada. O crescimento do PIB entre 2003 e 2008 foi de 4,2% ao ano. Em 2009, ele foi de menos 0,2% e se recuperou rapidamente em 2010, quando atingiu 7,6%.

Parece, portanto, que não se fará injustiça se comparamos os resultados do crescimento médio de Lula em 2009-10 (3,7% ao ano) com o de Dilma em 2011 (3,9%).

Nas outras métricas: 1) a inflação cresceu de 5,1% para 6,5%; 2) o déficit em conta-corrente/PIB ficou o mesmo (-2% do PIB); 3) houve um aumento significativo do superávit primário, que cresceu de 2,3% para 2,9% do PIB, e 4) houve uma redução da relação dívida bruta/PIB, de 51,8% para 51,3%! Parece difícil rejeitar a hipótese de que Dilma, em 2011, repetiu o final do governo Lula. Lembremos que ele terminou seu governo com uma aprovação de 96% (Datafolha, novembro de 2010: "ótimo/ bom", 83%, e "regular", 13%).

Por maior que seja a má vontade da sociedade com Dilma, refletida na ideológica rejeição que sofre hoje, é ridículo negar que, no início de 2012, ela era, segundo as pesquisas de opinião, fortemente apoiada pela população e recebeu assim um voto de confiança para que continuasse a fazer "mais do mesmo". Na nossa opinião, manter o crescimento, controlar a inflação, regular o déficit em conta-corrente e sustentar superávits primários para conservar a relação dívida bruta/PIB em torno de 50%.

Isso fortaleceria nossas instituições, reduziria as incertezas e daria tranquilidade aos agentes econômicos, fatores essenciais para a redução do juro real teratológico que nos acompanha há décadas.

Infelizmente a sua leitura do sucesso foi outra.

O apoio popular a teria empoderado para fazer uma política voluntarista em busca da necessária "modicidade tarifária", sem levar em conta a realidade.

Fez dois movimentos desastrados: a partir de meados de junho de 2011, forçou uma baixa artificial da taxa de juros e, em setembro de 2012, introduziu a generosa ideia da "modicidade tarifária" no sistema energético, o que quase o destruiu. Mas não ignoremos que o fez com aprovação popular de 92% (Datafolha, março de 2013). Isso comprova o famoso Teorema de Thomas:[1] se uma situação é sentida como real, ela será real em suas consequências...

28.10.2015

---

1 O Teorema de Thomas é uma teoria de sociologia formulada em 1928 por W. I. Thomas e D. S. Thomas.

Política

Eric Hoffer, em *The True Believer*, esclareceu a diferença entre o exercício da política e o regime democrático: "Quando a liberdade é real, a igualdade é a paixão das massas. Quando a igualdade é real, a liberdade é apenas a paixão de uma pequena minoria. A igualdade sem liberdade cria uma estrutura social mais estável do que a liberdade sem igualdade". O exercício da política não é o mesmo que o universo democrático.

Uma democracia sem restrições pode ser tão despótica quando a mais cruel das ditaduras, quando está apoiada na mesma base: um suporte popular direto, "massificado e esclarecido por um partido salvador" que dispensa a intermediação das comunidades de interesses (étnicos, sociais, religiosos, políticos etc.) que dão estrutura e organização à sociedade e evitam a submersão absoluta do indivíduo no Estado absoluto.

A Rússia de Stálin, a Alemanha de Hitler e a Itália de Mussolini foram regimes com grande e generosa base popular, "esclarecida" por ideologias diferentes.

Alguns foram, ao mesmo tempo, "ditaduras do proletariado" e "democracias populares", o que nos ensina que "democracia", como "socialismo", é conceito que sempre contém muito mais do que somos capazes de imaginar...

Tudo isso mostra que a democracia pode se realizar sem o exercício da política, mas que este não pode se realizar sem a democracia, isto é, sem uma forma adequada de organização partidária e sem uma participação crescente da sociedade na eleição pacífica e livre do poder que preside o seu destino.

É por isso que devemos defender o exercício da política dos ataques que frequentemente lhe são feitos por uma "particular" democracia.

E, mais ainda, preparados para defender a democracia, sem adjetivo, capaz de resistir à tentação permanente que tem o sistema democrático de transformar-se no despotismo democrático, contra o qual nos alertou

De Tocqueville no século XIX. Confesso que tenho razões pessoais para isso: não gostaria de ser obrigado a fazer um regime alimentar simplesmente porque a maioria dos cidadãos decidiu melhorar a distribuição dos pesos, obrigando a minoria com mais de noventa quilos a fazê-lo.

Os homens, quando estão na posição daqueles que, como disse Hobbes, ainda não descobriram que "o inferno é a verdade descoberta tarde demais", têm a propensão a não levar a sério proposições como a anterior. Elas caricaturizam, para mostrar com maior clareza, o absurdo contido na submissão da sociedade à lógica feroz da maioria iluminada pelo partido único.

Repito para os incautos mais uma vez o que nos ensinou Goya: "Os sonhos da razão produzem monstros"...

4.11.2015

Acomodação

O mais terrível desperdício que pode haver em uma sociedade civilizada é o desemprego. Cada vez que uma pessoa que pode e quer trabalhar não encontra um emprego, sente-se excluída da sociedade. A situação é ainda mais grave quando o desemprego se prolonga e ela perde o "capital humano" que adquiriu no simples ato de trabalhar: vai-se, com o tempo, a sua *expertise*, superada pelos avanços da tecnologia. Sofre um rebaixamento de seu status social e lhe resta, se tiver alguma sorte, a oportunidade de pertencer ao gueto dos que têm de aceitar salário abaixo de suas qualificações. No fim do dia, perdeu um pedaço da sua identidade e destruiu sua família.

Um nível de desemprego acima do mínimo suficiente para acomodar as mudanças estruturais e tecnológicas que ocorrem em toda organização social dinâmica e produzem o aumento da produtividade do trabalho (cujo apelido é "desenvolvimento econômico") é a tragédia que revela a falsidade da conjecturada eficiência do capitalismo do *laissez aller, laissez faire, laissez passer*, que alguns ainda supõem ter sido matematicamente demonstrada.

O "capitalismo" é um instante histórico na procura do homem por uma sociedade civilizada. Não é eterno, nem é "justo", mas é o melhor que se encontrou até agora. Sobreviveu adaptando-se ao enfrentamento do poder econômico do capital pelos trabalhadores com a criação do sufrágio universal a partir do século XIX. Na urna, ele dá o mesmo poder a cada cidadão, não importa se vende (é trabalhador) ou compra (é capitalista) força de trabalho.

Quem defende o entendimento direto entre os comitês de fábrica e os empresários, sob a vigilância dos sindicatos (que também têm muito a aprender), para enfrentar as flutuações cíclicas ínsitas na economia de mercado, tem plena consciência das limitações e inconvenientes das levianas propostas de flexibilização *tout court* do mercado de trabalho. Tal teoria é apenas mais uma conjectura contra a qual pesam sérios exemplos empíricos levantados em

2005 (no livro *Fighting Unemployment*, de David Howell) e confirmados em 2012 (em *Macroeconomics Beyond the* NAIRU, de Servaas Storm e C. W. M. Naastepad).

O que se propõe é que trabalhadores e empresários, sentados em uma mesa com informações relevantes e transparentes, possam discutir – caso a caso, livre e concretamente – qual a melhor forma de ambos enfrentarem as inevitáveis flutuações da conjuntura. Devem procurar a distribuição mais "justa" dos ganhos e dos seus inconvenientes, a segurança e a estabilidade do emprego, além de respeitar todos os direitos constitucionais dos trabalhadores. Por si mesmo, esse entendimento aumentará o bem-estar de todos e mitigará as próprias flutuações cíclicas.

13.1.2016

Imitar

Os homens vêm acumulando conhecimentos para resolver os problemas de sua organização em núcleos maiores há pelo menos 10 mil anos, quando se estabeleceram em um território fixo, começaram a seleção intuitiva de sementes, aprenderam a tratar o solo, a armazenar e proteger das intempéries o que já foi produzido e a domesticar animais.

À medida que a vantagem da aglomeração e da divisão do trabalho ia ampliando o número de habitantes da "sociedade", foram "descobrindo" a complexidade de administrar, de forma mais ou menos razoável, o problema fundamental de garantir a subsistência material dos seus membros: quais produtos precisavam ser produzidos para atendê-la?; como produzi-los materialmente? Eram problemas relativamente "técnicos", dependentes da informação e da tecnologia que tinham. Uma vez os dois resolvidos e a produção consumada, surgia outro problema: como distribuir entre os produtores, de forma aceitável, o que foi produzido? Esse é, até hoje, o problema do poder político que controla todas as sociedades, quer pelo consentimento gerado por suas crenças, quer pelo simples e puro exercício da força bruta.

A ideia de um Estado constitucionalmente regulado, cujo poder incumbente eventual é eleito pelo sufrágio universal para períodos bem definidos, que "garante" (sob controle de uma corte suprema – inviolável, independente e inamovível) a liberdade individual é muito recente.

É raridade histórica: tem pouco mais de duzentos anos. Trata-se de simples verniz sobre os 10 mil anos da história que não terminou e continuará na busca da sociedade civilizada, em que o homem espera realizar plenamente sua humanidade.

Nessa caminhada, ele encontrou solução razoável para os três problemas anteriores. É uma seleção quase biológica que: 1) admite a plena liberdade de iniciativa; 2) sob pressão do sufrágio universal, controla o poder econômico do capital e aumenta, paulatinamente, a igualdade de oportunidade a todos; e 3) regula, mas respeita, o bom funcionamento dos mecanismos de informação que os homens descobriram: os mercados, capazes de revelar com relativa eficiência o que a sociedade deseja consumir e qual a melhor tecnologia alternativa para fazê-lo.

Não estamos no fim da história! A organização atual está longe de ser perfeita ou justa, mas até agora produziu resultados muito melhores do que os "curtos-circuitos" sugeridos por generosos ideólogos que só entenderam os problemas da "informação" quando foram derrotados por eles.

Trata-se, afinal, apenas do miserável "capitalismo" que habita hoje todos os países bem-sucedidos economicamente sob o regime democrático. Por que não imitá-los?

9.3.2016

Profecia

O Brasil vive um momento triste e angustiante. É o resultado de uma acumulação de equívocos quase inacreditáveis no tratamento da política e da economia. Eles acabaram se autoestimulando e produziram uma disfuncionalidade organizacional que precisa ser enfrentada com energia e urgência.

O Poder Executivo perdeu a confiança de uma maioria significativa da sociedade e, com isso, o seu protagonismo e sua capacidade de coordenar o Poder Legislativo a fim de aprovar as medidas corretas para enfrentar os graves problemas que temos pela frente.

O exemplo mais claro disso é que nem sequer o razoável programa proposto pelo ministro Nelson Barbosa[1] (aparentemente com o apoio da presidente) pode ser aprovado.

A objeção não veio da fraca "oposição", mas do seu barulhento partido, o PT, que a rigor nunca teve proposta alguma para construir uma sociedade civilizada em um regime de verdadeira liberdade individual.

Infelizmente, depois do sucesso da reeleição, a presidente manifestou uma arrogante alergia à negociação legítima com os outros partidos da sua base, que é quem sustenta o governo no precário presidencialismo de coalizão a que fomos empurrados por um sistema eleitoral que anda de costas para a realidade.

Não se sabe por inspiração de quem Dilma Rousseff meteu-se, imprudentemente, na disputa da presidência da Câmara dos Deputados contra o segundo maior partido de sua base. Perdeu! Viu extinguir-se, lentamente, a sua capacidade de impor sua agenda ao Legislativo.

No campo da economia, o desastre não foi menor. Depois de uma excelente administração em 2011, quando corrigiu alguns excessos do ex-presidente

---

1 Ex-ministro do Planejamento e da Fazenda no governo Dilma Rousseff (2011-16).

Lula, Dilma iniciou um insensato intervencionismo voluntarista com a destruição do setor elétrico, com a baixa dos juros reais sem os alicerces fiscais necessários, com a valorização do câmbio para combater a inflação e com o inacreditável prejuízo imposto à Petrobras e ao setor sucroenergético.

Assustou e destruiu a confiança do setor privado, que, pragmaticamente, reduziu seus investimentos.

Esses fatos mostram como é inútil procurar efeitos externos (que existem) para explicar a tragédia em que estamos metidos.

Ela é filha legítima da falta de habilidade política e da desastrada política econômica do período entre 2012 e 2014, que em 2015 levou a uma queda do PIB *per capita* de 4,8%. Se nada for feito – e rapidamente – é bem provável que a profecia hoje corrente, de que no final de 2016 o nosso PIB *per capita* será igual ao de 2009, se realize.

20.4.2016

Previdência

A seguridade social no Brasil veio à luz no dia 5 de outubro de 1921, quando um grande brasileiro, adotado pela cidade de Jundiaí – Eloy Chaves (1875-1964), homem de cultura e bem-sucedido empreendedor e deputado federal –, apresentou à Câmara um projeto que se destinava a atender às aspirações legítimas de uma grande classe de trabalhadores do país, os empregados das estradas de ferro privadas. Eles não tinham nenhuma garantia quando chegassem à velhice, ao contrário do que acontecia com os funcionários públicos da Central do Brasil. Desde sempre estabelecemos uma diferença fundamental entre o tratamento e a proteção dados aos que devem ser "servidores do público", que têm garantido o seu emprego e o seu salário real mesmo nas piores conjunturas, e o trabalhador do setor privado, que vê o seu emprego e o seu salário real diminuírem.

O projeto pretendia criar, em cada uma das empresas de estrada de ferro no país, uma caixa de aposentadoria e pensões para os seus respectivos empregados. Estabelecia um sistema de aposentadorias, de pensões para os herdeiros, de socorros médicos e medicamentos e um auxílio-funeral. Tornou-se realidade pelo decreto legislativo nº 4682, de 24 de janeiro de 1923, sancionado em tempos revolucionários pelo presidente Artur Bernardes.

Para quem tiver curiosidade, vale a pena ler o decreto. É uma peça longa (49 artigos), que revela a qualidade dos então legisladores. Mostra como se procurou construir um sistema previdenciário com flexibilidade suficiente para atender ao equilíbrio financeiro, a despeito da visível precariedade de informações atuariais (artigo 39). No artigo 42 ele dá estabilidade aos empregados com mais de dez anos de serviço, que foi depois generalizada e só mitigada pelo FGTS em 1966. Medida impopular que libertou o trabalhador do jugo do mau empresário e a empresa do mau empregado...

A bem da verdade, é preciso reconhecer que a discussão sobre a sustentabilidade no longo prazo dos planos de previdência nunca terminou. Noventa anos depois da Lei Eloy Chaves, a Previdência Social é agora o problema que ameaça a estabilidade fiscal. Todos sabemos que, no sistema vigente, quem financia a aposentadoria é o "excedente produtivo" de quem está trabalhando. Pois bem. Hoje, cada 100 cidadãos em idade de trabalhar (15 a 64 anos) sustenta 12 cidadãos idosos (mais de 65 anos). Em 2040, cada 100 cidadãos em idade de trabalhar terá que sustentar 26! Apenas para dar um exemplo. O Brasil gasta hoje com a Previdência mais do que países que têm, proporcionalmente, três vezes mais idosos do que nós. Por que se recusar a analisá-la, mesmo com a garantia de que não se pretende atingir os "direitos adquiridos"? Porque somos solidários com os gregos...

18.5.2016

A autocrítica

Tenho o maior respeito pela integridade pessoal da presidente Dilma Rousseff, mas a narrativa de que está sofrendo um "golpe" é pura alucinação de cidadãos desesperados com a possibilidade de perderem o poder. Na mais plena observância da Constituição de 1988 e sob o controle de um Supremo Tribunal Federal para o qual nada menos do que oito (entre onze) dos seus ilustres membros foram escolhidos livremente por Lula ou por ela e transparentemente aprovados pelo Senado Federal, está em andamento um processo de impeachment autorizado por dois terços dos representantes diretamente eleitos para a Câmara Federal. O julgamento dar-se-á no Senado Federal e também exigirá o quórum de dois terços.

Como consequência natural do processo, Dilma foi preventivamente afastada da Presidência da República e substituída, interinamente, pelo vice-presidente, Michel Temer, enquanto o Senado apura se houve desvio de função durante a manifestamente desastrosa administração do país no período de 2012 a 2016.

O fato concreto é que Dilma Rousseff continua no Palácio da Alvorada, acompanhada de duas dezenas de assessores de sua livre escolha, com a capacidade de ir e vir livremente, somada às facilidades de transporte do primeiro mandatário da nação, com seu retrato pendurado em todos os ministérios e com livre acesso à imprensa nacional e internacional, tudo por conta do Tesouro Nacional, como deve ser. Se for inocentada no Senado, voltará a ser entronizada na Presidência, como manda a lei.

Se isso for "golpe", minha querida avó era um "bonde elétrico". Como em teoria das probabilidades sou um "frequentista", sei que um evento de probabilidade zero não é impossível, mas tal resultado, provavelmente, seria a volta do desgoverno...

Uma recente autocrítica do PT revelou a pobreza da atual liderança do que foi, nos anos 1980, um partido essencial para a sociedade brasileira.

Admirado não apenas pelos seus correligionários, mas, principalmente, pelos que compreendem o papel da esquerda inteligente e do sufrágio universal na "civilização" do "capitalismo". Do que se lamenta o PT, afinal? Da sua incapacidade. Primeiro, a de não ter "aparelhado" o Supremo Tribunal Federal e, segundo, de ter se esquecido de "aparelhar" as Forças Armadas com o controle das promoções dos oficiais. Eita partidinho democrático!

Com minha simpatia pessoal pelos dois, acredito que esse é um sinal de que Lula e Dilma nunca aceitaram o que era "natural" para o partido: o "aparelhamento" para a sua eternização no poder. Ponto para eles.

1º.6.2016

Unidade sindical

A sociedade humana é um complexo de pessoas heterogêneas, cada uma com seus próprios interesses, coordenadas por instituições construídas por quem tem mais poder, o que as separa entre "ganhadores" e "perdedores". A vida lhes ensinou que a soma do poder resultante da cooperação entre elas é maior do que a soma de poder de cada uma individualmente. Isso as levou, na era da industrialização e do sufrágio universal, à formação dos sindicatos, que, por sua vez, estimularam a criação de partidos políticos para defender os trabalhadores.

O problema é que a prática também mostrou que estes estão sujeitos à "lei de ferro das oligarquias", descoberta por Robert Michels. Sindicatos e partidos acabam submetidos ao controle de uma burocracia, que, com o passar do tempo e seu insaciável desejo de poder, passa a cuidar apenas dos seus próprios interesses: torna-se o fim de si mesma! Qualquer semelhança com a realidade nacional que vivemos é, obviamente, mera coincidência...

No Brasil, a história é mais prosaica. Estamos comemorando três quartos de século da vigência da Consolidação das Leis do Trabalho (CLT), que nos foi outorgada por Getúlio Vargas em 1º de maio de 1943, inspirada no corporativismo fascista, e nos serviu bem durante algum tempo. O problema é que o mundo do trabalho mudou e chegou a hora de um *aggiornamento*. Não será contra os "direitos" dos trabalhadores, mas, ao contrário, para garantir a sua continuidade e dar-lhe materialidade e dinamismo.

Um exemplo trivial é o da revisão da "unicidade sindical", defendida pelo presidente do TST (Tribunal Superior do Trabalho), o ilustre Ives Gandra Martins Filho. Basta dizer que a ratificação da Convenção 87 da Organização Internacional do Trabalho (OIT), de 1948, que admite a pluralidade sindical se esse for o desejo dos trabalhadores, já vigora em mais de 150 países. Entre nós, dorme tranquila na Câmara dos Deputados, porque não interessa ao Poder Executivo.

A "unicidade sindical" garante o monopólio: a existência de um único sindicato (financiado pelo imposto sindical criado em 1931 e incorporado à CLT) em uma determinada base geográfica para cada categoria de trabalhadores. É o conforto dado pela unicidade e a garantia do imposto sindical que eximem o sindicato da eventual necessidade de competir com mais trabalho a favor de seus associados. Entre os verdadeiros interesses dos trabalhadores e as delícias das políticas criadas pela sedução do governo, o monopólio torna a escolha irresistível... A propósito, na última semana, a Câmara dos Deputados aprovou o aumento do imposto sindical patronal!

28.9.2016

Frivolidade

É preocupante a frívola interpretação, de parte de uma esquerda "generosa", do resultado da eleição municipal de 2016. Teria sido produzido por uma combinação diabólica: uma virada da sociedade para a "direita mercadista" acompanhada pelo avanço dos votos ligados às "obscurantistas" Igrejas evangélicas.

A primeira hipótese mostra que a esquerda continua sem entender o verdadeiro problema da coordenação das atividades econômicas em sociedades complexas.

Os "mercados" não existem sem um Estado forte, constitucionalmente controlado. São apenas instrumentos que mitigam a incompatibilidade entre dois valores fortemente desejados pelos homens, a liberdade e a igualdade, e a condição de que eles precisam, a eficiência produtiva da sua subsistência material, para ter mais tempo livre para gozá-las.

Tem, sim, graves defeitos, mas, até agora, não se descobriram mecanismos alternativos para substituí-los. É preciso insistir. Mesmo quando dispôs do poder absoluto, a esquerda "séria" foi incapaz de fazê-lo: matou a liberdade e criou "castas" em lugar da igualdade!

A segunda revela um preconceito absurdo apoiado em uma arrogância que se pretende "científica". Se há uma evidência na história é que os homens comuns sempre se sentiram mal, angustiados, excluídos e, exatamente como no passado, procuram conforto na religião.

A contrapartida é o respeito a dogmas que, por sua aparência de "naturais", são aceitos pela imensa maioria. Mas por que estão escolhendo as Igrejas evangélicas?

Não sei. Mas sei que há oitenta anos, no bairro operário do Cambuci, em São Paulo, o templo católico da Glória era – todas as quintas-feiras e domingos – o centro da solidariedade e do conforto. Sob o estímulo de um inesquecível sacerdote (que aconselhava o bêbado e arbitrava divergências familiares), todos tentavam ajudar o desempregado eventual, o acometido de uma doença ou uma futura mãe necessitada.

Aquela Igreja se intelectualizou. Virou "progressista". Afastou-se do seu povo. Teorizou a igualdade. Abandonou as suas virtudes supremas: a solidariedade e a caridade! Para elas, reserva, hoje, apenas o seu discurso.

Suspeito que é exatamente por isso que as Igrejas evangélicas, que estimulam a convivência alegre em seus templos cada vez mais lotados, que praticam a solidariedade, que arbitram divergências, que garantem o apoio divino e dão esperança aos que têm iniciativa e acreditam no "mercado" ("dízimos"), continuarão a crescer e a buscar o poder, ignorando, solenemente, as opiniões dos "intelectuais"...

9.11.2016

Tempos normais

Tempos estranhos estes? Não! Tempos normais, quando vemos o homem como ele é, despido da romântica "humanidade" moral que lhe atribuímos. Um animal territorial, dotado pela evolução biológica de um terrível e perigoso instrumento – a sua inteligência. Com ela submeteu a natureza que o criou e inventou sofisticadas "teorias" para separar-se em tribos que se veem com desconfiança dentro e nos limites do "território" que ocupam e estabeleceram como "seu"! Esse sentimento é tão poderoso que, frequentemente, ele sacrifica a única coisa de que efetivamente dispõe – a própria vida – para defender-se da cobiça real ou inventada de outras tribos internas ou externas.

As pesquisas antropológicas recentes acumulam, cada vez mais, evidências de que só o homem é capaz de, em nome de crenças sem nenhum suporte factual, desenvolver poderosos preconceitos para "justificar" os mais pavorosos massacres de membros da sua espécie quando os "supõem" de outras tribos.

Não há registro desse comportamento em nenhuma outra espécie que a natureza produziu. O predador é sempre a espécie que está acima da cadeia alimentar, que a consome para sobreviver e reproduzir. Há registros esporádicos de lutas entre grupos de macacos, mas que não terminaram em "macacocídios".

A notícia mais amena é que a história revela também uma outra faceta da "natureza" do homem. Ainda que menos frequentemente, ele dá demonstração de altruísmo. Há algumas semanas, assistimos a uma explosão universal de solidariedade da espécie em resposta ao trágico acidente que se abateu sobre a Chapecoense.[1]

---

[1] Em 28 de novembro de 2016, a equipe do time de futebol Chapecoense se envolveu em um acidente aéreo na Colômbia. Das 77 pessoas a bordo, 71 morreram, fato que causou comoção nacional.

Isso coloca um problema. Como saber se tem sentido – a não ser por um desejo generoso – afirmar que, para "civilizar" os homens, bastaria liberá-los dos constrangimentos que lhes impôs o regime capitalista, uma organização econômica que aumentou exponencialmente, nos últimos trezentos anos, a produtividade do seu trabalho (e o seu desejo de "quero mais"), mas gerou uma desigualdade insuportável?

Bastará eliminar o capitalismo para reduzir a agressividade e aumentar a solidariedade e o altruísmo potencialmente implícitos na natureza humana para que floresça no homem a imaginada "humanidade" que lhe atribuímos?

Tenho dúvidas. Afinal, somos, diariamente, testemunhas de que o homem é "humano", tanto quando "mata" como quando "consola" o outro da sua espécie. As evidências antropológicas não sustentam a hipótese de que seu comportamento é a resposta à organização capitalista de produção.

A natureza do homem é um fenômeno complexo e é duvidosa a ideia de que a ciência lhe imporá a desejada "humanidade", antes que ela produza sua própria destruição.

8.2.2017

O livrinho

A Constituição Federal de 1988 aponta para a construção de uma sociedade civilizada, mas contém ambiguidades que estão na base da terrível judicialização que está contribuindo fortemente para a confusão instalada na República. Tomemos o capítulo 2 ("Dos direitos sociais", artigo 6º, que já sofreu duas emendas). Ele afirma: "São direitos sociais a educação, a saúde, a alimentação, o trabalho, a moradia, o lazer, a segurança, a Previdência Social, a proteção à maternidade e à infância, a assistência aos desamparados, na forma desta Constituição".

Os "direitos" têm seis artigos (do 6º ao 11), ocupando três páginas. No índice de "assuntos" anexo à Constituição, os "direitos" ocupam também três páginas. O curioso é que de tal índice não constam as entradas "deveres" ou "obrigações". Em poucas palavras, os "direitos", aparentemente, não exigem qualquer contrapartida dos cidadãos, mas, como são "direitos", podem ser buscados diretamente no Poder Judiciário.

Isso pressupõe que o Estado dispõe de recursos infinitos, um maná caído do céu. Quando o Judiciário decide quem vai ter assistência à saúde ou aposentadoria especial, ele está, de fato e ao mesmo tempo, cortando "direitos" do cidadão comum, uma vez que os recursos totais atribuídos à saúde e à aposentadoria foram fixados no Orçamento pelo poder competente – o Legislativo.

O ponto fundamental é saber o que se deveria esperar do cidadão, de cuja produtividade devem sair os recursos para atender os "direitos" do artigo 6º. Sem essa definição, a judicialização no máximo pode gerar "direitos abstratos": transferências voluntaristas e arbitrárias entre cidadãos que beneficiam uns em detrimento de outros.

O Produto Interno Bruto (PIB), isto é, a disponibilidade de bens e serviços à disposição da sociedade, é matematicamente igual ao número de trabalhadores empregados multiplicado pela sua produtividade média. Esta depende do capital à disposição de cada trabalhador, ou seja, da quantidade de trabalho passado destinado à produção de bens de capital e, portanto, não disponível para consumo. Como os "direitos" judicializados não a aumentam, eles apenas fazem crescer a desigualdade entre os cidadãos.

Nenhum país cresceu só concedendo "direitos". Todos cresceram e transformaram os "direitos" abstratos em concretos, com um aumento persistente da produtividade média do trabalho dos seus membros. É cada vez mais necessário convocar um concílio dos poderes Legislativo, Executivo e Judiciário, para chamar-lhes a atenção para os limites físicos implícitos nos "desejos" do "livrinho".

15.3.2017

Responsável

A sociedade brasileira está em estado de choque. Apoiou fortemente o afastamento de Dilma, pelo "péssimo estado geral da sua obra", reconhecido, aliás, por ela mesma quando, depois de sua reeleição, adotou o programa econômico do candidato vencido! O seu impedimento está longe de ter sido um "golpe". Fez-se dentro da Constituição (que acabou violada em seu benefício) e sob o "controle" do STF.

A posse de Temer, em maio de 2016, mudou a perspectiva. Ele conseguiu aprovar no Congresso em um ano o que não se fez nos cinco do governo anterior. O problema é que os efeitos levam tempo para se materializar e não apagam o desastre fiscal em que fomos metidos no processo eleitoral. Em maio de 2017, a situação era ainda muito complicada, mas já apareciam tênues sinais de uma recuperação modesta do crescimento econômico, único remédio para nossas angústias.

Tragicamente, uma "delação premiada", derivada de uma "armadilha" bem urdida somada à falta de desconfiômetro de Temer, produziu o tumulto que o país vive. Tal confusão é hoje o mais poderoso instrumento da oposição às "reformas", que se localiza na alta burocracia federal, uma "elite extrativista" que se apropriou do poder em Brasília graças à covardia dos governos e ao descuidado conformismo escandaloso dos trabalhadores e dos sindicatos que a sustentam!

Na semana passada, tivemos outro "show midiático", do mesmo "capo-classe" da organização criminosa que – com a conivência dos últimos poderes incumbentes – assaltou o patrimônio nacional e escafedeu-se brilhantemente. Aumentou a tensão, mas restaram terríveis contradições entre as suas narrativas, que certamente vão dar trabalho à Justiça.

Estamos em uma crise real enorme, apimentada por notícias transmitidas por imaginários informantes em *off*, que alimentam, em tempo contínuo, a "intriga criadora". Parte da imprensa autopromoveu-se: de "técnicos de futebol" que sempre foram a "competentes jurisconsultos" que – sem dúvida nenhuma – "julgam" e "escracham" votos de ministros do TSE, STJ e STF, sem o menor respeito pelos seus conhecimentos e pela naturalidade do contraditório...

Como nos ensinou Max Weber (e lembrou o ilustre professor Kujawski),[1] estamos diante do dilema: usar a ética da "convicção" ("faça-se justiça e pereça a sociedade") ou a ética da "responsabilidade" (avaliar cuidadosamente as prováveis consequências de cada solução e escolher a "menos pior" para a sociedade a curto e longo prazo).

É essa escolha que está sob os ombros do STF, sacralizado como poder moderador na Constituição de 1988. Que a razão e a precaução o iluminem. A paixão política costuma cobrar caro a sua imprevidência.

21.6.2017

---

[1] Gilberto de Mello Kujawski (1929), escritor e jornalista, autor de O Ocidente e sua sombra.

Dois problemas

Há uma necessidade urgente de a sociedade brasileira voltar ao caminho "normal".

Esse caminho inclui um crescimento robusto da produtividade do trabalho a qualquer coisa como 3% e 4% ao ano, com plena liberdade de iniciativa de todo cidadão e aumento da igualdade de oportunidades, solidária com os que, objetivamente, não têm plenas condições de participar com a sua força de trabalho, e sustentável não apenas no aspecto ecológico, mas no equilíbrio interno (taxa de inflação e juro real parecidos com os parceiros internacionais), no equilíbrio externo (déficit em conta-corrente sob controle e financiável) e no equilíbrio fiscal (superávits primários para sustentar a relação dívida/PIB com folga suficiente para o exercício de uma política anticíclica).

A nação está estarrecida. Um incesto entre o poder incumbente e parte do empresariado produziu um monstro: o "poder econômico" submeteu aos seus desejos parte significativa do Poder Legislativo e do Poder Executivo, pelo financiamento criminoso das "campanhas eleitorais", que foi transformado em "investimentos" de alta taxa de retorno econômico! E, por via indireta, estendeu o seu poder a parte do Judiciário, que é submetido à aprovação do Legislativo e que depende de promoção pelo Executivo.

Anulou-se, assim, o instrumento de civilização do capital inventado para dar "paridade" de poder ao trabalho, por meio do "sufrágio universal", sem a influência do capital. O mais grave crime cometido nessa apropriação foi ter posto em risco o próprio regime democrático, pelo qual, infelizmente, ninguém será apenado!

Mas é preciso reconhecer que são dois problemas distintos. A economia padece do mais profundo voluntarismo econômico que precedeu a eleição de 2014: a tragédia fiscal que nos devora e deixou como herança 14 milhões de desempregados e cuja superação depende de um mínimo de organização política que possa sustentar as "reformas" propostas pelo governo Temer.

Por outro lado, é preciso deixar claro que não foi o Ministério Público que produziu o incesto: a Lava Jato apenas expôs os intestinos daquela relação espúria. Pode até ter contribuído com alguma redução do crescimento a curto prazo, mas seus resultados serão um importante fator de aceleração do crescimento econômico no futuro.

Neste momento, a intriga em Brasília está mais ou menos desativada, o que exige imaginação da imprensa. Talvez fosse bom ela sugerir aos três poderes da República que se sentem na mesma mesa com o "livrinho" na mão, para acertarem sem os desejos de "expansão" da autoridade e dedicarem-se à solução do problema político. Só esse entendimento salvará a democracia...

26.7.2017

Previdência ou caos

Em uma análise fria e isenta, parece que não é possível rejeitar a tese de que uma "casta" de altos burocratas do Legislativo e do Judiciário, bem treinados e competentes, mas não eleitos, adquiriu um preocupante poder na administração material do país. Sobre ela não existe nenhum controle social. Organizada em poderosíssimo sindicato e com protagonismo midiático, puxa pelo nariz os três poderes.

Com relação ao Judiciário, por exemplo, basta ver a sua resistência sutil e bem organizada para ilidir a aplicação dos dispositivos da recente reforma trabalhista. A "rádio corredor" do STF informa que um número importante de seus ministros (que fizeram vida sindical) simplesmente "não gostou dela e vai resistir à sua aplicação"...

Seria tolice, entretanto, atribuir a dificuldade fiscal apenas aos seus altos salários, que não respeitam o "teto" constitucional, a toda sorte de exegese "criativa" dos tribunais superiores e aos seus direitos "mal adquiridos", aceitos pacificamente pela descuidada classe trabalhadora que os sustenta. São tão responsáveis quanto são os fiscais da lei, que têm uma certa inibição quando se trata desses desvios.

Todas as situações têm nuances e nada é o que parece à primeira vista. A Operação Lava Jato, por exemplo, foi um novo instante na história do país e pôs à luz as vísceras de uma teratológica conjunção carnal entre "políticos" que controlaram um Estado degenerado e um setor privado que estava longe da ética. Talvez ela seja a única unanimidade de esperança da sociedade brasileira, que a defende com unhas e dentes e perdoa alguns excessos próprios de um processo de aprendizado.

O fato, entretanto, é que é usada, indevidamente, para impedir qualquer "controle" sobre as atividades dos "controladores" e inibir qualquer iniciativa legítima do Legislativo de fazê-lo.

Temos que admitir claramente que, por muitos motivos e a despeito de uma alta carga tributária bruta (certamente mal distribuída), o Estado não tem sido capaz de fornecer o mínimo de serviços públicos indispensáveis para uma vida razoável: segurança, saúde, educação e mobilidade urbana de boa qualidade. O principal é que dissipa recursos com uma excessiva generosidade na remuneração do alto funcionalismo e na insensatez do sistema de Previdência, exemplificado na extensão do benefício dos ganhos de produtividade até a pensionistas...

A reforma da Previdência é um passo essencial para atingirmos dois objetivos: fornecer o mínimo de serviços públicos de qualidade a todos os cidadãos e garantir uma digna aposentadoria. Sem ela, nunca os atingiremos e continuaremos a caminhar para o caos.

27.9.2017

Índice remissivo

1984 (Orwell) 130

A

abastecimento 24
  estoque 24, 32, 129, 133, 146, 204, 250-1
  problemas de 24
Abe, Shinzo 329
abertura
  comercial 104, 157, 236-7
  para o exterior 130, 237
Academia Real das Ciências da Suécia 160
Acemoglu, Daron 313
Acordo Ortográfico da Língua Portuguesa de 1990 350
administração pública 47, 226, 245, 284
Agamênon 45
Aganbegyan, Abel 51
agências
  de rating 341
  estatais reguladoras da atividade econômica 56
  reguladoras 56
agentes econômicos 55, 80, 83-4, 93, 112-3, 116, 120, 145-6, 182, 194, 204, 224, 236, 260-1, 270, 278, 288-9, 292-3, 314, 320-1, 334, 340, 344, 357, 365
  imoralidade de agentes do sistema financeiro 274
aggiornamento 378
ágio 24, 33
agioteurs 131

agricultura 24, 63
  destruição da 34, 109
  preços relativos do setor agrícola 34
  setor agrícola 24, 34, 106, 230, 287, 303, 329
  transferência de renda da agricultura 34
água 256, 268, 294, 312
  analogia entre água e sociedade 256
  paradoxo e pesquisa das propriedades da 256
ajuste 23-4, 26-7, 33, 42, 60, 80, 93-4, 100, 128-9, 162, 186, 279, 296, 326, 352, 363
  custo do ajuste econômico 27, 94
  econômico 26, 33, 47, 80
  externo 23-4, 203
  fiscal 357, 361-3
Alcorão 282
Aleatoriedade 134, 271, 362
Alemanha 20, 30, 48, 79, 209, 349, 366
  Alemanha Ocidental x Alemanha Oriental 71-2
  Ocidental 71
  Oriental 64, 71-2
Alguns problemas do planejamento para o desenvolvimento econômico (Delfim Netto) 17
alienação 65-6, 72
alimento 34, 165, 287, 290, 302-3
  dispêndio global com 34
  função essencial da economia 290
alocação de recursos 36, 56, 68, 71, 91, 95, 109, 115, 121, 157, 168, 196, 207, 308, 334
alquimia 268, 316, 324
alto funcionalismo 391

altruísmo 50, 52, 72, 75, 87, 104, 110-1, 113, 298-9, 382-3

América Latina 76, 95-6, 102, 188, 211, 284, 294, 300

anarquistas 340

animal 13, 73, 143, 154, 246, 382
   homem como 13, 73, 143, 154, 246, 382

animal spirit 205

antropologia 18, 234, 266, 382-3

aparelhamento do Estado 223, 284, 377

aplicação 32, 59, 207, 268, 287

aposentadoria 18, 53, 278, 361, 374-5, 384, 391

arbitragem 80, 141, 186, 288, 300, 320, 380-1

Argentina 33, 42, 48, 102, 187

Aristóteles 78, 161, 200

aritmética 58, 75, 158, 220, 360-1

armadilha 192, 227, 386

Aron, Raymond 246

Arrow, Kenneth Joseph 356

Arruda, José Roberto 180

Arsuf (Palestina) 83-4

Assembleia Nacional Constituinte brasileira 35, 55, 57, 101, 196

Assembleia Nacional Constituinte da França (1848) 114

Assembleia Nacional Legislativa da França (1848) 219

assistência social 18, 258, 384

Associação Comercial de São Paulo 14

atividade econômica 13, 35, 55-6, 94, 96-8, 105, 121, 139, 159, 184, 204, 224, 230, 242, 258-60, 268, 272-3, 278, 290, 318, 344, 380
   agrícola 287
   mineradora 287

ativismo e voluntarismo 70, 114, 220-1, 326, 333-4, 346, 351, 354, 365, 373, 384, 388

ativos 79, 166, 173, 268-9, 281, 294, 330
   sequestrados durante governo Collor 79

Ato Institucional nº 5 15

átomos 150, 256-7

auditores e auditoria 42, 216

autonomização do sistema financeiro 280

autoridades econômicas e monetárias 25, 30, 33, 85, 94, 134, 143, 156, 185, 304

autoritarismo 17, 229, 342, 353

B

Bacon, Francis 126

Bagehot, Walter 168

balança comercial 46

balanço 180
   de pagamentos 24, 26, 30, 93, 192
   em conta corrente 134, 148-50, 156, 176-7, 360

banco central americano, *ver* Federal Reserve – FED

Banco Central do Brasil 16, 132, 158, 182, 184, 206-7, 211, 213, 306, 315, 329
   autonomia do 185, 195, 252
   independência do 138-9, 185

banco central europeu 329

banco central holandês 107

Banco de Compensações Internacionais – BIS 210

Banco do Brasil 324
   conta movimento do 45

Banco Interamericano de Desenvolvimento – BID 102, 188, 232

Banco Mundial 34, 162-3, 188, 214, 266

Banco Nacional de Desenvolvimento Econômico e Social – BNDES 190, 324
   BNDES Participações – BNDESPar 324

banqueiro 104, 107, 128, 139, 250

Barbosa, Nelson 372

Barbosa, Ruy 244

Barbuy, Heraldo 89

Barone, Enrico 51

Basílica do Santo Sepulcro 83

Bastiat, Frédéric 346

Becker, Gary Stanley 298

bem público 90, 195, 242-3, 280

benefícios sociais 54-6
onerosos e não onerosos 43

bens de consumo 92
duráveis 34, 132

bens e serviços 42, 59, 75, 146, 205, 236, 242, 248, 288, 290, 294, 298, 384

Berlim (Alemanha) 81, 172

Bernanke, Benjamin 270

Bernardes, Artur 374

Bíblia 282

Bisol, José Paulo 122-3

Black, Fischer 170

Bloch, Marc 246

"boa" governança pública e privada 180, 225, 254

bode expiatório 94

boicote 219

Bolívia 300-1
situação econômica da 300-1

Bolsa de Valores de São Paulo – Bovespa 199, 287

Bolsa Família 227

Bovespa, *ver* Bolsa de Valores de São Paulo – Bovespa

Brand, R. H. 107

Brasília (DF) 18, 33, 40, 44, 130, 284, 386, 389
"ilha da fantasia" 67

Bresciani-Turroni, Costantino 107

BRICS – Brasil, Rússia, Índia e China 216

Broadway 74

Bulhões, Otávio Gouveia de 15

burguesia 62, 108, 117, 223, 229

burocracia 63-4, 127, 166, 217, 321, 334, 378, 386, 390

Bush, George W. 186, 270, 307

C

"caçadores de renda" 55-6, 336-7
benefícios dos 336
forma como obtêm benefícios 55
interesse material dos 337

caderneta de poupança 80, 230, 328

Caixa Econômica Federal – CEF 324

Câmara dos Deputados 44, 193, 222, 226, 350, 372, 374, 376, 378-9

câmbio 28, 30, 93, 107, 128-31, 134-5, 139, 148-9, 151, 156-9, 162, 172, 182, 184, 189-90, 198-9, 202, 207-10, 231-2, 238-9, 252, 262, 264, 266, 287-8, 296-7, 301, 329, 355, 373
relação salário/câmbio 27, 264
reservas cambiais 27, 33-4
sobrevalorização cambial 130, 173, 187, 264, 287

Camdessus, Michel 155

campanha eleitoral 122-3, 190, 202, 343
financiamento 388

Campos, Roberto de Oliveira 15, 44, 350

Cantillon, Richard 250

capacidade gerencial 217

capital 32, 38, 55, 75, 134, 146, 152, 160, 182, 186, 204, 228, 230, 250, 254, 264, 274, 300, 344, 354, 359, 368, 371, 385, 388
especulativo 179, 288

capital, O (Marx) 78, 97, 108, 330

capital no século XXI, O (Piketty) 17, 342

capitalismo 17, 20, 51, 66, 72, 97, 142-3, 147, 174-5, 228, 258-9, 272-5, 278, 283, 290, 308, 310, 330, 334, 342, 352, 358-60, 368, 371, 377, 383
"choque capitalista" 65-6
defeitos básicos do capitalismo inglês 99, 234

definições de 51, 234, 258, 272, 274, 368, 278
e sociedade capitalista 19, 90, 121, 160, 340, 368, 370-1
economia de "mercado" 51, 290
"egoísmo capitalista" 75-6, 160, 358
patrimonialista 342

Capitalismo, socialismo e democracia (Schumpeter) 143

Cardoso, Fernando Henrique 122, 126, 189, 192-5, 200, 203, 208, 211, 213, 226-7, 233, 238-9, 252

carga tributária 158, 190, 218, 223, 238, 244, 267, 328
bruta 227, 238-9, 391
mundial 219

caridade 72, 108-9, 381
falta de caridade dos capitalistas 75

Carlyle, Thomas 78, 287

"Carta ao povo brasileiro" 198, 221-2, 226

Carta Capital [revista] 17

Carta de Ribeirão Preto 197, 200; *ver também* "Carta ao povo brasileiro"

Carvalho Pinto, Carlos Alberto de 14

Casa Civil 223, 339

Cassel, Gustav 107

Castello Branco, Humberto 14

catalepsia 284

causalidade 85, 138, 162, 168, 175, 336-7

centros urbanos 24

Chaves, Eloy 374-5

Chávez, Hugo 301

Chemnitz (Alemanha) 82

Chicago Tribune, The [jornal] 228

Chile 48, 102, 187, 232

China 20, 40, 65, 118, 216, 263, 288-9, 294-5, 302-3, 305
comparação com Brasil 216-7
crescimento da 265, 302
crescimento *per capita* da 294

ciclo 133, 196-7, 208, 260, 273, 362

cidadania 102, 127, 272

cidadão 79, 127, 139, 146, 190, 226, 228, 242, 244, 249, 270, 274, 322, 342, 346, 348-9, 351, 358, 360, 367-8, 375-6, 384-5, 388, 391
bem-estar do 249, 258, 267, 273, 292, 302
liberdade do 174, 318

ciência 78, 96, 141, 171, 179, 224, 240-1, 255
proposições "científicas" para a economia 71, 128, 153

ciência econômica 71, 153, 171, 214, 224, 241, 266, 310

ciências sociais 71, 256-7

"cientismo" 170

cientistas sociais 252-3

cinismo 110, 282

Cinq mémoires sur l'instruction publique (Marquês de Condorcet) 322

civilização 131, 136, 155, 196, 214, 256-7, 309-10, 314, 332-3, 336, 342-6, 349, 352, 358-9, 368, 370, 372, 377, 383-4, 388
processo civilizatório em estagnação ou regressão 17

Clark, Gregory 322-3

classe média 25, 312-3, 328

classe trabalhadora 82, 359, 369, 374, 390

classes dominantes 43, 61

Clinton, Bill 307

clube do *poire* 43-4

Companhia Municipal de Transportes Coletivos – CMTC 14

Coase, Ronald Harry 91

cobre 118, 294

Collor de Mello, Fernando 79, 84, 221

comentaristas econômicos 156

comerciante 104, 117, 260

comércio 109, 168, 178-9, 260, 262
diário 179
exterior 170, 237, 313

internacional 178-9, 236, 289

Comissão de Educação, Cultura e Esporte do Senado 350

Committee on Finance and Industry 140

commodities 283, 330-1

Commodity Trading Advisors – CTAS 317

common law 169

Companhia Siderúrgica Nacional – CSN 57

competição/competitividade 19, 55-6, 66, 71, 78, 85-6, 88, 91, 104, 109, 126-7, 143, 148, 157, 171, 182, 189, 191, 197, 200, 206-7, 225, 231, 234, 241-3, 249, 254, 260, 264, 266, 272, 279, 288, 292, 305, 318, 328, 342, 346, 349, 359

comportamento 29, 56, 69, 73, 75, 88, 110, 132, 179, 186, 202, 222, 230, 248, 255, 268, 271, 285, 290, 298, 304, 306-8, 316, 322, 329, 334, 356, 364, 382-3
   dogmático 69
   dos aplicadores 56, 179
   irracional 131

comprador 88, 171, 190, 260, 311

comprovação empírica 179

Comunidade Econômica Europeia 304

comunismo 63-4, 72, 97, 115, 166, 229
   avanço do 63
   "golpe" de 1917, *ver* Revolução Russa
   morte do 63

concentração de renda 15, 17, 41, 330, 342

concorrência 51-2, 85, 104-5, 181-2, 264

conferência de Bretton Woods (1945) 210

confiança 16, 90, 92, 212, 268-9, 271, 278, 289, 297, 304, 316, 320-1, 334, 339, 360, 363-4, 372-3

conformismo 33, 386

Confúcio 118, 264-5

Congresso Continental 117

Congresso Nacional 16, 19, 37-8, 40, 46, 60, 102, 180, 185, 193-4, 219, 286, 293, 319, 335, 362, 386

conhecimento 57, 95, 105, 110, 141, 215, 237, 248, 272, 311, 314-5, 322-3, 370, 387

dedutivo 356

empírico 85, 105, 132, 138, 148, 153, 162, 168, 178-9, 224, 234, 248, 252, 272, 356-8, 368

Conselho de Desenvolvimento Econômico e Social – CDES 223

Consenso de Washington 166, 172-3, 188-9, 232, 266

conservação 315
   do ambiente 204, 215
   dos recursos naturais 214

Consolidação das Leis do Trabalho – CLT 378-9

Constituição dos Estados Unidos (1787) 117, 318

Constituição Federal (1988) 16, 18-9, 35, 39, 43, 50, 52, 55, 57-8, 124, 194, 196-7, 199, 208, 224, 276, 284, 295-6, 321, 332, 349, 352-3, 376, 384, 386-7

consumidor 13, 29, 55, 86, 104, 112, 128, 146, 171, 175-6, 242, 278, 336

consumo 27, 34, 59-60, 83, 97, 112, 131-2, 142, 145, 162, 170, 242, 262, 285, 290, 310, 314, 320, 334, 354, 358, 385
   aumento de consumo interno 30

conta-corrente 129, 134-5, 144-5, 148-52, 156-7, 159, 187, 191, 199, 202, 205, 239, 244, 252, 262, 264, 296, 302, 324, 326, 338, 355, 360, 362, 364, 388

contas bancárias 79

contraprova 46, 313

Contribuição à crítica da economia política (Marx) 115

controle de natalidade 76

controle de preços 15, 24, 33, 43, 79, 135, 184

Convenção do PMDB (1987) 39-40, 378

Convenção Nacional francesa 114

cooperação 45, 104, 248, 276, 300, 378
   do FMI 42

Copa do Mundo 2014 348-9
   derrota do Brasil para a Alemanha 348

Coreia do Norte 169

Coreia do Sul 20

corporativismo 67, 123, 127, 181, 327, 378
correção monetária 209, 336
corrupção 217, 219, 229, 336
Costa e Silva, Arthur da 14-5
Cotia (SP) 14
credibilidade 90, 94, 125, 183, 208, 216, 222, 304, 324
crédito 15-6, 33, 83, 106-7, 132-3, 145, 168, 172-3, 190, 206, 280-1, 311
  bancário 142, 207
  com juros privilegiados 51
  público 79, 319, 326
credores 26, 79, 117, 144-5, 168-9, 172-3, 182, 360
  externos 159, 192
crença 41, 58, 61-9, 93, 149, 163, 170, 186-7, 211, 230, 332, 334, 340, 356, 370, 382
crescimento
  aceleração do 236, 389
  das exportações 152-3, 165, 236
  econômico 59, 100, 139, 149, 166, 168, 188, 192, 196, 199, 210, 225, 239, 244, 300, 354, 360, 362-4, 386
  elevadas taxas de crescimento 15, 122, 131, 152
  limitação ao 151, 153
crime 69, 131, 388
crise 16, 20, 27, 30, 46, 49, 188, 234-5, 260, 268-9, 271-5, 278, 280, 285, 293, 296-7, 302, 306-7, 309-10, 314, 360, 363, 386
  cambial 28, 145, 210, 296
  de 1929 137, 234, 270, 307
  do capitalismo 17, 20, 278
  do petróleo (anos 1970) 47, 74, 152, 179, 210
  do petróleo (início dos anos 1980) 48, 74, 152, 179, 210
  do *subprime* (2007-08) 268, 270
  dos juros 48
  econômica e política (2014) 352
  mundial 26-7, 48, 74
crises financeiras 186, 237, 270, 304
  no mercado internacional 292
cristãos-novos 109
Cristo 118, 123, 154

Crowther, Geoffrey 99-100
Cruzadas 83
Cuba 300-1
  bloqueio americano a 300
  situação econômica de 300
cucarachas 116
custo 28, 30, 36, 48, 52, 58, 94, 100, 109-10, 192-3, 207, 213-4, 233, 236, 238, 251-2, 264, 269, 271, 304, 310-1, 314, 328, 336, 341, 343, 360, 362
  de capital de terceiros 264
  social 84, 125, 150, 159
  financeiro 15

D

Da democracia na América (Tocqueville) 212
Davanzati, Bernardo 118
De Gaulle, Charles 219
de la Madrid, Miguel 103
Debating China's Exchange Rate Policy (Goldstein) 265
"década perdida" 102
defaults 186, 210, 266
defesa nacional 276-7, 280
déficit 25, 42, 54, 70, 101, 134-5, 138, 144, 151-2, 156, 159, 162, 185, 187, 191, 199, 202, 205, 209, 239, 244-5, 252, 262, 288, 296, 302, 324, 326, 328, 338, 355, 360, 362-4, 388
  apropriação pelo governo de bens e serviços 25
  consequências para o setor privado 59
  fiscal 106, 293
  orçamentário 30, 93, 101, 227
  público 40, 46, 59-60, 79-80, 83-4, 101, 144-5, 158
delação premiada 386
Delfim *boys* 14
Delfim Netto, Antonio 13-20
demanda 24, 33-4, 74, 100, 128, 132, 145-6, 150, 152-3, 176, 205, 242, 250-1, 264, 281, 295, 297, 302, 308, 326
  global 86, 133, 136, 145, 250, 275, 326-7

democracia 18, 21, 39, 72, 77, 81, 100, 114, 127, 174, 212, 217, 249, 342, 344, 346, 349, 352-3, 358, 366, 389
  brasileira 302, 333
  "burguesa" 65
  "pluralista" 197
  "popular" 121, 197, 366
  "selvagem" 39

Democratas – DEM 253

demografia 163, 286

Departamento do Tesouro dos Estados Unidos 186, 188, 269, 270, 318

desastre aéreo da Chapecoense (2016) 382

desemprego 46, 48, 94, 99-100, 136-7, 150-1, 154, 156-9, 166, 170, 176-7, 184, 234-5, 240, 250, 262, 278, 303, 306, 334, 346, 360, 368
  e "pleno emprego" 68, 107, 136, 155, 184, 209, 234-5, 275, 283
  seguro contra o desemprego 137

desenvolvimento 21, 27, 30, 41, 54, 64, 87-8, 96-7, 112, 142, 146-7, 149, 169-70, 174, 188, 196-7, 205, 208, 210, 212-3, 230-1, 235, 237-8, 244, 254, 266-7, 276, 290, 294, 300, 310-3, 332, 335, 337
  fatores de desenvolvimento 29, 88, 224
  sustentado 215, 218
  tecnológico 35, 287

desenvolvimento econômico 20, 47, 67, 125, 146, 152, 160, 168-9, 179, 204, 208, 254-5, 277, 310, 312, 318-9, 336, 368
  fatores limitantes 204
  fórmula da condição "suficiente" para o 312-3
  gestação de problemas 254

Desenvolvimento das leis do comportamento humano (Gossen) 115

desequilíbrio fiscal 202, 231, 360

desigualdades 161, 174, 225, 241, 256, 272-4, 292, 322, 336, 383
  acentuadas 234, 332, 346, 385
  redução das 99-100, 196, 201, 204, 249, 252, 300, 308, 354

despesa 18, 25, 32, 40, 84, 93, 101, 158, 183, 199, 206-7, 238-40, 244-5, 278, 362-3

desregulamentação 20, 126, 172, 177

desvalorização 157, 179, 208-9, 301-2, 328

Deus, deuses 30, 38, 76, 82, 101, 108-9, 126, 128, 190, 196, 260, 282, 358

deuses gregos 103

dialética 65, 81
  entre "a urna e o mercado" 21, 308, 342

dinheiro 79, 316
  público 18

direita 67, 91, 174, 222, 249, 342, 353, 358, 380

direito 19, 58, 97, 136, 169, 172, 192, 259, 322, 327
  alternativo 120
  de propriedade 90, 172, 344

direitos 196, 353, 363, 369, 378, 385, 390
  individuais 196
  sociais 196, 384

discriminação 101, 110, 132
  racial 110, 242
  religiosa 110, 242

Disneylândia 29

distribuição 83, 97, 101, 128, 224, 240, 254, 344, 369
  de renda 42, 55, 68, 80, 91-3, 125, 139, 227, 238, 306, 314, 317, 326
  igualitária 41, 209

ditadura do proletariado e democracia real 65, 366

dívida 41, 59, 80, 83, 102, 107, 116-7, 134, 138, 144-5, 158, 173, 189, 192, 195, 199, 203, 206, 209, 213, 227, 230-1, 239, 244, 266, 297, 324, 328, 334, 355, 362, 364, 388
  contraída 32, 117
  custo da 48
  externa 32, 44, 47, 70, 74, 93, 144, 173, 191, 203, 244, 296
  social 23, 41

divisão do trabalho 112, 278, 303, 323, 370
  e especialização 112, 278, 288, 316

DNA 13, 108

dólar 33, 41-2, 46-7, 71, 74, 82, 124, 128, 158-9, 179, 186, 191-3, 195, 199, 202-3, 236, 238-9, 294, 299, 302, 331, 338-9, 362

dom Pedro II 244

Dornelles, Francisco 46

Draghi, Mario 329
dumping 109
Durkheim, Émile 246

E

Eco-92 103
ecologia 65, 214-5, 388
   consciência ecológica 214
   questões ecológicas 110, 214
ecologistas 340
   "verdes radicais" 215
econocratas 139
econofísica 316
"economês" 148
economia
   centralizada 51, 71-2, 87, 95-6, 100, 174, 200, 208-11, 216-7, 220, 222, 225
   colapso na economia do planeta 140
   como ciência social e moral 256
   como conjunto de conhecimentos 110, 314-5, 370
   como "jogo" 111, 321
   complexidade da organização econômica das sociedades 94, 137, 266, 280, 290, 256-7, 370, 378, 380
   de baixo carbono 287
   de escala 85, 104, 109
   de mercado 31, 35-6, 41, 50-1, 54, 79, 81, 87, 100, 104-5, 121, 127, 258, 274, 290, 308, 310, 334, 368
   de trocas e da produção 283
   dinamismo da 15, 142-3, 276, 308, 345, 378
   do bem-estar 161
   estabilização da 145
   financeira 160-1, 170
   "flexível" 176
   "lei universal" da 230
   política 78, 99, 128, 178, 240, 260, 268, 314
   real 269-70, 274
   subdesenvolvida 68
Economía [periódico] 232

economia brasileira 17, 24, 32, 74, 102-3, 157, 213, 222, 284, 303
   crescimento da 59, 101
   equilíbrio da 26, 39, 47, 87, 93, 106-8, 129, 131, 136-7, 150, 153, 166, 172, 195, 199, 218, 232, 238-9, 244, 284, 286, 310, 325, 352, 354-5, 361-2, 374, 388
   solução para a 19, 46, 60, 70, 93-4, 106, 111, 137, 158, 164-5, 170, 196, 254, 274, 276, 299, 351, 361
economia para democratas, A (Geoffrey Crowther) 99
economicidade 32
Economist, The [revista] 168
educação 18-9, 43, 68, 92, 125, 131, 146, 189, 195, 204, 209, 242-3, 248-9, 252, 267, 300, 319, 322-3, 327, 333, 354, 384, 391
"efeito Brasil" 208
efeitos especiais 122
eficácia 35, 38, 51, 67, 77, 174-5, 226, 290-2
eficiência 19, 43, 47, 53, 67, 91, 94, 100, 143, 165, 196, 214, 218, 225, 236, 241, 262, 274, 320, 327, 332, 354, 368, 371
   produtiva 13, 36, 174-5, 224-5, 240, 257-8, 272, 278, 309, 332, 336, 380
egoísmo 75-6, 110-1, 160, 162, 164
Einstein, Albert 170, 315, 356
   einsteiniano 246
eleição 222, 343, 366
   Brasil, 1986 29, 40
   Brasil, **1994** 123
   Brasil, **1998** 158, 200, 239
   Brasil, **2002** 190, 198, 208
   Brasil, **2006** 218, 297
   Brasil, **2010** 285
   Brasil, **2014** 348, 352, 362, 372, 386, 388
   Estados Unidos, **2012** 306-7
   Estados Unidos, **2016** 20
eleições 39, 53, 63, 232, 349, 362
   estudo do BID sobre 232
eleitores 37, 57, 66, 171, 221-2, 343, 347, 363
Elías, Julio J. 298

emenda da reeleição 194, 202, 233, 238

empreendedor 230-1, 374

emprego 24, 46, 54, 105, 136, 139, 149-50, 154-5, 157, 161, 165, 176, 190, 192, 199, 235, 240, 244, 262, 269-70, 273-5, 279, 282, 287, 302-3, 310, 368-9, 374
  flutuações do 99-100, 308, 332
  pleno emprego 68, 107, 136, 184, 209, 234-5, 275, 283
  real 24
  segundo visão intervencionista 136
  segundo visão liberal 136

empreguismo 53

empresário 51-2, 54, 84, 86, 94, 146-7, 166, 168, 175, 204, 224, 228, 230, 242, 250-1, 274, 292, 300, 303-4, 308, 334, 368-9, 374
  como maximizador de lucro 104
  "empreendedor" x "rentista" 230-1
  inovador 142

empresas 15, 17, 51-2, 85-7, 91, 132-3, 287, 294, 311, 324, 354, 374
  multinacionais 14, 132, 216
  privadas 35, 37, 132, 294, 374

empresas estatais 40, 54-5, 67, 98, 101, 294, 336
  controle das 45, 53, 64
  criação de 15

emprestadores 138, 186

empréstimo 30-2, 125, 132-3, 186, 192, 195, 202, 295, 324, 336
  "compulsório" 207

Enciclopédia britânica 164

Enderle, Rubens 330

Eneida (Virgílio) 95

energia 35, 88, 110, 127, 143, 146, 170, 195, 204, 222, 290, 292, 294, 302, 312, 314-5, 328, 354, 372

Engels, Friedrich 62, 82, 234, 330

engenharia social 61, 64, 87, 89, 95

Ensaios fabianos (George Bernard Shaw) 77

equilíbrio 47, 93, 104, 108, 112-3, 129, 134, 136-7, 140, 142-3, 156-7, 166, 172, 174-7, 214, 232, 235, 237-8, 244, 248, 254, 262, 281, 284, 288, 310, 340, 346, 355, 361, 388

econômico 26, 39, 87, 107, 113, 150, 153, 268, 362
  fiscal 107, 195, 199, 202, 218, 231, 238-9, 286, 325, 388
  monetário 86, 93, 106, 131, 262, 286, 374

equipamentos 63, 88, 146, 204

era FHC, *ver* **governo FHC**

Erfurt (Alemanha) 82

escala de produção 264

escolaridade 217

escolástica 75, 106, 137, 240

escravidão 81, 130

Espanha 313

especulação financeira 141

Espinosa, Baruch de 29

espírito animal dos empresários 224, 230, 292, 297, 300

espoliação 173

esquerda 13, 65-7, 72, 81, 91, 121, 174, 192, 222, 249, 342, 351, 353, 358-9, 377, 380

estabilidade 71, 89-90, 125, 135, 144, 176, 184-5, 199, 211, 217, 258, 267, 274-5, 292, 369, 374-5

Estado 38, 43, 66-7, 75, 77-8, 90, 98, 100-1, 118, 126, 160, 174-5, 196, 201, 211, 223, 240, 242, 245, 254-5, 257-8, 261-3, 272-3, 278-9, 284, 290-4, 298-9, 301, 308, 310-1, 320, 332, 340, 346, 349, 354, 366, 380, 384, 390-1
  brasileiro 18-9
  como mero agente distributivo 38
  como proporcionador de igualdade de oportunidades 242-3
  defeitos do 38
  democrático 276
  intervenção do 15, 35-6, 38, 56, 107, 109, 136-7, 147, 263, 274, 340
  papel do 104-5, 244, 290, 292, 318

Estado corporativo 275

estadofobia 67

Estado-indutor 266-7, 284, 300

estadolatria 16, 37, 67

401

Estado-produtor 267

Estados Unidos 20, 130, 151, 179, 270, 318
   formação da sociedade americana 318
   founding fathers 353
   região da "ferrugem" 20
   taxa de desemprego 48, 151

estagflação 184

estatais, *ver* empresas estatais

estatização 78, 81, 96

estelionato eleitoral 34, 39-40, 43, 57, 74, 238

estoque 24, 32, 80, 91, 94, 129, 133, 146, 204, 250-1
   da dívida 213

ethos 263

ética 110, 160-1, 220, 260, 387, 390

Ética (Espinosa) 29

Ética a Nicômaco (Aristóteles) 200

eunuquismo 36

Eurásia 130

Europa 20, 81, 100, 151, 228-9, 238

evolução 16-7, 114, 116, 142, 157, 164, 167, 214, 263, 286, 382

excedente 18, 65, 67, 74, 79, 93, 104-5, 146, 375
   líquido anual 32

expansão econômica 15, 24, 35, 40, 47, 71, 151, 165, 202-3, 210, 251, 302, 338

expectativa de vida 272, 274, 361

expectativas inflacionárias 199, 297

expert, expertise 316-7, 368

exploração 65-6, 214, 225, 294

exportador 24, 73, 109, 128, 131, 157-8, 172, 203, 287, 302, 305, 328

externalidades 36, 104

F

Fabian Society 78

Fair, Ray 307

falência 54, 158, 270

falhas
   de mercado 36, 56, 147, 160
   do governo 36, 160

falsidade 140, 368

fé 69, 108, 350
   católica 69
   ideológica 171
   marxista 69
   utópica 76

Federal Reserve – FED (EUA) 177, 184, 235, 270, 282, 304

Ferlante, Luiz 256

Ferrous Resources [mineradora] 331

FHC, *ver* Cardoso, Fernando Henrique

Fighting Unemployment (Howell) 369

Figueiredo, João Baptista 14, 16, 181

filosofia 111, 223, 265, 275, 290, 349

finanças 40, 45, 113, 138, 160, 219, 275, 296-7

financeirização 330

financiamento 15, 40, 93, 135, 144, 168, 82, 187, 214, 230, 264, 292, 296, 302, 360, 388

Finlândia 79

física 88, 128, 170, 246, 254, 256, 314, 344-5

flexibilidade 66, 121, 135, 176, 278, 374

Focus [boletim do BC] 213

Folha de S.Paulo [jornal] 13-4, 17, 19, 21, 209, 330, 342

fome 92, 106, 122, 161, 165, 198-9, 222, 227

fórmula de Black-Scholes 170

Fórum Econômico Mundial 216

Fourier, Jean-Baptiste Joseph 170

França 48, 79, 219, 329

Franco, Itamar 106, 238

Frankenstein (Shelley) 17, 141

free-trade 109

Friedman, Milton 23

Frisch, Ragnar 160

funcionalismo público 19, 30, 67, 245, 328, 391
  privilégios do 18
  salários do 18, 106

Fundação Perseu Abramo 200

Fundo de Amparo ao Trabalhador – FAT 190

Fundo de Garantia do Tempo de Serviço – FGTS 374

Fundo Monetário Internacional – FMI 41-2, 44, 155, 158-9, 172-3, 186-9, 191-3, 202-3, 210-1, 239, 302
  acordos com o 158, 191-3, 202, 239, 302
  combate ideológico ao 192
  papel do 42

fundos 317
  de investimento 316, 331
  de pensão 163

futebol 110, 348-9, 382, 387

G

G20 275, 288

Galbraith, John Kenneth 341

Gallup 307

gasto público 101, 172

Geisel, Ernesto 14-5, 102

Gell-Mann, Murray 150

geógrafos 340

Gessy Lever [empresa] 14

Glencore [empresa] 331

global player 166

globalização 151, 179, 188, 244, 263
  abusos da 20

Goldman Sachs 216, 270

Golpe Militar (1964) 47

Gorbatchov, Mikhail 51, 63

Gossen, Hermann Heinrich 114-5

Gotha (Alemanha) 98

Gould, Stephen Jay 164

governantes 26, 266
  transparência dos 19

governo Collor (1990-92) 83, 211

governo Dilma (2011-16) 305, 372
  aprovação do 364-5

governo federal 19, 39, 218, 307

governo FHC (1995-2003) 189, 192-5, 203, 211, 226-7, 252
  balanço 194-5, 213

governo Figueiredo (1979-85) 16, 181

governo Geisel (1974-79) 14-5

governo Itamar Franco (1992-95) 106, 238

governo Lula (2003-11) 198, 221, 252, 284, 297, 364
  aprovação do 284, 364

governo Reagan (1981-89) 20

Goya, Francisco 367

Grande Depressão de 1929 17, 20; *ver também* crise de 1929

Grande Recessão (2008) 17, 20, 270

Grécia 116

Greenspan, Alan 177, 304

Gregório XIII, papa 154

gregos 154, 233, 375

greve 57-8, 256

Guerra Fria 276

Guizot, François 124

H

Hamilton, Alexander 318-9

Harrod, Roy 155

Harsanyi, John 161

Hayek, Friedrich von 105, 248

Hegel, Georg W. F. 126
  hegelianismo 81, 126

Heilbroner, Robert 359
Heisenberg, Werner 150
Hicks, John 168
hino nacional 348
hiperinflação 79-80, 87, 213, 238
histerese 254
história econômica 35, 174, 234, 290, 308, 318, 332, 354
historiadores 78, 114, 142, 246, 270, 340
Hitler, Adolf 62, 366
Hobbes, Thomas 62, 367
Hoffer, Eric 366
Holanda 79, 313
Hollande, François 329
"homem novo" 65, 72, 95, 300, 330
homo oeconomicus 112-3
honestidade 113, 226, 255
Hong Kong 155
Hugon, Paul 99
Hume, David 36, 118, 178
Hungria 64, 112

I

IBGE, *ver* **Instituto Brasileiro de Geografia e Estatística – IBGE**
Idade Média 51, 111, 136
ideologia 162, 170, 172, 179, 213, 226, 233, 264, 366
Igreja Católica 75-6
igreja da Glória 380
igrejas evangélicas 380-1
igualdade 13, 19, 78, 98, 174-5, 196-7, 201, 212, 241, 248, 256, 258, 267, 272, 276, 291, 322, 343, 358, 366, 380-1
  de oportunidades 19, 64, 243-4, 254, 292, 300, 328, 332, 349, 360, 371, 388

impeachment 376
Império Romano 260
importação 15, 24, 27-8, 30, 33, 42, 48, 147, 152-3, 163, 178, 191, 205, 237-8, 354
imposto 38, 40, 59-60, 84, 93, 106, 158, 190, 206, 219, 231, 326, 373, 379
imprensa 45, 160, 376, 387, 389
incerteza 87, 95, 150, 208, 276, 281, 310, 334-5, 365
inclusão social 222, 258, 320, 352
indexação salarial 326
Índia 216, 263, 303, 305
indicadores 41-2, 61, 138, 144, 151, 213, 266, 272, 326
Índice de Desenvolvimento Humano – IDH 209
Índice Nacional de Preços ao Consumidor Amplo – IPCA 190
indústria 20, 63-4, 77, 85, 109, 168, 265, 277, 303
inflação 16, 27, 29, 45, 59-60, 70, 79-80, 83-4, 87, 92, 94, 101, 107, 116, 119, 125, 131, 138-9, 145, 151, 166, 184-5, 187, 195, 199, 202, 205, 209, 211, 232-3, 236-9, 244, 251-2, 297, 304, 326, 329, 355, 364, 373
  imposto inflacionário 59-60, 84
  inercial 29, 124
  metas de 184
  não declarada 38
  processo inflacionário 15, 85, 94, 118
  taxa de inflação 27, 33, 46-7, 60, 74, 80, 83, 116, 119, 134, 138, 148-50, 156, 176, 206, 209, 233, 238, 252, 262, 296, 324, 326, 329, 338, 360, 362, 364, 388
  zero 107
infraestrutura 204, 216, 258, 264, 318, 326, 328, 334, 339
  obras de 15, 325
Inglaterra 87, 154, 168, 234, 304, 312-3, 319
inovação tecnológica 217
instituições democráticas 208, 328
  segundo Tocqueville 212

Instituto Brasileiro de Geografia e Estatística – IBGE 286
Instituto de Estudos para o Desenvolvimento Industrial – Iedi 209
Instituto de Pesquisa Econômica Aplicada – Ipea 237
insumos 88, 326, 328
intelectuais 43, 62, 108, 164, 201, 229, 247, 345, 358, 360, 381
   de esquerda 81, 359
   "intelectuais de Santiago" 95-6
   no Itamaraty 126
interesses 50, 56, 101, 110, 112, 120, 123, 139, 141, 147, 159, 171, 224, 231, 240, 257, 260, 314, 335-6, 358, 366, 378-9
internacionalização da economia 217; *ver também* globalização
internet 21, 217
investidores 16, 159, 168-9, 186, 216-7, 230, 316-7
   estrangeiros 131, 186, 321
investimento 24, 32, 38, 43, 59-60, 83, 92-3, 132, 134, 144-5, 151, 162, 168-70, 177-9, 187, 191, 204-5, 230, 258, 264, 278-9, 292, 297, 310, 314, 320, 328, 334, 339, 354, 373, 388
   bancos de 271
   externo 135, 172
   de estatais 18, 283
Irã 263
Israel 33
Itália 209, 229, 366

J

Japão 20, 29, 79, 169, 209-11, 214, 329
Jaú (SP) 122
jeffersoniana 318
Jenks, Jeremiah 107
Jerusalém (Israel) 84
Johnson, Samuel 206

Journal of Political Economy [periódico] 121
Joyce, James 158
judicialização 335, 384
Júlio César 154
Julius Paulus 118
Jundiaí (SP) 374
juros 27, 31-2, 41, 48, 51, 74, 116, 145, 153, 173, 183
   alta das taxas de juros internacionais 26
   anuais 31, 48, 183, 230
   reais 151, 156, 172-3, 182, 202, 206, 208, 286, 328, 373
   taxa de 24, 29, 32, 38, 43, 48, 107, 132, 144, 151, 158, 182, 207, 231, 262, 315, 336, 365
justiça 66-7, 79-80, 95, 104, 128-9, 196, 201, 204, 224, 248, 258, 276, 292, 340, 387
   social 67, 105, 224-5, 248
Justiça 82, 218, 267, 386

K

Kahneman, Daniel 316
Kant, Immanuel 261
   kantiano 246
Karl Marx-Stadt (Alemanha; atual Chemnitz) 82
Karras, Georgios 119
Kautsky, Karl 82
Keynes, John Maynard 16, 107, 140-1, 155, 235, 240, 257, 280, 282-3
   keynesianismo, keynesiano 107, 150, 152, 246, 259, 275, 280-1, 283, 340
   teoria monetária de 235, 280-2
King's College (Cambridge, Reino Unido) 141
Krankivits, Istvan 54
Krueger, Anne 336
Krugman, Paul 342
Kujawski, Gilberto de Mello 387

L

laissez aller, laissez faire, laissez passer 109, 368
Land of Promise (Michael Lind) 318
Lange, Oskar R. 51, 98
laxismo 137, 274
Leão XIII, papa 98
Lectures on Jurisprudence (Smith) 322
Lehman Brothers [banco] 17, 270, 304
lei 58, 71, 88, 102, 120-1, 126, 169, 172-3, 215, 233, 263, 314, 342, 344-5, 347, 349, 376, 390
    da conservação da energia 314-5
    da natureza 104, 356
    de Kaldor-Verdoorn 251
    de Thirlwall 152-3
"Lei de Gérson" 110
Lei de Responsabilidade Fiscal 189, 195, 218, 296, 325
Lei Eloy Chaves 375
leis econômicas 224, 230
Lênin 62, 95, 358
Lerner, Abba 51
Lestásia 130
Letra Financeira do Tesouro – LFT 80
Leuna (Alemanha) 82
Lezione delle monete (Davanzati) 118
liberalismo 65-6, 224, 341
liberdade 13, 15, 19, 38, 64, 66, 71-2, 108, 130, 174-5, 178-9, 185, 196-7, 201, 234, 257-8, 276, 278-9, 298, 322, 332, 344, 346, 353, 358, 366, 380
    de capitais 20, 178, 184, 188, 237, 262
    de expressão 43
    de iniciativa 51, 272, 275, 292, 300, 209, 318, 343, 370, 388
    individual 31, 36, 51-2, 90, 121, 196-7, 201, 225, 241, 254, 258, 272, 290-1, 308, 332-3, 344, 370, 372
    política 51, 90, 174
libreta 301
Life of John Maynard Keynes, The (Harrod) 155

Lincoln, Abraham 319
liquidez 80, 168, 208, 271, 321
Locke, John 118
Lombard Street: A Description of the Money Market (Bagehot) 168
Londres (Reino Unido) 168, 228, 268
Lora, Eduardo 232
Lucas Jr., Robert 356
lucro 83-6, 93, 96, 110, 131-3, 142, 146, 187, 205, 250-1, 264-5, 334
    acumulação de 86, 104, 141, 271, 316
    do monopólio 85
Lula, *ver* Silva, Luiz Inácio Lula da

M

Machado, Cassiano Elek 330
Macroeconomics Beyond the NAIRU (Storm e Naastepad) 369
macroeconomia 86, 107, 111, 148, 150-1, 156, 165, 176-7, 198, 200, 264, 266, 274, 281, 302
Magalhães, Antonio Carlos 180
Magdeburg (Alemanha) 82
Maluf, Paulo 16
Manchester Guardian [jornal] 107
Manifesto comunista (Marx e Engels) 98, 330
Mannheim, Karl 246
mão de obra 24, 88, 100, 146, 152, 158, 176, 204-5, 250, 287, 302, 327
    barata 217
Mao Tse-tung 20
Maquiavel, Nicolau 180
Marinis, Alexandre 307
marqueteiros 122
Marshall, Alfred 87, 280
Martins Filho, Ives Gandra 378
Marx, Karl 50, 62, 78, 89, 95, 97-8, 108-9, 114-5,

117, 143, 174, 224, 228, 234, 240, 246, 280, 282-3, 330-1, 344, 356, 358

marxista, marxismo 69, 75-6, 81-2, 89, 99, 197, 220, 234, 246-7, 280, 330, 340, 342, 356
    bastardo 108

materialismo histórico 246

matéria-prima 88, 142

MDB – Movimento Democrático Brasileiro 39-40, 43-4

Médici, Emílio Garrastazu 14, 122

Mendonça, Mário Jorge Cardoso de 237

mercadismo 346

mercado 13, 17, 19-21, 23, 25, 30-1, 35-6, 38, 43, 47, 50-2, 54, 56, 66-8, 71, 80-1, 85-91, 94-6, 98-100, 104, 108-9, 113, 115, 121, 129, 132-4, 136, 140-2, 147, 160-1, 172, 174, 176-7, 179-80, 182, 186, 189-90, 192, 196-7, 201, 213, 224, 239, 241-3, 248-9, 260-2, 264, 268, 270, 272-4, 279, 284, 288, 291-2, 295, 298-9, 305, 308-10, 316-7, 319-21, 329, 332-3, 336, 340-5, 354-5, 359, 371, 380-1
    cafeicultor 17
    de capitais 163, 173, 187
    de trabalho 24, 46, 136, 151, 163, 176, 231, 240, 250, 327, 368
    financeiro 16-7, 70, 141, 155, 168-9, 172 182, 210, 240, 268, 307, 332, 346
    interno 23, 55, 166, 217, 252, 264, 287, 303
    livre 80, 107, 225, 299
    negro 80
    volatilidade dos mercados 186

Mercúrio [divindade] 128, 260-1

Mercúrio [planeta] 356

Merton, Robert 160, 170

messianismo 122-3

Metternich, Klemens Wenzel von 124

México 48, 102-3, 187

Michels, Robert 229, 378

microeconomia 86, 111, 156, 165, 239, 266, 327

mídia 151, 161, 194, 390
    "**show midiático**" 386

Mill, John Stuart 224, 240, 344

"**milagre econômico**" 15, 122

Minas Gerais 331

Ministério da Agricultura 16

Ministério da Educação – MEC 352

Ministério da Fazenda 126, 339, 362
    Secretaria de Política Econômica do 362

Ministério das Relações Exteriores – MRE 223

Ministério do Desenvolvimento Social 227

Ministério do Planejamento 14, 16

Ministério dos Transportes 339

Ministério Público 194, 218, 389

Miranda, Cyro 350

mobilidade urbana 391

modernidade 108, 130, 140, 210

moeda 31, 79-80, 83, 89-90, 93, 107, 116-9, 125, 127, 132-4, 138-9, 151, 178, 195, 208, 236, 258, 267, 280-3, 288-9, 292, 340
    assignats 117
    chinesa (yuan) 289
    cobre 118, 294
    Continental Bills 116
    dólar 33, 41-2, 46-7, 71, 74, 82, 124, 128, 158-9, 179, 186, 191-3, 195, 199, 202-3, 236, 238-9, 287-9, 294, 299, 302, 331, 338-9, 362
    estoque de moeda global 80
    euro 151, 288
    eurodólar 179
    fictícia 288
    real 119, 122, 124-5, 181, 238, 287

monetização 80, 138

monopólio 51, 55, 65, 85, 104-5, 126, 136, 142, 180-1, 220, 282, 354, 379

moral, moralidade 31-2, 67, 110-1, 116, 120-1, 141, 155, 164-5, 198, 219, 234, 240, 249, 256, 260-1, 268-70, 291, 298-9, 320, 322, 382
    moralidade pequeno-burguesa 62
    protestante 186-7
    separação entre moral e economia 111

Morales, Evo 301

moratória 41, 44
More, Thomas 174
mundo soviético 61
Mussolini, Benito 62, 366

N
Napoleão Bonaparte 117
National Reformer, The [periódico] 78
natureza humana 81, 383
neocolonialistas 166-7
neoliberal 166, 175, 232
neoliberalismo 104, 225, 310
neonacionalistas 166
Neves, Tancredo 46, 233
New Perspectives Quarterly [periódico] 359
Newton, Isaac 240, 356
niilistas 340
Nixon, Richard 179
Nobel de Economia, *ver* Prêmio Nobel de Economia
nouveaux économistes 137, 140, 173, 177
nouvel économiste 130
"nova direita" 67
Nova República 45-6, 53, 101, 116
Nozick, Robert 161

O
O'Neill, Paul 186
Obama, Barack 307, 318
Oceania 330
Occupy Wall Street 306
oferta 24, 55-6, 100, 128-9, 136, 215, 242, 250, 302, 326-7, 329, 354
  e demanda 128, 132, 176, 182, 205, 287, 299

global 250
monetária 119, 124, 132, 134, 138-9, 178
oligopólio 85-6, 109
  e economia de escala 109
Oliveira, Maurício 232
Oliveira, Octavio Frias de 14
Operação Lava Jato 389-90
orçamento 93, 106, 134, 190
  da Regência (1838-39) 244
  federal 16, 384
  unificado 45
Organização Internacional do Trabalho – OIT 378
Organização Mundial do Comércio – OMC 210
Orwell, George 130
overnight 70

P
Pacote de Abril 102
pacto social 60
Palácio da Alvorada 106, 193, 376
Palocci Filho, Antonio 198, 200, 222
paradoxo de Wallace 164-5
Pareto, Vilfredo 246
Partido Comunista da Alemanha Oriental 71
Partido Comunista Chinês 20, 64, 294
Partido Comunista Húngaro 54
Partido da Social Democracia Brasileira – PSDB 253, 350
Partido Democrático Trabalhista – PDT 350
Partido do Movimento Democrático Brasileiro – PMDB, *ver* MDB
Partido dos Trabalhadores – PT 62, 115, 122-4, 196-8, 200-1, 211, 220-2, 226-9, 275, 300, 325, 362, 372, 376-7
Partido Republicano (EUA) 306

Partido Social-Democrata (Alemanha) 82
Partido Trabalhista (Inglaterra) 275
path dependency 254
Paulson, Henry 270
pensionistas 391
Pequim (China) 63-4
   massacre de 63-4
perestroika 63, 65
Perestroika (Gorbatchov) 51
Petrarca, Francesco 155
Petrobras 180-1, 373
petróleo 15-6, 26-7, 32, 47-8, 73-4, 152, 179-80, 210, 290, 296, 331
PFL, *ver* Democratas – DEM
Philosophie des Geldes (Simmel) 89
PIB, *ver* Produto Interno Bruto – PIB
Pimentel, Ernani 350
Pio IX, papa 98
Piketty, Thomas 17, 342-3
Plano Alternativo de Emergência 200
Plano de Controle Macroeconômico 39
Plano Estratégico de Desenvolvimento 15
planos econômicos brasileiros
   Plano Bresser 53, 102
   Plano Collor 90, 93-4, 102
   Plano Cruzado 25, 29-30, 33, 74, 83, 90, 93, 102, 116, 238, 296
   Plano Real 123, 125, 192, 194, 213, 223, 238, 296, 352
   Plano Verão 90, 102
pluralidade sindical 378
pluripartidarismo 65, 95, 223, 226, 229
pobreza 37, 67, 75-6, 91-2, 99-100, 161, 198, 204, 234, 236, 243, 252, 300, 306, 346, 376
poder
   absoluto 61, 76, 114, 380
   de mercado 86
   econômico 194, 206, 330, 368, 370, 388
Poder Executivo 40, 193, 202, 306, 335, 372, 378, 385, 388-90

Poder Judiciário 309, 384-5, 388-90
Poder Legislativo 194, 309, 372, 384-5, 388-90
política
   anticíclica 328, 355, 364, 388
   arte política 224-5, 251
   "boa" política 225
   de ajustamento do balanço de pagamento 26
   distributiva rápida 41
   econômica 15, 23, 26, 31, 33, 44, 46, 110, 114, 128, 135, 145, 155, 160-2, 166, 173, 188, 191-2, 196, 198, 202, 205, 210-1, 224, 233, 264, 295, 304, 314, 320, 328, 339, 346-7, 373
   fiscal 48, 148-9, 151, 158, 252, 297, 304, 334, 355
   monetária 30, 48, 84, 93, 125, 132, 151, 156, 183-4, 199, 210, 239, 251-2, 270, 296-7, 302, 304, 327, 334, 355
   social 50, 77, 252, 278
Political Discourses (Hume) 118
políticas industriais 147, 311
politicólogos 340
Polônia 64, 229
populismo 17, 53-4, 187, 227, 326, 342
   escalada populista 20
Porter, Michael 216
portos 216, 292, 328
Portugal 313
potências atômicas 276
Poujade, Pierre 219
   poujadismo 218
poupança 24, 27, 29-30, 39, 98, 142, 144, 146, 162-3, 168, 230, 264-5, 268, 292, 305, 312, 328
   externa 144, 162
   interna 144, 163
praça da Paz Celestial (Pequim) 63, 65
preços
   congelamento de 30, 33, 40
   índices de 24-5, 80
   relativos 33-4, 94, 132, 172, 176, 238, 334, 354
Prêmio Nobel de Economia 23, 160-1, 164-5, 209, 298-9, 316
Prêmio Nobel de Física 150

pré-sal 303

presidencialismo de coalizão 372

Previdência Social 286, 361, 375, 384
reforma da 18-9, 163, 391

princípio da incerteza 150

Princípios de economia política (Stuart Mill) 87, 344

privatização 54, 67, 101, 126, 172-3, 177, 190-1, 195, 232, 266

problema do café no Brasil, O (Delfim Netto) 17

processo civilizatório 17, 258, 309, 314, 342-3, 345

processo evolutivo 261, 290, 298, 344

produção 17, 24, 27, 37, 77-8, 81, 91, 96-8, 128, 135, 141-2, 146, 148, 150, 152, 160, 162, 178, 200, 204-5, 224, 234-5, 242, 248, 250-1, 254, 264, 274, 280--3, 287, 290, 294, 311-2, 314, 324, 326, 331-2, 334, 340, 354, 370, 383, 385
ganhos de produtividade 15, 391
per capita 274, 312

Produtividade Total dos Fatores – PTF 250-1

Produto Interno Bruto – PIB 24, 40-2, 46-8, 84, 101-2, 144, 152-3, 157-9, 163, 176-7, 179, 183, 199, 202-3, 206-7, 209-11, 216, 230, 236, 238-9, 244, 250, 262, 269-70, 273, 288, 294, 296, 320, 324, 328, 338-9, 362-4, 384
per capita do Brasil 48, 203, 373

Programa de Aceleração do Crescimento – PAC 297

programa Fome Zero 198, 227

Programa Nacional do Álcool – Proálcool 27

Projeto Carajás 214

proletariado 62, 64-5, 76, 95, 124, 137, 366

propriedade 36, 63, 90, 172, 180, 322, 344
estatal 96, 98
intelectual 217
privada 37, 78-9, 91, 98, 115, 121, 174, 189, 197, 224, 242, 261, 267, 278, 292, 340, 342

protecionismo 319

Putin, Vladimir 20

Q

"quadrado mágico" 184

"Qui pluribus" [encíclica papal] 98

Quinta República Francesa (1958) 219

R

racionalidade 31, 47, 86, 110, 112, 141, 164-5, 174, 198, 235, 262, 276, 278

Rawls, John 161

Reagan, Ronald 20, 318

receita [recursos] 106, 158, 244, 311, 324, 326, 362-3

recessão 26-7, 42-3, 48, 74, 84, 151, 234

redemocratização 14

reformas 27, 53, 127, 177, 223, 232, 239, 301, 327, 336-7, 343, 350, 386, 389-90
"minirreforma tributária" 193
monetárias 79-80, 124
oposição às 124
reforma agrária 70
reforma constitucional 123-4
reforma da Previdência, *ver* Previdência Social
reforma tributária 40, 189, 207

regime democrático 228, 366, 371, 388

regimes cambiais 134, 189

regulamentação 55, 293 336

Reino Unido 48

relação
câmbio/salário 27, 264
capital-homem 88
dívida/PIB 158, 199, 203, 227, 231, 238-9, 293, 297, 324, 328, 355, 362, 364, 388

relações de trabalho 84, 88

religião 38, 175, 247, 249, 366, 380
comportamento dogmático 69, 282

remuneração, *ver* salários

renda 20, 42, 48, 55, 68, 78, 80, 85, 92, 99, 101, 142, 170, 178, 184, 190, 209, 211, 219, 236, 242, 244, 292, 326, 336-7

concentração de 15, 17, 41-2, 92, 342
per capita 34, 41, 71, 294, 306, 311
real 33-4
transferência de 34, 56, 124, 361
rentabilidade 96
rentista 230-1, 336
rent-seeking, *ver* "caçadores de renda"
reserva de mercado 30, 51-2
responsabilidade social 104
retórica 126, 128, 166, 188, 232
Revolução Americana 116
Revolução Cubana 114
Revolução de 1964, *ver* Golpe Militar (1964)
Revolução Francesa 114, 117, 126, 131
Revolução Industrial 50, 168, 234, 333
Revolução Russa 63, 114, 127
Ricardo I, rei (Inglaterra) 83-4
Ricardo, David 178, 344
Ricupero, Rubens 125
Rio de Janeiro (RJ) 103
riqueza 19, 37, 174, 178, 231, 270, 306, 323, 342, 350, 358
riqueza das nações, A (Smith) 111, 280
risco Brasil 199, 208
risco país 262
Rodrigues, Nelson 30
Robertson, Dennis 50
Robinson, Joan 78
Romer, David H. 237
Romney, Mitt 318
Roosevelt, Franklin Delano 307, 318
Rousseff, Dilma 300, 352, 372, 376
Rússia 20, 203, 216, 263, 366
russos 72, 95

S

Sachsida, Adolfo 237
Saladino 83
salário 15, 18, 59, 67, 83-4, 91-2, 101, 104, 106, 125, 147, 184, 250, 274, 326, 368, 390
aumento de 24, 132, 328
formas de remuneração 53, 88
mínimo 125, 227
nominal 86
reajustamento salarial 57, 60, 93
real 24, 46, 53, 60, 70, 84, 93, 125, 132, 137, 176, 182, 231, 235, 262, 326, 374
"teto" constitucional 390
Salinas, Carlos 103
Santa Fe Institute 356
Santiago (Chile) 95-6
São Paulo (SP) 14-5, 17, 102, 268, 362, 380
Sapin, Michel 131
Sarney, José 45, 57, 212
Sarkozy, Nicolas 288
Schäffle, Albert 98
Schliemann, Heinrich 45
Scholes, Myron 160, 170
Schumpeter, Joseph Alois 142-3, 246
Scitovsky, Tibor 112
Scully, G. W. 121
Segunda Guerra Mundial 63, 79, 209, 229, 275, 312, 352
seguridade social 374
Sen, Amartya Kumar 161, 164, 209
fome segundo 161, 164-5
índice de pobreza de 209
Senado Federal 44, 226, 343, 350, 376
Sêneca 101-2
serviço público 53, 328
benefícios do 54
preços e os custos dos serviços públicos 30
tarifas dos serviços públicos 40

setor privado 18, 38, 53-4, 59, 67, 83, 107, 134, 144-5, 158, 172, 183, 190, 204, 206-7, 239, 258, 279, 292, 297, 311, 320-1, 325, 328, 334-5, 338-9, 354, 357, 373-4, 390

setor público 18, 40, 53, 232, 238, 286
   déficit global do 40

Shackle, G. L. S. 69

Shaw, George Bernard 77-8, 282

Sibila (Virgílio) 95-6

Silva, José Bonifácio de Andrada e 319

Silva, Luiz Inácio Lula da 120, 122-3, 198, 200, 208, 220-3, 226-7, 229, 233, 252-3, 284-5, 297, 300, 364, 373, 376-7
   lulismo 124, 284

Simmel, Georg 89-90

Sindicato da Micro e Pequena Indústria do Estado de São Paulo – Simpi 88

sindicatos 104, 123, 228-9, 256, 301, 309, 352, 368, 378-9, 386, 390
   sindicalismo americano 229

Sismondi, Jean de 117

sistema
   bancário 132, 138, 170-1, 297, 307
   cambial 134-5, 184
   de preços 45, 51, 68, 71, 77, 89, 146-7, 209, 236, 314
   econômico 38, 66, 87, 89-90, 99, 142-3, 147, 163, 234, 292, 314, 357
   fiscal 68, 172
   legal 120
   tributário 101, 105, 148, 173, 217, 328

Smith, Adam 50-1, 96, 111-3, 118, 178, 240, 260-1, 268, 280, 312, 319, 322-3, 356
   smithianos 280

Smith, Logan Pearsall 156

Só o político pode salvar o economista (Delfim Netto) 17

soberania 44

social-democracia 77-8, 98, 100, 166, 247, 253

socialismo 13, 64, 95, 97-8, 117, 143, 201, 228, 283, 301, 339, 346, 352, 358-60, 366

   científico 234, 246
   de mercado 81
   fabiano 78, 333
   real 64-6, 76, 81, 91, 200, 352, 359-60
   utópico 234

socialistas 13, 26, 48, 50-1, 77-8, 81-2, 96, 98, 200, 220, 228

sociedade brasileira 16, 18-9, 32, 38, 57, 108, 125, 199-200, 219, 221, 286, 302, 348-9, 352-3, 360, 364, 372, 376, 380, 384, 386, 388, 390

sociologia 89, 246, 365

Sócrates 43

Sólon 116

Soros, George 16, 140-1

Spiegel Online [site de notícias] 316

spreads 182-3, 186, 206-7

Stálin, Josef 62-3, 95, 114, 358, 366

stalinismo 69

STF, *ver* **Supremo Tribunal Federal – STF**

Stiglitz, Joseph 342

subsídios 25, 40, 45, 51, 55-6, 100, 217, 301

Suécia 92, 160

sufrágio universal 21, 51, 114, 241, 248-9, 254, 272, 308, 320, 332, 344, 353, 359, 368, 370, 377-8, 388

superávit 30, 93, 134, 145, 153, 178, 189, 193, 199, 203, 227, 238-9, 262, 324, 364, 388

Supremo Tribunal Federal – STF 18, 349, 353, 376-7, 386-7, 390
   ministros do 18, 387

T

tablita 116

tarifas alfandegárias 130, 172

taxa
   de câmbio 28, 30, 93, 128-9, 131, 134, 138-9, 148-9, 151, 156-7, 172-3, 182, 184, 189, 208-10, 231-2, 238, 262, 301, 328-9

de inflação 27, 33, 45-7, 74, 116, 119, 134, 138-9, 148-50, 156, 176, 187, 206, 209, 237-8, 252, 262, 266, 288, 296, 324, 326, 329, 338, 360, 362, 388
de retorno 32, 38, 85, 134, 230, 258, 297, 320, 388
Selic 182-3, 329

Tchecoslováquia 64

TCU, *ver* **Tribunal de Contas da União – TCU**

Tea Party 306

tecnologia 92, 146, 152, 164, 168, 204-5, 224, 236, 242, 272, 277, 290, 298, 333, 368, 370-1

Temer, Michel 376, 386, 389

teorema 75, 91, 115, 143, 171, 236, 350
de Brito-Intriligator 276
de Thomas 365

teoria da regulação econômica 56

Teoria do desenvolvimento: uma investigação sobre lucros, capital, crédito, juro e o ciclo econômico (Schumpeter) 142

teoria do equilíbrio geral 235

teoria dos bancos centrais 168

teoria dos sentimentos morais, A (Smith) 111, 268

teoria econômica 99, 109-10, 112-3, 138, 140-1, 146, 150, 155, 160, 170, 224-5, 234-5, 240, 260, 342, 357
hegemônica 138

teoria geral do emprego, do juro e da moeda, A (Keynes) 282

teoria monetária da produção 234-5, 280-2

teoria quântica 150

Terror (Revolução Francesa) 114, 117

Tesouro americano, *ver* **Departamento do Tesouro dos Estados Unidos**

Tesouro Nacional 18, 53, 80, 180, 207, 311, 321, 324, 376

Thatcher, Margaret 275

True Believer, The (Hoffer) 366

Thirlwall, A. P. 152

Tinbergen, Jan 160

títulos 16-7, 59, 132, 145, 321

Tocqueville, Alexis de 114, 126, 212-3, 367

Tombini, Alexandre 329

trabalhador 15, 19, 50, 54, 63, 65-6, 76, 83-4, 97-8, 136, 147, 151, 166, 175, 204, 228-9, 235, 242, 300-1, 303-4, 323, 327, 334, 361, 368, 374-5, 378-9, 384-6

trabalho 13-4, 17, 24, 26, 29-30, 46-7, 49, 56-7, 78, 88, 99-100, 115, 125, 146-7, 149, 154, 163, 176, 178, 219, 228, 231, 240-1, 250, 254, 258-9, 274, 279, 290, 292, 312, 318, 327, 331-3, 336, 344, 368, 378, 384-5, 388
direito ao 136, 259
divisão do 112, 278, 303, 323, 370
produtividade do 88, 97, 146, 157, 205, 236, 250, 254, 326-7, 354, 358, 368, 383, 388

traders 331

transportes 109, 195, 292, 376

Tratado da natureza humana (Hume) 36

Tratado de Maastricht 151

trend-followers 317

Tribunal de Contas da União – TCU 180-1, 324

Tribunal Superior do Trabalho – TST 378

Trimestre Económico, El [periódico] 96

Troia 45
troianos 233

Tullock, Gordon 56

U

ultraliberalismo 346

Ulysses (Joyce) 158

União Soviética 95, 222

Unidade de Referência de Preços – URP 53

Unidade Real de Valor – URV 125, 238

Union de Défense des Commerçants et Artisans – UDCA 219

Universidade de São Paulo – USP 14, 17, 89, 99

utilitarismo 141

utopia 31, 61, 64, 81, 114, 174, 200

413

V

Valor Econômico [jornal] 17
valorização do real 287
Van Winkle, Rip (Washington Irving) 130
Vargas, Getúlio 378
Veja [revista] 30, 140
Velha República (Brasil) 26-7, 46, 60
Venezuela 48, 102, 300
   situação econômica da 301
violência 61, 190
Vissering, Simon 107
Volta Redonda (RJ) 57-8
voluntarismo 70, 114, 121, 220-1, 326, 333-4, 346, 351, 354, 365, 373, 384, 388
Von Mises, Ludwig 71, 115
voto 18, 57, 66, 123, 222, 335-6, 342, 351, 364, 380, 387

W

Wallace, Alfred Russel 164-5
Walras, Léon 280
   walrasianos 280

Walzer, Michael 161
Washington (EUA) 21, 306
Weber, Max 246, 387
   weberiano 246
Webster, Pelatiah 117
welfare state 65
When Altruism Isn't Enough (Satel) 298
Williamson, John 172, 188
Wittgenstein, Ludwig 111
Wright Mills, Charles 246

X

Xi Jinping 20

Y

Yale, Universidade 298, 307

Z

Zeus 108

Este livro foi composto na fonte Albertina
e impresso em fevereiro de 2018 pela RR Donnelley,
sobre papel pólen soft 80 g/m².